Joseph Kleutgen

Leben frommer Diener und Dienerinnen Gottes

Joseph Kleutgen

Leben frommer Diener und Dienerinnen Gottes

ISBN/EAN: 9783743620896

Hergestellt in Europa, USA, Kanada, Australien, Japan

Cover: Foto ©Lupo / pixelio.de

Manufactured and distributed by brebook publishing software (www.brebook.com)

Joseph Kleutgen

Leben frommer Diener und Dienerinnen Gottes

Kleinere Werke

von

Joseph Kleutgen,
Priester der Gesellschaft Jesu.

Erster Band.

Münster, 1869.

Druck und Verlag der Theissing'schen Buchhandlung.

Leben

frommer

Diener und Dienerinnen Gottes

von

Joseph Kleutgen,
Priester der Gesellschaft Jesu.

Zweite sehr vermehrte Auflage.

Münster, 1869.

Druck und Verlag der Theissing'schen Buchhandlung.

„Den Armen wird das Evangelium verkündigt."
Matth. 11, 5.

I.

Die Leben der Heiligen liefern uns den erfreulichen Beweis, daß es in allen christlichen Jahrhunderten Seelen gab, die unaufhörlich und mit voller Kraft nach der höchsten Vollkommenheit strebten, und in diesem Streben von jenen außerordentlichen Gnaden Gottes, die wir in den ersten Christen bewundern, unterstützt wurden. Denn die Kirche Gottes gleicht nicht den menschlichen Anstalten, deren Lebenskräfte im Laufe der Zeit abnehmen, und die darum, allmälig ihres ursprünglichen Geistes beraubt, über kurz oder lang in sich selbst zerfallen: vielmehr ist sie, um uns eines Bildes des Apostels zu bedienen, die jungfräuliche, nie alternde Braut Jesu Christi, aus deren unbeflecktem Schooße zu jeder Zeit Söhne hervorgehen, die ihre Mutter verherrlichen. Von diesen auserwählten Seelen sollen wir nun zwar jenen allein, welche die Kirche, vom heil. Geiste geleitet, für Heilige erklärt, durch eine öffentliche Verehrung huldigen; aber die große Zahl der ausgezeichneten Diener Gottes, deren Heiligkeit wir, wenngleich nicht durch eine feierliche Entscheidung der Kirche, doch wenigstens aus zuverläßigen Zeugnissen gewissenhafter Menschen kennen, soll deshalb nicht der Vergessenheit anheim fallen. Auch ihr Leben ist voll von Beispielen, die uns zur Tugend ermuntern, und von Wirkungen der Gnade, die unser Herz zu Gott erheben[1]). Indem wir

---

1) Als diese Schrift in der ersten Auflage erschien, waren auch Peter Claver und Johannes Grande, deren Leben unten folgt, noch nicht selig gesprochen.

es nun unternehmen, den frommen Leser mit dem Leben einiger vom Geiste Gottes erfüllten Priester näher bekannt zu machen, befürchten wir nicht für diese Nachrichten deßhalb wenig Theilnahme zu finden, weil die Männer, von denen wir reden, nicht in unserm Vaterlande gewirkt haben. Denn obwohl es billig ist, daß wir das Andenken derer, die unter uns das Reich Gottes förderten, vorzugsweise ehren; so dürfen wir doch gegen jene Diener Gottes, die andere Völker erbauten, nicht gleichgültig sein. Getreu dem Geiste unserer Mutter, der katholischen Kirche, begrüßen wir als Brüder alle, die mit uns den wahren Glauben bekennen, und frohlocken im Herrn, wenn wir sie mit den Gaben des heil. Geistes bereichert sehen. —

Bretagne ist eine große Provinz des nordwestlichen Frankreichs. Ihre Einwohner, gewöhnlich Bretons genannt, stammen von den Galliern, den Urbewohnern Frankreichs, ab, und haben die Sprache derselben, die man die kimrische heißt, beibehalten. Schon im fünften Jahrhundert vom heil. Lorentin zum Christenthume bekehrt, sind sie immer dem wahren Glauben treu geblieben. Auch eines zeitlichen Wohlseins würden sie sich erfreut haben, wenn ihr Lebenswandel ihrem Glauben stets entsprochen hätte. Denn an der ganzen nördlichen, westlichen und südlichen Seite vom atlantischen Meere umspült, ist Bretagne reich an Seehäfen und großen Handelsstädten; im Innern des Landes aber würde die Ergiebigkeit des Bodens den Wohlstand haben sichern können. Doch zur Zeit, von der wir reden, im Anfange des siebenzehnten Jahrhunderts, hatten denselben Müßiggang und Laster jeder Art untergraben. Der Leichtsinn und die Vergnügungslust waren so groß und so allgemein, daß selbst das Landvolk mehr Tage der Woche den Tanzgelagen und andern Lustbarkeiten, als der Arbeit schenkte. Und doch war es durch seine Lage ganz besonders zu einem arbeitsamen Leben angewiesen. Denn dazumal waren noch die Adeligen die alleinigen Grundbesitzer, die Landleute aber ihre Pächter, die nach Gutbefinden konnten verabschiedet werden. Indeß der Adel selbst trug durch die Beispiele eines zügellosen Lebens nicht wenig dazu bei, das Volk in immer größeren Leichtsinn, und dadurch in alles Elend zu stürzen. Es war etwas sehr gewöhnliches, ablige Jünglinge, die in jeder Beziehung durch die schönsten Gaben des Leibes und der Seele für ein langes und thatenreiches Leben schienen bestimmt zu sein, vor Erreichung des männlichen Alters an den Folgen ihrer Ausschweifung in das Grab sinken, oder als Opfer wilden Zornes in blutigen Kämpfen fallen zu sehen. Unter dem Volke war mit dem Sittenverderbnisse eine solche Roheit und Unwissenheit verbreitet, daß man in manchen der zahlreichsten Pfarreien kaum fünf bis sechs Personen fand, welche in den ersten Grundlehren unserer heil. Religion hinlänglich wären unterwiesen gewesen. Das Schlimmste jedoch war, daß die Folgen des allgemeinen Verderbnisses sich auch bis in jenen Stand erstreckten, der allein so großem Uebel hätte steuern können. Der größte Theil der Geistlichkeit bestand aus Männern, die sich, durch die Noth ihrer verarmten Familie, oder vom Verlangen nach einem müßigen und bequemen Leben angetrieben, in einen Beruf eingedrängt hatten, der vor allen andern Losschälung von den Gütern dieser Welt, und Starkmuth in Ertragung großer Beschwerden voraussetzt. Dieser Mißbrauch war aber um so trauriger, als die Bischöfe wegen der ganz verschiedenen Landessprachen aus andern Provinzen des Reiches nicht leicht Hülfe erhalten konnten, sondern gezwungen waren, in Bretagne selbst, wo das Verderben so allgemein geworden war, Candidaten des Priesterstandes zu suchen. Doch wo mensch=

lichliche Sorge und Anstrengung nichts vermochten, da erwies sich Gottes Barmherzigkeit um so wunderbarer. Er erweckte dem unglücklichen Lande Männer voll apostolischen Eifers und rüstete sie mit Gaben aus, die eine außerordentliche Sendung beurkunden. —

Wenn wir etwa nach dem Grunde fragen, weßhalb Gott einem Volke, das so sehr die Strafen seines Zornes verdient zu haben schien, vielmehr Beweise seiner ganz besondern Güte zu Theil werden ließ; so können wir zwar auch hier mit dem Apostel antworten, daß, wo die Sünde überhand genommen, die Gnade noch mehr überhand nahm; aber vielleicht finden wir auch in einigen Eigenschaften der Bretons eine Ursache, weßhalb Gott sie noch nicht verlassen wollte. Die Einwohner Bretagne's hatten den Glauben alle Jahrhunderte hindurch treu bewahrt, und keiner einzigen Irrlehre jemals Eingang in ihr Land gestattet. Diese ihre Treue war so bekannt, daß Heinrich IV. in dem Edikt von Nantes (1595), durch welches er sich gezwungen sah, den Calvinisten eine ziemlich große Religionsfreiheit in allen andern Provinzen des Reiches einzuräumen, Bretagne ausdrücklich glaubt ausnehmen zu müssen. Wenn es nun gleich wahr ist, daß der Glaube, dem ein lasterhaftes Leben widerspricht, zur Erlangung der ewigen Seligkeit durchaus nicht hinreicht; so ist nichts destoweniger die treue Anhänglichkeit an die wahre Kirche in den Augen Gottes eine Tugend von so hohem Werthe, daß er ihretwegen sowohl einzelnen Menschen, als ganzen Gegenden nicht selten außerordentliche Gnaden erweist, durch welche sie zur Buße und zur Besserung des Lebens angetrieben werden. — Dazu kam, daß der Adel in Bretagne von Natur aus zur Tugend und zum Edelmuth, das Volk aber zur Frömmigkeit, zum Gehorsam und zur Dankbarkeit gegen eifrige Diener des göttlichen Wortes geneigt war;

und diese Eigenschaften hatte das eingerissene Sittenverderb=
niß zwar entstellt und geschwächt, aber nicht zerstört. Doch
wie dem nun auch immer war, gewiß ist, daß die Bretons,
wie sie einst in einer ähnlichen Zeit des sittlichen Verderbens
im heil. Vincenz von Feriera einen Prediger erhielten,
der sie durch die Schrecken der Gerichte Gottes zur Buße
bewog, so auch im siebenzehnten Jahrhundert durch gotter=
füllte Priester auf den Weg des Heils zurückgeführt wurden.

Die berühmtesten dieser Männer waren Michael Le=
nobletz, ein Weltpriester, Peter Quintin, ein Dominikaner,
und die beiden Jesuiten Julian Maunoir und Peter
Bernard. — Je außerordentlicher und wunderbarer viele
Ereignisse sind, denen wir in dem Leben dieser Missionäre
begegnen; desto mehr glauben wir die Quellen, aus wel=
chen wir die gegenwärtigen Berichte schöpfen, angeben
zu müssen. Anton Verjus, einer der ausgezeichnetsten
Schriftsteller Frankreichs, hat das Leben des Priesters
Lenobletz beschrieben. Er beginnt es mit den Wor=
ten: „Bei Verfassung einer Lebensbeschreibung Michael's
Lenobletz hat man den Vortheil, daß es zu einer Zeit
geschieht, in welcher die Beweise und Kennzeichen der
Dinge, die man berichtet, noch vorhanden sind, und die mei=
sten, welche Augenzeugen davon waren, noch befragt werden
können." Verjus war nämlich ein Zeitgenosse des gottseli=
gen Priesters, er lebte mehrere Jahre zu Quimper in Bre=
tagne mit dem Gefährten und Nachfolger Lenobletzens dem
P. Maunoir unter demselben Dache, und benutzte diese Ge=
legenheit, um an jenen Orten wo der fromme Missionär
gewirkt hatte, die sorgfältigsten Nachforschungen anzustellen.
Das Leben Bernard's ist vom P. Maunoir, seinem
beständigen Gefährten verfaßt; Maunoir's Wirken aber
hat der Jesuit Boschet beschrieben. Auch diesem standen

die zuverläßigsten Quellen zu Gebote, das Tagebuch des P. Maunoir, zwei Biographien von Zeitgenossen verfaßt, und endlich mündliche Nachrichten vieler glaubwürdigen Männer, die Maunoir persönlich gekannt und seine apostolischen Arbeiten beobachtet hatten. —

II.

Jugend Michael's Lenobletz.

Michael Lenobletz wurde den 21. September 1577 auf dem Schlosse Kerodern in dem Bisthum Leon geboren. In einem Tagebuche, worin er die von Gott empfangenen Wohlthaten aufzeichnete, zählt er zu den größten Gnaden, die man erhalten könne, jene, von gottesfürchtigen Eltern geboren zu werden, und die erste Erziehung von sorgfältigen und tugendhaften Leuten zu empfangen. Diese Gnaden waren ihm zu Theil geworden. Seine Eltern zeichneten sich unter den Edelleuten Bretagne's durch einen guten Lebenswandel, und besonders durch die Sorgfalt, welche sie auf die Erziehung ihrer Kinder verwendeten, aus. Doch glaubte Lenobletz noch mehr einer frommen Frau, die man ihm zur Amme gegeben hatte, zu verdanken zu haben. Diese opferte das ihr anvertraute Kind täglich seinem Schöpfer auf, unter den heißesten Gebeten, daß er es frühzeitig mit seiner Gnade erfüllen wolle. Sie fand Erhörung. Man bemerkte in dem heranwachsenden Knaben eine besondere Hinneigung zu allem, was den Dienst Gottes angieng, und man mußte Drohungen und Strafen anwenden, um ihn abzuhalten, daß er nicht allein aus dem väterlichen Schlosse sich in die Kirche schlich, um dem Gebete obzuliegen.

Den ersten Unterricht erhielt er von einem Hauslehrer;

als er aber sein zehntes Jahr erreicht hatte, schickte ihn sein
Vater mit einigen seiner Brüder in einen benachbarten Flecken,
wo zwei tugendhafte Geistliche eine öffentliche Schule gegrün=
det hatten. Unter der Leitung dieser Männer entfalteten sich
immer mehr die Keime, welche Gott in das Herz des frommen
Knaben gelegt hatte. Der junge Michael wurde in seinen
Gebeten so sehr vom heil. Geiste erleuchtet, daß er schon
damals die Lehre von der Verachtung der Welt und der
großmüthigen Selbstüberwindung tief erfaßte. Sein unge=
wöhnlicher Eifer trieb ihn an, was er in den Leben der Hei=
ligen las, mit entschlossenem Muthe nachzuahmen. Als er
sich einst allein in einem Walde befand, fühlte er sich vom
Geiste der Unlauterkeit heftig versucht. Der fromme Knabe
erinnerte sich an den heil. Benedikt, und ohne weiters ent=
schloß er sich, gleich diesem, mit seinen Schmerzen und sei=
nem Blute die Unschuld seines Herzens zu vertheidigen, mit
nacktem Leibe sich in Dornen wälzend. Ein anderes Mal
fiel ihm in derselben Gelegenheit das Beispiel des heil. Bern=
hard ein, und er ahmte es eben so eifrig als jenes des
heil. Benedikt nach. Es war zur Winterzeit: er stürzte sich
in den Schnee, und harrte aus, bis seine Glieder fast er=
starrt waren. Möchten wir doch so entschlossen wenigstens
die gewöhnlichen Tugendübungen der Heiligen nachahmen.

Michael zählte damals erst vierzehn Jahre. Gott be=
lohnte seine Großmuth mit ausgezeichneten Gnaden, und es
scheint, daß er bereits offenbaren wollte, zu was für Wer=
ken des Heiles er ihn berufen hatte. Der gottselige Jüng=
ling bemerkte mit Kummer, in welcher Unwissenheit die Land=
leute, die ihn umgaben, dahinlebten, und beschloß, alle Zeit,
die ihm seine Studien übrig ließen, auf ihren Unterricht zu
verwenden. Vor der Kirchthüre, auf den Straßen, auf dem
Felde suchte er einige um sich her zu versammeln, um ihnen

den Katechismus zu erklären, und einige Worte heilsamer
Ermunterung zu sagen. Doch meistens wurde seine Liebe
von diesen rohen und unwissenden Menschen nur mit Spott,
mit Beschimpfungen, zuweilen auch mit Mißhandlungen be=
lohnt. Michael ertrug alles mit Stillschweigen und Ge=
duld. —

Wer sollte nicht glauben, daß eine solche Tugend bereits
gegen alle Versuchungen sicher gewesen wäre? Und doch
war sie es nicht. — Als Lenobletz das sechszehnte Lebens=
jahr erreicht hatte, wurde er mit seinen Brüdern nach Bor=
deaux geschickt, um auf den berühmten Schulen dieser Stadt
seine Studien fortzusetzen. Es war unter den Studenten
überhaupt wenig Zucht; aber die jungen Bretons trugen
die Laster, die in ihrer Heimath herrschten, am frechsten
zur Schau. Schwelgerei und Rauferei waren unter ihnen
an der Tagesordnung. Sie wählten sich einen Anführer,
den sie sonderbarer Weise dem Prior der Bretons nannten,
und bildeten unter ihm eine Art Landmannschaft. Der Prior
führte den Vorsitz in ihren Zusammenkünften, und mußte
unter dem Vorwande, die Ehre des Vaterlandes zu ver=
theidigen, alle Händel, welche die Bretons mit andern Stu=
denten hatten, zu den seinigen machen. Es mangeln uns
die Nachrichten, wie der fromme Lenobletz in dieses wilde
Studentenleben hineingerissen wurde. Wir wissen nur, daß
er sich, um seinen Bruder, der zum Prior erwählt worden
war, beistehen zu können, in den Waffen übte, und bald
eine solche Geschicklichkeit und solchen Muth an den Tag
legte, daß er an die Stelle seines Bruders zum Anführer
der Bretons ernannt wurde. Er mochte damals neunzehn
Jahr alt sein. Sein Amt verpflichtete ihn, die Gesellschaften
der ausgelassendsten seiner Landsleute zu besuchen, und sich
ihretwegen aus nichtigen und oft aus ungerechten Ursachen

in allerlei Streitigkeiten einzulassen. Als er eines Tages in solcher Gelegenheit seinen Bruder gegen einige andere Studenten vertheidigte, und im Begriff war, den schon gezuckten Degen in die Brust eines Jünglings zu stoßen; fühlte er sich plötzlich von einer unsichtbaren Macht zurückgehalten, und erkannte in demselben Augenblicke die Gnade Gottes, der ihn von dem Abgrund, über dem er schwebte, barmherzig zurück zog. Michael legte den Streit bei, und entfernte sich tief erschüttert, um zu beten. Alsbald erkannte er seine Verirrungen und Gefahren, und entschloß sich, ohne Zögern auf den Weg der Tugend zurückzukehren. Er entsagte den Waffen und den Gesellschaften, beweinte seine Sünden mit den bittersten Thränen, und war nur darauf bedacht, sich vor neuer Verirrung sicher zu stellen. Zu diesem Ende sah er sich nach einem Orte um, wo er wenigern Gefahren ausgesetzt wäre, und Lehrer fände, die ihm zugleich zuverläßige Führer auf dem Wege des Heils sein könnten. Sein Vater gab ihm die Erlaubniß, nach Agen zu gehen, wo eben ein Collegium der Gesellschaft Jesu aufzublühen begann.

Unter seinen neuen Lehrern machte nun Lenobletz zugleich in der Tugend und in der Wissenschaft die größten Fortschritte. Drei Jahre hindurch beschäftigten ihn in seinen Gebeten fast immer die Gerichte Gottes, und alle jene Wahrheiten, welche bußfertige Gesinnungen in ihm unterhalten konnten. Er brachte einen Theil der Nacht im Gebete zu, büßte seine Sünden durch Fasten und Kasteiungen, und ließ keine Gelegenheit unbenutzt, den ernsten Entschluß, Gott allein zu dienen, durch muthige Selbstüberwindung zu bewähren. So waren etwa drei Jahre verflossen, als Gott durch eine wunderbare Wirkung seiner Gnade eine große Veränderung in ihm hervorbrachte. Er erleuchtete ihn über die Reichthümer seiner Liebe und Barmherzigkeit, und seine Seele durch die Gabe des beschaulichen Gebetes zu sich erhebend, befreiete er ihn von aller Beklommenheit und knechtischen Furcht. Aber je mehr ihn Gott mit sich durch Liebe vereinigte, desto eifriger suchte Lenobletz sich von der Welt und allen ihren Reizen loszureißen. Er erbat sich von seinem Vater die Erlaubniß, von seinen Brüdern und einigen jungen Edelleuten, die mit ihm nach Agen gegangen waren, sich zu trennen, und bezog in einem andern Theile der Stadt bei einer sehr frommen Familie eine stille Wohnung. Hier setzte er von keiner weltlichen Zerstreuung gestört, sein Gebet, seine Bußübungen und seine Studien mit ununterbrochenem Eifer fort.

Hielt ihn seine Frömmigkeit fern von den Lustbarkeiten der Welt, so hinderte sie ihn jedoch keinesweges, mit allem Fleiße den Wissenschaften obzuliegen, und er machte in denselben die allerglücklichsten Fortschritte. Die lateinische und griechische Sprache erlernte er mit einer solchen Leichtigkeit, daß er nicht nur die schwersten Schriftsteller ohne Mühe erklärte, sondern auch beide Sprachen geläufig schrieb. In einer öffentlichen Versammlung las er ein langes von ihm in griechischer Sprache verfertigtes Gedicht vor, und noch als Greis sagte er dasselbe zuweilen seinen Freunden aus dem Gedächtniß her. Am Ende seiner philosophischen Studien vertheidigte er in einer feierlichen Disputation Thesen über die gesammte Philosophie, eine Auszeichnnng, welche nur sehr wenigen Schülern zu Theil wird. — Lenobletz wurde in diesen seinen Studien von keinem andern Beweggrunde geleitet, als von dem Verlangen, durch die erworbenen Kenntnisse einstens am Heile des Nächsten mit größerem Erfolge arbeiten zu können. Aber dies sein Verlangen war zu groß, als daß er jedes Wirken für den Nächsten auf die ferne Zukunft hätte verschieben können. Er suchte die Kranken in den Spitälern, die Armen in ihren Hütten auf, tröstete und unterrichtete sie, und spendete ihnen reichliches Almosen. Denn bei seiner einfachen, ja harten und ärmlichen Lebensweise konnte er von dem Gelde, das ihm sein Vater bestimmt hatte, alljährlich eine nicht unbedeutende Summe erübrigen, und als sein Vater den guten Gebrauch vernahm, den Michael davon machte, bewilligte er ihm eine nicht unbedeutende Zulage. Aber der Liebeseifer des jungen Lenobletz wendete sich ganz besonders den Studirenden zu. Denn er beherzigte, wie vieler Anderer Heil von dem zukünftigen Wirken eines jeden dieser Jünglinge abhieng. Wie er die ärmern mit seinem Gelde unterstützte, so suchte er jene, die ein zur Tugend geneigtes Herz offenbarten, durch kluge und zugleich feurige Unterhaltungen zum Streben nach der Vollkommenheit zu bewegen. Nicht Wenigen flößte er auf diese Weise einen heiligen Eifer in dem Dienste Gottes und jene Verachtung der Welt ein, die sein eigenes Leben mehr noch, als sein Mund verkündigte. Zu diesen gehörte Peter Quintin.

III.

Peter Quintin. Katechetenverein.

Peter Quintin oder eigentlich von Limbau gehörte einer adeligen Familie zu Treguier in Bretagne an. Er hatte seine Studien unterbrochen, um während des damals wüthenden Bürgerkrieges seine Mutter, die Wittwe war, und seine jüngeren Geschwister zu beschützen. Zu diesem Ende nahm er in seinem Vaterlande Dienste, und erwarb sich als Offizier durch seine Rechtlichkeit und Klugheit allgemeine Achtung. Aber unter den Zerstreuungen seines

unruhigen Lebens verlor sich der religiöse Sinn, in dem
er erzogen war, und die Reinheit seiner Sitten blieb in
den vielen verführerischen Gelegenheiten, die ihn umgaben,
nicht unverletzt. Gott entriß ihn den Gefahren eines welt=
lichen Lebens durch eine besondere Gnade. Quintin saß
eines Tages mit einigen seiner Freunde am Spieltisch;
als er das Wehklagen eines armen Mannes, dem die Sol=
daten seiner ganzen geringen Habe beraubt hatten, vernahm.
Er eilte hinaus, fand aber kein Mittel, den Armen wieder
zu dem Seinigen zu verhelfen. Voll Mitleid schenkte er
dem Beraubten die ganze nicht unbedeutende Summe, die er
eben beim Spiele gewonnen hatte. Eine so schöne Hand=
lung sollte nicht unbelohnt bleiben. Als Quintin des an=
dern Morgens erwachte, glaubte er eben jene Worte zu
hören, deren Gott sich einstens bediente, den heil. Augustin
zu bekehren: „Nimm und lies." Er hatte kein anderes
Buch zur Hand, als die Bekenntnisse eben dieses heil. Kir=
chenvaters, wurde aber durch die Lesung derselben so an=
gezogen, daß er sie während der ganzen Fastenzeit fortsetzte.
So reifte in ihm der Entschluß, sein Leben zu ändern,
und da der Krieg bereits geendigt war, beschloß er, um
sich vielen Gefahren zu entziehen, dem Soldatenstande zu
entsagen, und zu den Studien zurückzukehren.

Nachdem er in Paris die Gymnasialstudien vollendet
hatte, kam er nach Agen, um dort Philosophie zu hören.
Er hatte nicht alsobald den jungen Lenoblet kennen gelernt,
als er sich ihm auch näher anzuschließen suchte. Lenoblet
seinerseits kannte kein größeres Glück, als das heilige Feuer,
das in ihm brannte, in Andern zu entzünden. Sie schlos=
sen nach und nach die innigste Freundschaft, und Quintin
obschon fast zehn Jahre älter, als Lenoblet pflegte diesen
seinen Vater und Lehrer zu nennen. Er lernte von ihm

die Wissenschaft der Heiligen, die Weisheit der Kinder Gottes, welche den Kindern der Welt Thorheit ist. Im beständigen Kampfe mit sich selbst suchte er die bösen Gewohnheiten und Neigungen, die er im Soldatenstande in sich hatte aufkeimen lassen, ganz und gar auszurotten. Kaum also glaubte er zu erkennen, Gott begehre von ihm, daß er sich während seines ganzen übrigen Lebens jeden Genuß des Weines untersage; so legte er sich diese Enthaltung selbst als eine strenge Pflicht auf, und blieb derselben bis zum Tode getreu. Mit dem Gebete verband er harte Bußübungen, und ahmte besonders den Liebeseifer nach, mit dem Lenobleß die Armen unterstützte. Es brach um jene Zeit eine große Hungersnoth aus, und man sah in Agen nicht wenige Arme in Noth und Elend dahinsterben. Quintin veräußerte, nachdem er all' sein Geld ausgetheilt hatte, sein Hausgeräth und seine Bücher, um Almosen geben zu können. Die Noth dauerte fort: da reis'te er mit größter Eile in seine Heimath, verkaufte sein ganzes Erbtheil, brachte den Erlös nach Agen, und spendete ihn unter die Nothleidenden aus. Er mußte sich von nun an durch Unterrichtgeben seinen Lebensunterhalt verdienen, und schätzte sich glücklich, durch die freiwillige Armuth Christus, dem Herrn, ähnlicher zu sein.

Waren diese beiden jungen Männer so sehr beflissen, die Werke der leiblichen Barmherzigkeit auszuüben, so gaben sie sich noch viel mehr Mühe, zum Seelenheile des Nächsten etwas beizutragen. Nicht zufrieden den Armen und Kranken, die sie unterstützten, einige Worte der Erbauung zu sagen, pflegten sie alle Sonn- und Feiertage auf das Land zu gehen, um dem Volke die Lehre des Heils zu erklären, eine Wohlthat, die um so nothwendiger war, als in jener Zeit die Irrlehre Calvin's fast in alle Provinzen Frankreichs einzuschleichen drohete. Dieser Eifer, den Armen das Evangelium zu verkündigen, wuchs in unseren Jünglingen mit jedem Tage, aber erst zu Bordeaux gelang es ihnen, demselben eine größere Ausdehnung zu geben. Sie hatten sich in diese Stadt begeben, um das Studium der Theologie zu beginnen. Lenobletz, der ganz ausgezeichnete Talente von Gott empfangen hatte, machte in demselben die glänzendsten Fortschritte; aber als wollte er sich gegen die Gefahr der Eitelkeit und Ehrsucht sicher stellen, war er jetzt nur um so mehr bemüht, die Kinder und Unwissenden in den ersten Anfangsgründen der christlichen Lehre zu unterrichten. Zu Agen war er in diesem Liebeswerke nur von seinem Freunde Quintin unterstützt worden; zu Bordeaux aber gelang es ihm, aus frommen Studirenden, die er nach dem Beispiele des heil. Ignatius von Loyola mit seinem Eifer beseelt hatte, einen Verein von Katecheten zu bilden. Ueberhaupt war es das Leben jenes Heiligen, nach welchem er das seinige einzurichten bemüht war, und von ihm auch hatte er gelernt, welch' hohen Werth das Amt des Christenlehrers in den Augen derer, die für das Heil des Nächsten arbeiten wollen, haben müsse. Es gehörte nämlich zu den größten Uebeln, über welche die Kirche im sechszehnten Jahrhunderte seufzte, daß der Volksunterricht in sehr vielen Gegenden fast ganz und gar vernachläßigt wurde. Ignatius richtete seinen Orden freilich so ein, daß in demselben tüchtige Prediger und gelehrte Professoren gebildet würden; aber er wollte zugleich, daß alle ohne Ausnahme nach seinem und seiner ersten Gefährten Beispiele das Katechetenamt liebten und hochschätzten, ja zu demselben verpflichtet würden, so zwar, daß diese Verpflichtung sogar in der Gelübdeformel der Professen ausgedrückt wurde. Lenobletz also, der das Leben dieses Heiligen zu seiner beständigen Lesung gewählt hatte, ermunterte seine Freunde, in diesem Stücke ganz besonders dem Beispiele und der Lehre desselben zu folgen. Er stellte ihnen vor, daß es kein Werk des Seeleneifers gebe, dessen heilsame Früchte so gewiß, und dessen Ausübung so gefahrlos sei. Eine gute Christenlehre gewinne mehr Seelen für Gott und die Tugend, als die beredtste Predigt, und setze doch diejenigen, welche sie halten, der Gefahr nicht aus, nach dem Lobe der Menschen zu haschen, einer Gefahr, durch die so manche Prediger um die Belohnung ihres Eifers, und zuweilen um das Heil ihrer Seele gebracht werden. Sie möchten, setzte er hinzu, an ihr erhabenstes Muster, an Jesus Christus, denken, der mit so besonderer Liebe die Kleinen und die Armen um sich zu versammeln pflegte. — Durch solches Zureden erweckte und unterhielt er den Eifer der Jünglinge, die sich ihm angeschlossen hatten. Er schrieb ihnen einige Verhaltungsregeln vor, und vertheilte unter sie die Ortschaften, welche des Unterrichts am meisten bedürftig schienen. Jeden Sonn- und Feiertag also sah man diese frommen Studenten zwei und zwei die Stadt verlassen, und in den verschiedenen Dörfern bald die Kinder, bald die Erwachsenen zum Religionsunterrichte versammeln. Sie erklärten die Lehre des Heils so faßlich und so bündig, sie fügten so herzliche und so salbungsvolle Ermahnungen hinzu, daß niemand daran zweifelte, Gott der sie zu diesem Werke der Liebe angetrieben, gebe ihnen auch zu demselben seinen ganz besondern Segen.

IV.

Lenobletz empfängt die heil. Weihen.

Vier Jahre hatte Lenobnetz auf diese Weise in Bordeaux zugebracht, und während derselben den gewöhnlichen

Lehrcurs der Theologie vollendet. War er gleich entschlossen, Gott im geistlichen Stande zu dienen; so beeilte er sich doch keinesweges, die heiligen Weihen zu empfangen. Er beschloß seine Studien durch eine Wallfahrt nach einer berühmten Kirche der Muttergottes, um dieser, seiner himmlischen Beschützerinn, für die großen und zahlreichen Gnaden, die er durch ihre Fürsprache während seiner Studienjahre erhalten hatte, zu danken. Hierauf dachte er daran, eine geraume Zeit durch Gebet und Buße sich auf den Empfang der Priesterweihe vorzubereiten, auch hierin das Beispiel des heil. Ignatius befolgend. Sechs volle Monate beobachtete er strenge Fasten, trug während dieser ganzen Zeit keine Leinewand, schlief auf dem Boden oder auf ein wenig Stroh, und brachte ganze Tage und manche Nächte im Gebete und in heiliger Betrachtung zu. Hierauf in seine Heimath zurückgekehrt, wurde er von seiner Familie mit jener Freude empfangen, die der Ruf seiner Tugend und Gelehrsamkeit erregen mußte. Sein Vater, der die Zeit nicht abwarten konnte, wo er den geliebtesten seiner Söhne zu kirchlichen Würden erhoben sähe, drang in ihn, den Empfang der Priesterweihe nicht länger zu verschieben. Aber dieser junge Mann, in dem alle, die ihn kannten, eine zukünftige Zierde der Geistlichkeit des Landes erblickten, hielt sich selber für unwürdig, zu einem Stande erhoben zu werden, in dem er nichts als Göttliches zu sehen glaubte. Eben weil die priesterliche Würde größer sei, als die der Könige und Kaiser, sagte er, sei es auch viel schwerer, dieselbe, wie es sich gezieme, zu tragen; und unbegreiflich schien es ihm, wie so manche Jünglinge unbedenklich eine Bürde auf sich lüden, vor der die größten Heiligen gezittert.

Eine Zeitlang hatte sein Vater solchen Vorstellungen Gehör gegeben, aber bald konnte er seine Ungeduld nicht mehr zurückhalten. Der Bischof von Leon wollte den jungen Lenobletz in einer feierlichen Disputation, zu der sich die gelehrtesten Theologen des Landes versammelten, hören. Michael gehorchte. Seine gründliche und umfassende Gelehrsamkeit und die damit verbundene Bescheidenheit und Demuth machten auf den Bischof und alle anderen Zuhörer einen so tiefen Eindruck, daß diese Disputation weit und breit im ganzen Lande berühmt wurde. Der Bischof aber suchte Lenobletz zu bestimmen, die erste bedeutende Pfründe, die in seinem Sprengel offen stehen würde, anzunehmen. Bald darauf bot sich die Gelegenheit dar, von der Güte des Oberhirten Gebrauch zu machen. Eine sehr ehrenvolle Stelle war erledigt, und der Vater Lenobletzens erneuerte seine dringenden Vorstellungen. Aber Michael erwiederte, daß er sich nicht stark genug fühle, die ausgedehnte Seelsorge, welche mit dieser Pfründe verbunden war, zu übernehmen; daß er überhaupt sich nie um geistliche Würden bewerben, und selbst die ihm angebotenen nicht übernehmen werde. Er fühle sich berufen, als schlichter Missionär für das Seelenheil des armen Landvolkes zu leben, und würde es von jeher vorgezogen haben, vielmehr die Heerden seines Vaters zu hüten, als sich durch eine höheres kirchliches Amt zur Leitung des christlichen Volkes zu verpflichten. Bei einer solchen Erklärung verwandelte sich die Ungeduld seines Vaters im heftigen Zorn. Er glaubte seine schönsten und gerechtesten Erwartungen durch den Eigensinn einer schwärmerischen Frömmigkeit vernichtet zu sehen, und beschloß, diesen Eigensinn mit Gewalt zu brechen. Er gab Befehl, daß man seinem Sohne eine Heerde zu weiden übergebe, und Michael stand nicht an, seinem Vater in aller Demuth zu gehorchen. Ohne Murren führte er die Heerde zur Weide, und wenn sein Herz voll Kummer war, daß er das Mißfallen seines Vaters erregt; so tröstete er sich mit dem Gedanken, daß sein Betragen Gott gefalle.

Unter den Papieren, welche der fromme Missionär hinterließ, hat man drei kurze Handschriften gefunden, die die er um diese Zeit verfaßte. In der ersten setzt er die Gefahren auseinander, vor denen jeder sich zu hüten hat, der die priesterliche Würde übernimmt; in der zweiten deutet er auf die Klippen hin, an welche so leicht die Tugend derer, die im Verkehr mit Weltleuten leben, scheitert; in der dritten endlich giebt er die Mittel und Wege an, wodurch ein Weltpriester sich vor diesen Gefahren hüten kann. Wenn wir nicht fürchten müßten, zu weitläufig zu werden, würden wir unsern Lesern diese Aufsätze nicht vorenthalten; wir wollten ihrer aber deßhalb erwähnen, weil sie ein Betragen rechtfertigen, das vielleicht nicht bloß der Vater unseres Missionär's sonderbar finden möchte. Es offenbart sich nämlich in diesen Handschriften eine solche ruhige Besonnenheit, eine so weise Beurtheilung aller Verhältnisse des Lebens, eine so tiefe Kenntniß des menschlichen Herzens, daß man leicht die Ueberzeugung gewinnt, nicht falsche Frömmigkeit und jugendliche Uebertreibung, sondern klare Erkenntniß der Wege, auf welchen Gott ihn führen wolle, habe den frommen Jüngling in seinem ganzen Benehmen geleitet. In Wahrheit, hätte sein Vater nicht nach den Grundsätzen der Welt, sondern im Lichte des Glaubens die Lebensbahn betrachtet, in die er seinen Sohn drängen wollte; so würde er weit entfernt gewesen sein, über dessen Widerstand zu zürnen. Aber wenngleich übrigens ein rechtlicher Mann, konnte er doch die christliche Vollkommenheit nicht fassen. Als er sah, daß Michael seine Gesinnungen nicht änderte, befahl er ihm, das elterliche Haus zu verlassen. Der sanftmüthige Jüngling gehorchte, und bat jene fromme Amme, deren sorgfältige Liebe er, wie oben bemerkt wurde, viele Jahre hindurch erfahren hatte, um ein Obdach. Die arme Frau nahm ihn willig auf, und Michael brachte unter ihrer Strohhütte mehrere Monate in dem größten Mangel und in der äußersten Verachtung zu. Aber Armuth und Verachtung waren die beständigen Begleiter unsers göttlichen Heilandes gewesen, und diesem ähnlich zu sein, hielt er für sein größtes Glück. Ueberdies glaubte er sich auf das apostolische Leben, dem er sich widmen wollte, nicht besser, als durch Ertragung solcher Leiden vorbereiten zu können. Seine Kleidung und Nahrung war jetzt die eines armen Bauern; aber seine gewöhnliche Unterhaltung mit dem Könige der Könige und dem Fürsten des Himmels. Wenn er nicht betete, las er in der heil. Schrift, erklärte den Kindern und Armen den Katechismus oder sammelte von Thür zu Thür Almosen für Nothleidende, die sich zu betteln schämten. Alle seine Verwandte beklagten sein Loos; sie hielten ihn für einen Thoren und Schwärmer, der die von Gott empfangenen Gaben vergrübe. Aber Lenobleh wußte, welche Schätze in der freiwilligen Armuth und Demuth verborgen liegen, und hielt die Zeit nicht für verloren, in welcher er sich um diese Schätze bewarb.

Sechs Monate hatte er in dieser Prüfung ausgehalten, als er sich entschloß, nach Paris zu gehen, um sich dort der Leitung eines erfahrenen Seelenführers zu übergeben, und nach dessen Rath sein ganzes zukünftiges Leben einzurichten. Er gieng mit der Unbefangenheit der Unschuld zu seinem Vater, und bat ihn um die Mittel, noch ein Jahr in Paris zu studiren, um dann die heil. Weihen zu empfangen. Der Vater glaubte hierin eine Veränderung seiner Gesinnungen zu erkennen, und bewilligte gern, was er begehrte. Zu Paris stand damals der Pater Lotton im Rufe einer seltenen Tugend und Erfahrung auf den Wegen des Heils. Lenobletz wendete sich an ihn, und eröffnete ihm alles, was seit vielen Jahren in seinem Innern vorging. Der Pater Lotton vergoß Thränen der Freude, als er die Gnadenschätze erkannte, die Gott in die Seele dieses Jünglings gelegt hatte. Er ermunterte ihn, den Empfang der heil. Weihen nicht länger zu verschieben, und alsdann auf die Weise, die Gott ihm eingegeben, an dem Heile des Nächsten zu arbeiten. Lenobletz gehorchte ohne Wiederstreben. Er empfing zu Paris die Priesterweihe, und erneuerte vor Gott sein heiliges Versprechen, im geistlichen Stande immer nach den Grundsätzen der evangelischen Vollkommenheit zu leben.

Es ist bemerkenswerth, das Lenobletz, obschon er fest entschlossen war, sein Leben als Missionär unter den Armen und Unwissenden zuzubringen, nichts destoweniger mit allem Eifer jede Gelegenheit benutzte, seine Kenntnisse auszudehnen. Während des Jahres, das er in Paris zubrachte, verlegte er sich mit großem Fleiße auf die Erlernung der hebräischen Sprache, und das zu keinem andern Zwecke, als um desto tiefer in den Sinn und Geist der heil. Schrift eindringen zu können.

V.
Einsiedlerleben und erstes Wirken Lenobletzens.

Nach Empfang der Priesterweihe kehrte Lenobletz zu seinen Eltern zurück. Denn er wollte sie und seine übrigen Verwandten des Trostes, seiner ersten heiligen Messe beizuwohnen, nicht berauben: aber er mußte dafür zu sorgen, daß dieser ihm so heilige Tag, nicht, wie es in Bretagne Sitte war, durch geräuschvolle Gastgelage entweihet wurde.

Das fromme Leben, welches Lenobletz seit acht Jahren geführt, und die Uebungen des Gebetes und der Buße, in welchen er die beiden letzten Jahre vor seiner Weihung zugebracht hatte, hätten wohl auch eine hinlängliche Vorbereitung auf das öffentliche Wirken als Priester scheinen können. Aber Michael hatte von diesem Wirken die erhabensten Begriffe, und er erinnerte sich, daß wie die Propheten des alten Bundes, so die Väter der Kirche, viele andere Heilige, und der göttliche Erlöser selbst, bevor sie unter dem Volke als Lehrer auftraten, in der Einsamkeit der Wüste sich lange Zeit mit Gott allein unterhielten. Nicht weit vom Meere, in einer einsamen Gegend ließ er sich also eine Hütte bauen, in der er ein volles Jahr das Leben der Väter in der Wüste nachahmte. Er sprach während dieser Zeit mit Niemand, als mit seinem Beichtvater, und verließ seine Zelle nicht, als um in der nächst gelegenen Kirche die h. Messe zu lesen. Nur einmal des Tages nahm er Nahrung zu sich, und alsdann bestand seine ganze Mahlzeit in einem Mehlbrei, den ihm ein Mann aus der Nachbarschaft zutrug, und durch eine kleine Oeffnung seiner Hütte reichte. Das Bußkleid legte er niemals ab, kasteiete überdies seinen Leib alle Tage; schlief auf dem Boden, und wollte kein anderes Kopfkissen, als einen Stein. Seine einzige Beschäftigung war das Gebet und die Betrachtung der heil. Schrift. Aber in diesen Stunden der Andacht wurden ihm seine Opfer reichlich vergolten. Er erhielt nicht nur einen tiefen Frieden des Herzens und eine große Leichtigkeit, immer und überall seine Seele zu Gott zu erheben; sondern der h. Geist erleuchtete ihn auch wunderbar über die Art und Weise, wie er die verschiedenen Klassen von Menschen zu Gott hinführen könne. Hier war es, wo ihm Gott die Gabe ertheilte, die man später so oft in ihm bewunderte, bei allen Menschen immer jene Gegenstände für seine Reden und Unterhaltungen zu wählen, die am geeignetsten waren, ihre Herzen zu rühren. Hier, in diesem langen Stillschweigen, erwarb er sich jene hinreißende Beredtsamkeit, der Niemand schien widerstehen zu können, und eine solche Fertigkeit, über Gott und göttliche Dinge zu reden, daß er fast ganze Tage predigen oder katechisiren konnte, ohne sich oder seine Zuhörer zu ermüden. Hier endlich befestigte er sich für immer in jenen Tugenden, die er seine Vertheidigungs- und Angriffswaffen zu nennen pflegte. Diese Waffen waren das Gebet und die beständige Vergegenwärtigung der göttlichen Majestät, Bußfertigkeit und eine strenge Lebensweise; Losreißung von jeder unordentlichen Liebe zu seinen Verwandten und allen unnützen Unterhaltungen; anhaltendes Studium der für einen Priester nothwendigen Wissenschaften, und endlich jene Freiheit des Herzens, durch die er, allem irdischem Troste entsagend, sich Gott allein hingab, und von ihm jede Hülfe und Gnade hoffte.

So ausgerüstet gieng Lenoblez aus seiner Einsamkeit hervor, um von nun an in unermüdlichem Eifer an dem Heile des Nächsten zu arbeiten. Er kannte die traurige Lage seines Vaterlandes, und hatte bereits erfahren, auf welche Hindernisse er stoßen werde: aber er scheute keine Leiden, und fürchtete keinen Widerstand; denn er wußte, für wen er kämpfte. In der Pfarre, zu welcher das Schloß seines Vaters Kerobern gehörte, waren die Uebel so groß, als irgendwo anders, und er beschloß, dort sein Wirken zu beginnen. Er nahm zwar seine Wohnung in dem elterlichen Hause; erschien aber in keiner Gesellschaft seiner Verwandten oder Freunde, es sei denn, daß er darin etwas für das Heil ihrer Seelen wirken zu können hoffte. Sein einziges Streben gieng dahin, das arme Landvolk aus seiner traurigen Unwissenheit zu reißen, und dem Strome des Verderbens, das aus dieser entstanden war, Einhalt zu thun. Aber der Unterricht des Volkes war mit großer Schwierigkeit verbunden. Die Dörfer in Bretagne bestanden nämlich aus weit von einandergelegenen Meierhöfen; es war also fast unmöglich, das Volk außer der Zeit des Gottesdienstes zum Religionsunterricht zu versammeln; diese Zeit aber genügte unserm Missionäre nicht. Er eilte also die ganze Woche hindurch von einem Hause zum andern, sammelte Kinder und Erwachsene um sich, und unterwies sie in der Lehre des Heils. Es war kein Kranker in der Gemeinde, den er nicht tröstete, kein Sterbender, dem er nicht beistand. Den Armen brachte er Unterstützung, und die sich zu betteln schämten, sahen ihn, den jungen Edelmann, von Thür zu Thür für sie Almosen sammeln. An Sonn= und Feiertagen aber predigte und katechisirte er vor dem versammelten Volke, und hier war es, wo sein ganzer Eifer entbrannte, und sich die Macht einer von Gott gegebenen Beredtsamkeit kund gab.

Unter diesen Anstrengungen setzte er sein hartes Büßerleben fort. Nachdem er vor Tagesanbruch dem Gebete obgelegen, und dann das h. Meßopfer dargebracht hatte; ließ er sich von dem Brode und der Brühe, die für die Dienerschaft seines Vaters bereitet waren, reichen, begab sich nach diesem kurzen Frühstücke auf das Land, und beschäftigte sich, von Haus zu Haus oft Stundenweit wandernd, den ganzen Tag mit dem Unterricht und Krankenbesuch, ohne irgend eine andere Nahrung zu sich zu nehmen. Unbeschreiblich war die Geduld und Sanftmuth, mit welcher er sich bemühete, den Kindern und oft auch schon betagten Greisen die Lehre und die Gebote der Kirche einzuprägen. Konnte er dieselben nicht leicht zu Hause finden; so erwar=

tete er sie auf der Landstraße, wenn sie aus dem Walde
oder vom Markte heimkehrten; schloß sich ihnen an, und
unterhielt sich mit ihnen vom Reiche Gottes, und den Mitteln, zu demselben zu gelangen.

Die Lebensweise unseres Missionärs war sehr geeignet,
seinen Worten bei dem Volke eine höhere Kraft zu verleihen: denn sie bewies, daß er mit seinem rastlosen Eifer
nichts anders, als das Heil seiner Zuhörer suchte. Wirklich sah man auch eine immer größere Zahl von Menschen
jeden Alters mit Fleiß und Andacht seinem Unterricht und
seinen Predigten beiwohnen, und nach und nach sich eines
gottesfürchtigen Lebenswandels befleißigen. Eine große Bewegung der Gemüther und eine auffallende Veränderung
des Lebens wurde in der ganzen Pfarre wahrgenommen.
Aber in eben dem Maße, als sich ihm die Herzen der einfachen Landleute zuwandten, zürnten ihm seine Eltern und
Verwandte. Auch sie konnten seinen heiligen Eifer nicht
mißbilligen, aber sie haßten seine Lebensweise. Sie wären
immerhin zufrieden gewesen, daß er die Unwissenden unterrichte, und die Sünder bekehre; aber er sollte zugleich eine
reiche Pfründe annehmen, sich den Weg zu ehrenvollen
Aemtern bahnen, und vor allem seinem Stande gemäß,
das heißt wie ein Adlicher, leben. Aber Lenobletz glaubte
seinem wahren Stande gemäß zu leben, wenn er wie die
Apostel lebte. — Als sein Vater sah, daß alle Vorstellungen fruchtlos waren, ließ er den jungen Priester eines Tages
vor die ganze, zu diesem Zwecke versammelte Familie rufen,
überhäufte ihn mit den bittersten Vorwürfen, daß er seiner
Familie so große Unehre mache, und verstieß ihn dann
förmlich aus dem väterlichen Hause. Michael hörte stillschweigend die harte Rede seines Vaters, und verließ, zum
zweiten Mal verstoßen, das Schloß, in dem er geboren

war. Er hätte ohne Schwierigkeit in jeder anderen Pfarre des Bisthums Aufnahme finden können; aber theils um das angefangene Gute zu vollenden, theils um den Leidens= kelch ganz auszutrinken, blieb er in seinem heimathlichen Dorfe, und sprach von neuem seine ehemalige Amme um gastfreundliche Aufnahme an.

VI.
Leiden des frommen Lenobletz. Bekehrung seiner Eltern.

Lenobletz war in seinem Geburtsort geblieben, um den Leiden, die er als Wohlthaten Gottes betrachtete, nicht aus= zuweichen; doch hatte er vielleicht nicht so viele und so schwere erwartet, als es Gott gefiel, ihm zuzusenden. Zu der äußer= sten Dürftigkeit, und der empfindlichsten Verachtung, denen ihn seine Lage aussetzte, kam jetzt jene innere Trostlosigkeit, welche die härteste Prüfung der Diener Gottes ist. Wenn der fromme Priester ermattet von den Beschwerden des apo= stolischen Lebens, tief verletzt von den Beschimpfungen seiner Verwandten und Freunde, sich zum Gebete zurück zog; war es, als wenn auch Gott sein Antlitz von ihm abgewendet hätte. Verschwunden war jene Leichtigkeit, seinen Geist zur Betrachtung himmlischer Dinge zu erheben, verschwunden jener Eifer des Gebets, aus dem sich sonst Ströme reinster Freude in seine Seele ergossen, verschwunden jene heitere Ruhe, die bisher sein Herz inmitten aller Leiden mit Kraft und Muth erfüllte. Von innerer Angst beklommen, wandte er sich nach allen Seiten hin, um Trost zu finden; aber was er denken, was er versuchen mochte, sein Geist fand sich immer von neuem geängstigt, und von Schmerzen, deren Grund ihm selbst verborgen war, gefoltert. Jedoch wohl wissend, daß nur Gott aus diesem Zustand ihn befreien konnte, suchte er weder bei den Menschen, noch in der Veränderung seiner äußern Lage Erleichterung; und wenngleich Gott sein Flehen nicht zu erhören schien, so war doch Lenoblet weit entfernt, das Vertrauen auf seine Güte zu verlieren. Er erinnerte sich an das Beispiel der Heiligen, die alle diesen innern Leiden unterworfen waren, und an das höchste Muster aller Heiligkeit, an Jesus Christus, der im Garten Gethsemane bis in den Tod betrübt, und am Kreuze von seinem himmlischen Vater verlassen sein wollte. War es ihm nicht mehr vergönnt, durch die Gefühle der Liebe zu Jesus Christus schon in diesem Leben glückselig zu sein; so konnte er doch seinem Heilande die Aufrichtigkeit dieser Liebe durch stille Ergebung beweisen: und erschienen ihm die Wahrheiten der Religion nicht mehr in jenem Lichte, das sein Herz beseligte; so konnte er doch im festen Glauben an die Wahrheiten auf dem betretenen Wege voranwandeln. Er wandelte also, wie die Heiligen reden, in der dunklen Nacht des Glaubens, und war zufrieden, so lange in derselben zu bleiben, als es Gott gefalle.

Seelen, die sich in dieser Prüfung befinden, können ihre Treue nicht besser bewähren, als wenn sie die guten Werke, die sie sonst verrichteten, jetzt, da sie keinen Trost mehr daraus schöpfen, nicht unterlassen. Lenoblet setzte alle Uebungen des Gebetes und der Buße, so schwer sie jetzt ihm wurden, fort, und war um das Heil des Nächsten nicht weniger, als vorher, bemüht. Derselbe Eifer, das Wort Gottes zu verkünden, dieselbe Geduld, es den Kleinen und Unwissenden zu erklären, dieselbe Liebe, Sanftmuth und Ausdauer im Beichtstuhl und am Krankenbette. Aber das Maß seiner Leiden war noch nicht voll. Während die Kinder seine Stimme hörten, und die armen Landleute dem

Rufe zur Buße folgten; ergrimmten die Reichen und Adeligen, als wenn es ihren Untergang gegolten. Verachtung der Welt, Zurückstellung schlecht erworbener Güter, Einstellung der Trinkgelage und nächtlichen Tänze, Vermeidung so vieler anderer Gelegenheiten zur Sünde ohne Unterlaß als strenge Pflichten verkünden hören, war denen unerträglich, welche alle diese Unordnungen liebten, und durch ihr Ansehen und Beispiel unterstützten. Sie fanden sich durch die Predigten des Missionärs beschimpft, und verfolgten ihn als ihren bittersten Feind. Nicht wenige ließen sich von ihrem Zorn so hinreißen, daß sie den frommen Priester, den ihre Beschimpfungen und Drohungen nicht zum Schweigen bringen konnten, aus dem Wege zu räumen trachteten. Ein mit Lenobletz verwandter Edelmann verfolgte ihn zweimal mit dem Degen in der Hand, um ihn zu erstechen; und als er ihn später in der Kirche fand, wollte er selbst an heiliger Stätte und vor den Augen Jesu Christi die Gluth seiner Rache kühlen. Er zog eine Pistole, und schickte sich an, den Diener Gottes zu erschießen. Aber Lenobletz, der ihn bemerkt hatte, wandte sich zu ihm hin, und entblößte auf seine Kniee niedersinkend, seine Brust, den Schuß zu empfangen. Der vornehme Bösewicht erblaßte, das Mordgewehr entfiel seinen Händen, er entfernte sich betroffen und erschüttert. Ein anderer seiner nächsten Anverwandten hatte wiederholt den Entschluß gefaßt, den Missionär, der in seinen Augen die Schande der Familie war, mit einem Büchsenschusse zu ermorden; aber Gott, der über das Leben seines treuen Dieners wachte, verhinderte ihn an der Ausführung seines Vorhabens durch Herbeiführung von Umständen, die er nicht vorhergesehen hatte.

Aber was für Lenobletz das schmerzlichste war, sein eigner Vater schloß sich seinen Verfolgern an. Nicht zufrie=

den, ihn aus dem elterlichen Hause verstoßen zu haben, ließ er ihn bei jeder Gelegenheit das ganze Gewicht seines Zornes fühlen. Der gottergebene Priester hörte alle noch so bittern Vorwürfe mit stiller Sanftmuth; aber er ließ nicht nach, durch Bußwerke, Thränen und Gebet bei Gott Gnade und Barmherzigkeit für seine verblendeten Eltern zu suchen. Er fand Erhörung. Eines Tages hatte sich sein Vater so sehr gegen ihn erzürnt, daß er ihn mit eigener Hand mißhandeln wollte. Lenobletz, der so manche andere Mißhandlung im Hinblick auf das Kreuz des Herrn geduldig hingenommen, glaubte sich dieser durch eine schnelle Flucht entziehen zu müssen. Die Sünde, die sein Vater zu begehen im Begriff war, hatte in seinen Augen so viel Abscheuliches, daß er sie aus kindlicher Liebe und Ehrfurcht auf jede Weise verhindern zu müssen glaubte. Am andern Tage bestieg er die Kanzel, und sah, wie gewöhnlich, seinen Vater unter den Zuhörern. Denn derselbe war, wie wir schon erwähnten, durch weltliche Ideen von Ehre und Glücksgütern zwar zu verblendet, als daß er die evangelische Vollkommenheit in ihrer Reinheit hätte verstehen können; trachtete aber übrigens den Pflichten der Religion nachzukommen. Lenobletz redete an diesem Tage mit großer Klarheit und erschütternder Kraft, von den Pflichten der Eltern gegen ihre Kinder und der Kinder gegen ihre Eltern, und es entgieng ihm nicht, daß seine Worte auf seinen Vater einen tiefen Eindruck machten. Er glaubte daraus abnehmen zu müssen, daß Gott seine Gebete erhört habe, und machte noch am selben Tage seinem Vater einen Besuch. Seine Erwartung hatte ihn nicht betrogen. Er ward vom Vater mit Wohlwollen und heiterm Angesicht empfangen. Als sie nun, — das erste Mal seit langer Zeit — sich in freundlichem Gespräche einander gegenüber saßen, fühlte sich der fromme

Sohn angetrieben, seinem Vater zum Herzen zu reden. Die Einfalt, von der wir in der h. Schrift und im Leben der Heiligen so manche Beispiele finden, nachahmend, ergriff er eine Schale, warf darin ein wenig Erde, und füllte sie dann mit Wasser an. Hierauf bat er seinen Vater, das Wasser erst etwas in Bewegung zu setzen, und dann in demselben wie in einem Spiegel sein Gesicht zu betrachten. Er erhielt natürlicherweise die Antwort, daß man in trübem Wasser sich nicht spiegeln könne. „Ebenso," erwiederte Lenobletz, „verhält es sich mit Ihrem Gewissen. Ihre Seele ist durch die weltlichen Neigungen und die irdischen Sorgen, die sie erfüllen, so getrübt und verdunkelt, daß Sie sich selbst und Ihre Fehler nicht erkennen." Der Greis wurde durch diese einfachen Worte so betroffen, daß er seinen Sohn auf das dringendste bat, ihm ohne Verzug zu sagen, was er thun müsse, um sein Seelenheil in Sicherheit zu bringen. Lenobletz bat, ihm etwas Zeit zu reiferer Ueberlegung zu lassen, zog sich in seine Einsamkeit zurück, und verfaßte für seinen Vater eine kleine Schrift, in der er ihm den Stoff für seine Betrachtungen, die er anstellen, und Regeln, nach denen er in Zukunft sein Leben einrichten sollte, angab. Herr von Kerodern — denn man pflegte den Vater Lenobletzens nach seinem Schlosse zu benennen — durchlas diesen Brief mit tiefer Rührung, und nachdem er sich in den vorgeschriebenen Betrachtungen geübt, beschloß er, seine ganze Lebensweise zu ändern. Er rief seinen Sohn zu sich zurück, und bezeugte ihm seine lebhafte Reue, ihn mit so ungerechter Härte behandelt zu haben. Seine Hauptleidenschaft war die zu große Begierde nach weltlichen Gütern; von nun an enthielt er sich nicht nur, wie sein Sohn ihm gerathen, an Sonn- und Feiertagen aller Beschäftigung mit zeitlichen Dingen, um jene Tage ausschließlich dem

Dienste Gottes zu widmen: sondern er verwandte auch alle Güter, die er an solchen Tagen in frühern Jahren glaubte gewonnen zu haben, zu frommen Zwecken. Eine andere Lebensregel rieth ihm, einige geistlichen Uebungen, namentlich das Gebet, die Gewissenserforschung und die Lesung eines frommen Buches auch an den Werktagen weltlicher Geschäfte halber niemals zu unterlassen; während der Geschäfte selber sein Herz zu bewachen, daß er sich nie von Habgier und Ehrsucht leiten lasse. Auch diese Vorschrift befolgte Herr von Kerobern so vollkommen, daß er sich Uebungen des Gebetes und der Abtödtung hingab, die man bei Weltleuten selten findet. — Es war unserm frommen Missionär nicht schwer, seine Mutter zur Nachahmung eines solchen Beispiels zu bewegen. Sie hatte sich immer durch Zucht und Schamhaftigkeit, durch Sorge und Fleiß im Hauswesen, und durch Erfüllung der Pflichten der Religion unter den Damen ihres Standes ausgezeichnet. Aber seitdem sie nun mit den übrigen Hausgenossen in der Kapelle des Schlosses Kerobern den Unterricht ihres geistlichen Sohnes genoß; lebte sie inmitten der Welt wie in den Mauern eines Gott geweiheten Hauses, und unterließ nichts, so hart es der Natur fallen mochte, wodurch sie zur vollkommnen Vereinigung mit Gott, dem höchsten Gute, gelangen konnte.

So endigte denn die schwerste aller Prüfungen, denen der fromme Lenobletz unterworfen war, und sein bitterster Schmerz ward in die reinste Freude verwandelt. So oft er von seinen Missionsreisen, auf welche wir ihm jetzt folgen werden, in sein heimathliches Dorf zurückkehrte; überzeugte er sich von der Standhaftigkeit, mit welcher seine Eltern auf dem Wege, den sie betreten, immer größere Fortschritte zu machen suchten. Fünf Jahre noch lebte sein Vater, seine Mutter starb drei Jahre später, als dieser, und Lenobletz kniete neben ihrem Sterbelager. —

VII.

Quintin vereinigt sich mit Lenobletz, Missionen zu halten.

Indessen hatte Gott auch P. Quintin, den Freund unsers Lenobletz durch manche Prüfung für das heilige Amt der Mission vorbereitet. Er hatte sich nach Vollendung seiner Studien nach Morlaix, einer bedeutenden Seestadt in Nieder-Bretagne begeben, und dort eine Schule für die Jünglinge, die sich dem geistlichen Stande widmen wollten, eröffnet. In Bretagne nämlich war man in jener Zeit so sehr mit der Erwerbung zeitlicher Güter beschäftigt und so tief in den Genuß derselben versunken, daß man es ebenso wohl vergaß, für die Bildung der Geistlichen zu sorgen, als den Unterricht der schon Gebildeten zu benutzen. Es mangelten daher in manchen Städten sogar die Lehranstalten, in welchen Jünglinge, die einem so hohem Berufe sich nicht ohne die gehörige Vorbereitung weihen wollten, den nöthigen Unterricht hätten empfangen können. Namentlich war dies in Morlaix der Fall, wo der lebhafte Handel und der Verkehr mit so vielen Fremden alle anderen Sorgen verdrängte. Quintin glaubte also, ein Gott sehr wohlgefälliges Werk zu unternehmen, wenn er in dieser Stadt eine Schule errichte, in welcher er die Lateinischen Schriftsteller erklärte, und zugleich in den Jünglingen, mit denen er verkehrte, wahrhaft christliche Gesinnungen weckte und nährte. Schon war seine Schule zahlreich geworden, und ihr Ruf in der Umgegend verbreitet, als im Hafen von Morlaix ein englischer Priester, Namens Karl Louet, landete. Dieser ausgezeichnete Geistliche war in seinem Vaterlande, wo damals die Katholiken auf das grausamste verfolgt wurden, aus keiner andern Ursache, als weil er das Amt eines katholischen Priesters verrichtet hatte, in das Gefängniß geworfen. Nach zweijähriger Haft aus demselben durch die Bemühungen katholischer Gesandten befreit, wurde er des Landes verwiesen. Quintin fand in ihm einen in allen Wissenschaften, die dem Priester nöthig sind, wohl bewanderten Mann, und bat ihn, sich mit ihm zum Unterrichte der Jugend zu verbinden. Louet schätzte sich glücklich, eine Gelegenheit zu finden, in seiner Verbannung Gott und der Kirche so nützliche Dienste leisten zu können, und durch die vereinten Bemühungen dieser tugendhaften Männer wurde in Morlaix eine Anstalt gegründet, aus der in der Folge viele eifrige Priester und fromme Ordensmänner hervorgingen.

Quintin zählte bereits vierzig Jahre, und hatte die zehn letzten derselben verwendet, um sich für den Priesterstand vorzubereiten. Aber Gott hatte ihn so sehr über die hohe Würde dieses Standes erleuchtet, daß er, ebenso wie Lenobletz, den Empfang der heiligen Weihen, deren er sich für unwürdig hielt, immer von neuem hinausschob. Endlich siegte sein Eifer über seine Demuth, und auf Gott, der die Stärke der Schwachen ist, sein ganzes Vertrauen setzend, entschloß er sich, eine Würde zu übernehmen, die ihn in den Stand setzte, so Vieles und so Großes für das Heil der Seelen zu wirken. Als er die erste h. Messe las, beeilten sich viele Adelige der Umgegend und die angesehensten Bürger der Stadt, derselben beizuwohnen. Sie hatten der Sitte des Landes gemäß Geschenke für den neuen Priester mitgebracht, und glaubten, sich um so freigebiger zeigen zu müssen, als sie wohl wußten, daß Quintin sein ganzes Erbtheil unter die Armen vertheilt hatte. Sie erwarteten, von ihm zu einem festlichen Gastmahle eingeladen zu wer=

ben; aber Quintin, einsehend, daß es nicht von ihm abhangen würde, den Unordnungen, welchen sich die vornehmen Bretons bei allen ihren Gelagen zu überlassen pflegten, vorzubeugen, konnte sich nicht entschließen, zur Entweihung eines ihm so heiligen Tages Gelegenheit zu geben. Er dankte seinen Freunden für die Aufmerksamkeit, die sie ihm bezeigt, und bat sie, ihm dadurch einen neuen Beweis ihres Wohlwollens zu geben, daß sie ihn von der Sitte, an diesem Tage ein Festgelage zu geben, freisprächen. Ohne ihre Antwort abzuwarten, entfernte er sich, seine Unterhaltung mit Gott fortzusetzen. Noch an demselben Tage spendete er alle Geschenke, die man ihm gebracht hatte, unter die Armen aus. Es wohnte aber bei ihm ein Mensch, der darauf gerechnet hatte, einen guten Antheil an diesen Geschenken zu erhalten. Dieser nun wurde über die Mildthätigkeit des frommen Priesters so erboßt, daß er ihn nicht nur mit Schimpfreden überhäufte, sondern auch mit Rohheit in's Gesicht schlug. In der Welt gilt es für Feigheit, Unbilden gelassen zu ertragen; aber Quintin hatte in der Schule Jesu Christi gelernt, worin der wahre Muth besteht, nämlich in der Ueberwindung seiner selbst, und nicht in der Befriedigung eines ungestümen Rachegefühls. Er erduldete jene Beschimpfung und Mißhandlung mit solcher Gelassenheit, daß er nicht einmal die Gesichtsfarbe änderte. Wer den Muth hat, die christliche Tugend zu üben, erfährt gar bald, welche siegende Kraft sie auch über jene ausübt die sie verletzen. Der rohe Mensch wurde von dem milden Blicke, mit dem Quintin ihn anschaute, so betroffen, daß er ihm voll Beschämung zu Füßen fiel, und um Verzeihung bat. In dem Bilde der Sanftmuth, das vor ihm stand, hatte er plötzlich die Häßlichkeit seines Zornes erkannt. Quintin hob ihn auf, schloß ihn in seine Arme, und versicherte ihm, daß er ihn fortan noch mehr, als früher lieben werde.

Kurze Zeit nachher sah Quintin sich seines Gefährten beim Unterrichte der Jugend beraubt. Der Papst Clemens VIII. von den Fähigkeiten und der standhaften Tugend des englischen Priesters in Kenntniß gesetzt, ernannte ihn zum Erzbischof von Canterbury. Obgleich es damals nicht möglich war, diese Würde in England zu tragen, ohne sich den größten Mühen zu unterziehen, und den äußersten Gefahren auszusetzen; so zögerte Louet, als er die Bulle des Papstes erhalten hatte, dennoch nicht, sich sofort nach England einzuschiffen. Quintin glaubte, jetzt den Unterricht der Jugend Andern überlassen zu müssen, und sah sich nach einem neuen Wirkungskreise um. Er hatte seit seiner Bekehrung große Neigung zum Klosterleben gefühlt, jedoch zu einem solchen, das die Thätigkeit für das Heil des Nächsten nicht ausschlösse; nicht als wenn er jene Ordensstände, in denen man dem beschaulichen Leben obliegt, für unnütz gehalten hätte, sondern weil er sich von Gott zu einem thätigen Leben, und besonders zum Predigtamte berufen fühlte. Nachdem er also die Sache mit Gott überlegt, und sich auch bei weisen Männern Raths erholt hatte; trat er in das Noviziat der Dominikaner zu Morlaix ein.

Bereits hatte Quintin nach bestandenem Probejahr, in dem er Beweise einer schon gereiften Tugend gegeben, die Ordensgelübde abgelegt; als Lenobletz, der um diese Zeit das Missionsgeschäft außer seinem heimathlichen Dorfe beginnen wollte, nach Morlaix kam, seinen Freund zu besuchen. Sie unterhielten sich über die Werke, welche sie für das wahre Glück ihres Vaterlandes zu unternehmen gedachten, und beschlossen, dieselben so viel als möglich, vereint auszuführen. Von der Vorsehung Gottes die Gelegenheit erwartend, begannen sie einstweilen in Morlaix selbst ihren Eifer für das Heil der Seelen auszuüben. Lenobletz nahm seine Wohnung in der Nähe des Dominikanerklosters, und versammelte, so oft er konnte, die Kleinen um sich, um sie in der Lehre des Heils zu unterweisen. Aber bald sah er mit den Kindern Personen jedes Alters und Standes in großer Anzahl herbeikommen. Der Bischof gab ihm die Erlaubniß, außer diesem öffentlichen Unterricht, in einer Kapelle der Stadt jene Christen zu versammeln, welche einer Anleitung zur christlichen Vollkommenheit fähig waren; und man hat bemerkt, daß alle jene, — und ihre Zahl war nicht klein, — welche Lenobletz auf den Weg eines vollkommneren Lebens führte, denselben niemals wieder verließen; eine so gründliche Ueberzeugung von dem Werthe der Tugend, ein so ernstes und so tiefes Verlangen nach ihrem Besitze, theilten die Worte des frommen Lenobletz allen, die ihn hörten, mit. —

Allein auch hier blieben die Verfolgungen, das wahre Antheil aller ächten Jünger Christi, nicht aus. Mehrere Priester der Stadt, die in seinem Eifer eine Anklage ihrer Gleichgültigkeit sahen, legten wider ihn beim Bischofe, der eben zu Morlaix mit dem Kirchenbesuche beschäftigt war, Beschwerde ein. Der Bischof stellte über die Lehre und das Betragen Lenobletzens eine sorgfältige Untersuchung an, und weit entfernt, ihm in Folge derselben, wie seine Ankläger gewollt hatten, die Kanzel zu verbieten, bat er ihn vielmehr auf das bringendste, seinen Eifer über den ganzen Sprengel auszudehnen, und in allen Theilen derselben Missionen zu geben. Lenobletz erkannte in dem Wunsche des Oberhirten den Wink Gottes, und voll heiliger Freude verband er sich mit dem Pater Quintin, demselben Folge zu leisten.

Die beiden frommen Priester begannen also jetzt in

der Diöcese Treguier jene Arbeiten, die sie bald einzeln, bald vereint von Ort zu Ort wandernd, während achtzehn Jahre zum Heile vieler tausend Seelen fortsetzten. Der Pater Quintin übernahm gewöhnlich die eigentlichen Predigten, Lenobletz die Erklärung des Katechismus. Aber sie predigten und katechisirten nicht bloß in den Kirchen, sondern auch auf freiem Felde und der Landstraße, wo sie die Leute bei einem der Kreuze, die in Bretagne überall aufgepflanzt sind, versammelten. Und so groß war ihr Eifer, daß sie darüber nicht selten vergaßen, Nahrung zu sich zu nehmen, nach dem Beispiele des Heilandes, in der Erfüllung des göttlichen Willens ihre hauptsächliche Speise findend. Quintin ahmte seinem Freunde, den er noch immer seinen Lehrmeister nannte, nach; trank niemals Wein, und nährte sich gewöhnlich nur von dem Brode, das er von Thür zu Thür als Almosen sammelte. So sehr eine solche Lebensart geeignet schien, Liebe und Vertrauen einzuflößen, so fanden unsere Missionäre doch besonders im Anfange gar viele, welche dieselbe nicht zu fassen vermochten. Wenn Quintin in seinen Predigten von ungewöhnlichem Feuer erglühte, und von der göttlichen Majestät, die unsere Sünden beleidigen, redend, die Schauer, die ihn erfüllten, auch äußerlich kund gab; so hörte man über ihn dieselben Spottreden, wie einst über die Apostel, als sie, voll vom h. Geiste, das erstemal zu Jerusalem Jesum Christum predigten. Von Lenobletz aber sagte man, wie einst vom h. Paulus, daß zu vieles Studiren und zu großer Eifer ihm den Verstand verwirrt habe, und gab ihm sogar einen Beinamen, der so viel bedeutete, als: „Der närrische Priester." Freilich, der Weisheit des Fleisches und der Klugheit der Welt hatte er entsagt, und mit der Thorheit des Kreuzes Christi vertauscht: aber dieser seiner Thorheit sollten bald die zahlreichen Einwohner ganzer Provinzen ihre Weisheit verdanken. Gott belohnte die Geduld, mit der diese seine treuen Diener alle Beschimpfungen zu seiner Ehre ertrugen, und ließ aus dem Samen, den sie so mühsam gesäet, eine um so reichlichere Ernte hervorgehen.

VIII.
Missionen auf den Inseln Ouessant, Molevez und Baz.

Nachdem die Missionäre eine Zeitlang in der Diöcese Treguier gearbeitet hatten, kehrte Lenobletz in die Diöcese Leon, zu der er selbst gehörte, zurück. Denn dieser glaubte er vor allen andern seine Thätigkeit widmen zu müssen. Er sah sich in derselben nach jenen Gegenden um, die der Hülfe am meisten bedürftig schienen, und richtete daher seine erste Aufmerksamkeit auf einige Inseln, deren Bewohner mit dem Festlande fast gar keinen Verkehr hatten. Eine derselben, Ouessant genannt, hat etwa sieben Stunden im Umfange, und zählte damals gegen viertausend Einwohner. Sie liegt hoch über dem Meere, und ist ringsum mit Klippen umgeben, zwischen denen die Fluthen des Meeres in beständiger Brandung sind. Nur durch einen Engpaß ist die Landung möglich, und auch dieser durch viele Unglücksfälle berüchtigt. Jene aber, welchen es gelingt, das Ufer zu erreichen, müssen an den Felsen, wie an einer Leiter, einzeln emporklettern. Unsern Missionär schreckten weder Gefahren, noch Mühen ab. Er landete glücklich, und fand die armen Insulaner in einem viel glücklichern Zustande, als er vermuthet hatte. Wenn die Lage ihrer Insel sie mancher Heilsmittel, an welchen das Festland Ueberfluß hatte, beraubte; so waren sie doch auch durch dieselbe gegen das Sittenverderbniß, das auf jenem herrschte, geschützt. Es gab bei ihnen weder eigentliche Prozesse, noch Richter. Wenn sich unter ihnen Streitigkeiten erhoben, so wurden sie von einem Edelmanne der Pfarrei am Sonntage nach dem Hochamte geschlichtet, und niemand war, der einer solchen Entscheidung sich nicht gefügt hätte. Sie lebten in einer solchen Reinheit der Sitten, daß fleischliche Vergehungen unter ihnen im eigentlichen Sinne unerhört waren. Man darf sich also nicht wundern, daß Lenobletz versicherte, nie ein Volk gefunden zu haben, daß so empfänglich für die Gnade des Evangeliums gewesen.

Die guten Leute, welche so selten einen Fremden an ihrer Insel landen sahen, empfingen den Missionär, der mit Gefahr seines Lebens ihnen die Wohlthaten der Religion zu spenden kam, mit gerührtem Herzen. Einer der Angesehensten unter ihnen nahm ihn in sein Haus auf, und ließ ihm eine bequeme Wohnung bereiten; aber er war sehr verwundert, von einem seiner Diener zu hören, daß Lenobletz sich ein altes Gemäuer zur Schlafstätte und einen Stein zum Kopfkissen gewählt, und ihm, als er sein Befremden geäußert, erwiedert habe, er sei nicht gewohnt, sich solcher Betten zu bedienen, in denen man leicht zu lange schlafe, und erinnere sich seines Heilandes, der sich das Kreuz zum Todbette gewählt. Ueberhaupt machte das strenge und heilige Leben des frommen Priesters auf diese guten Insulaner einen ebenso tiefen Eindruck, als das Feuer seiner Rede und die Salbung seines Unterrichtes. Sie versäumten keine Gelegenheit, ihn zu hören, und nachdem Lenobletz sie hinlänglich vorbereitet hatte, spendete er allen die Sacramente der Buße und des Altars. Er hatte aber auch Sorge, in dem Pfarrer des Orts einen besondern Eifer für den Unterricht des Volkes und der Kinder zu erwecken, und ihm, was er darüber durch eigne Erfahrung und Nachdenken gelernt, mitzutheilen: wie es denn überhaupt die Gewohnheit aller guten Missionäre ist, auf diese Weise den Nutzen, den sie stiften, dauerhaft zu machen.

Von Ouessant begab sich Lenobletz auf die kleine Insel Molevez, die nur gegen tausend Einwohner zählte. Nur ein Theil derselben konnte den Vorträgen des Missionärs beiwohnen, und diese benutzten sie mit demselben Eifer, wie die Bewohner von Ouessant; der größere Theil aber war des Fischfanges wegen abwesend. Lenobletz suchte sie auf dem Meere auf, und fand sie mit einer großen Anzahl Fischer aus den benachbarten Gegenden vereinigt. Er stieg auf das höchste Schiff, und predigte ihnen von dort aus die Wahrheiten des Evangeliums mit solcher Kraft, daß manche häufige Thränen vergossen, und sich sogar auf der Stelle für ihre Sünden durch freiwillige Bußwerke züchtigten.

Nicht weit von Molevez liegt die Insel Baz, auf welcher der h. Paulus Aurelianus, den das Bisthum Leon als seinen Apostel verehrt, seine Lebenstage beschlossen haben soll. Lenobletz fühlte sich um somehr angetrieben, den Geist des heiligen Bischofes in seinen Kindern wieder aufzuwecken, als auf jener Insel große Unordnungen eingerissen waren. Kaum gelandet begann er das apostolische Werk mit seinem gewöhnlichen Eifer und Fleiße. Wie überall, war es auch hier seine erste und vornehmliche Sorge, einen gründlichen Religionsunterricht zu ertheilen. Er hatte allerlei Mittel erfunden, die Lernbegierde der Kleinen zu wecken, mußte jedoch seinen Vortrag zugleich so einzurichten, daß demselben auch die Erwachsenen und selbst die Greise mit Freuden beiwohnten. Wenn er aber, sei es in der Predigt oder in der Christenlehre, das Volk zur Besserung des Le=

bens ermahnte, waren seine Worte vom Feuer des h. Geistes belebt. Das Kruzifix in der Hand haltend, und nicht selten den gekreuzigten Heiland anredend, sprach er von dem Unglück derer, die das Blut Christi verachten, und die göttliche Majestät durch ihre Sünden verletzen, mit solcher Kraft, daß die Kirche vom Schluchzen seiner erschütterten Zuhörer wiederhallte. Wenn er dann auf diese Weise die Herzen vom Schmerze der Reue zerknirscht sah, veränderte er plötzlich seine Sprache. Milde und Güte redete aus allen seinen Zügen, und alle seine Worte flößten den Sündern das größte Vertrauen auf Gottes Barmherzigkeit und Güte ein.

Auf diese Weise brachte er nicht bloß vorübergehende Erschütterung oder Rührung hervor, sondern bewegte zu ernsten und kräftigen Entschlüssen. Verjus versichert, daß noch zu seiner Zeit, das heißt mehr als vierzig Jahre nach dieser Mission, die Insulaner nicht ohne viele Thränen den Eindruck schilderten, den diese Predigten auf sie gemacht. Sie erzählten dann auch von dem Eifer, der Sanftmuth und Geduld, mit der Lenobletz das Sakrament der Buße spendete. Seine Güte machte es ihnen leicht, die Scham zu überwinden, durch welche sie seit vielen Jahren sich die Quelle der Gnade unzugänglich gemacht hatten. Er riß sie aus den größten Unordnungen, in denen sie sich befanden, und führte nicht wenige auf den Weg höherer Vollkommenheit, den sie nie wieder verließen. In ganz besonders lebhafter Erinnerung war aber bei diesen Insulanern der letzte Vortrag geblieben, in dem der fromme Missionär von ihnen Abschied genommen hatte. Nachdem er sie noch einmal wie ein Vater ermahnt, daß sie die Uebungen der Frömmigkeit, und durch sie die gottesfürchtigen Gesinnungen, in welchen sie damals waren, mit aller Sorgfalt bewahren, und im Vergleich mit ihrem Seelenheil alle Dinge dieser Welt für nichts achten möchten; hob er plötzlich ein Kreuz empor, und über demselben einen Todtenkopf. „Giebt es," sprach er, „jemand unter euch, der die Hoffnung hegt, daß sein Kopf, obgleich er jetzt voll Leben, Fleisch und Blut ist, einstens nicht diesem Schädel gleich sein werde?" Das Volk ward durch das unerwartete Mittel, womit der Missionär es nöthigte, an sein Ende zu denken, erschüttert, und Lenoblet fuhr fort: „Ich lasse euch, meine Christen! diesen Todtenkopf, damit er euch in meiner Abwesenheit die Wahrheiten des Evangeliums predige, und beschwöre euch beim Namen des lebendigen Gottes und bei eurem ewigen Heile, ihn oft anzuhören, und von ihm zu lernen, daß ihr nicht zu viel Sorge tragen könnt, euch auf den Tod vorzubereiten. Möget ihr essen oder trinken, möget ihr arbeiten oder ruhen, denket, daß alle diese Verrichtungen, so nothwendig sie sind, das Leben zu erhalten, dennoch zugleich ebenso viele Ursachen eures Todes, und ebenso viele Zeichen der Hinfälligkeit sind, der ihr unterworfen seid. Verachtet die Welt und ihre Grundsätze; denn diese Welt und alle Dinge dieser Welt sind einem Schattenbild gleich, das rasch vorüberflieht, und im Tode ganz verschwindet. Widerstehet den Begierden des Fleisches, das durch den Tod der Verwesung überliefert wird. Verbannt aus eurem Herzen die Begierde nach Gold und allen irdischen Gütern; denn sie sind vergänglich, und wären sie es nicht, so müßtet ihr sie doch im Tode verlassen." — So fuhr er fort, die wichtigsten Lehren der Mission zu wiederholen, und schloß jede derselben mit dem Gedanken: „Wir müssen sterben."

Vielleicht möchte diese Art zu predigen und auf das Volk zu wirken, einigen unserer Leser doch gar zu grell und sinnlich scheinen. Aber wir bitten sie, zu bedenken, daß Lenobletz nicht im nördlichen Deutschland, sondern in Südfrankreich, und überdies vor einem nicht nur einfachen, sondern zum großen Theile auch rohen Fischervolke predigte. Hüten wir uns also, nach unsern Sitten die Sitten anderer Völker zu richten; besonders da es doch auch sein könnte, daß wir durch den Einfluß des Protestantismus, der alles vergeistigen möchte, verführt worden wären, über den Gebrauch äußerer Hülfsmittel zur Belebung der Andacht minder richtig zu urtheilen. Und gewiß, wem etwa der Todtenkopf in der Hand unseres Missionärs so sehr mißfällt, der erinnere sich, daß die Kirche bei jedem Seelenamte Bilder von Todtenköpfen auf den Altar stellt; wozu? wenn nicht; damit sie uns, wie Lenobletz sagte, die Wahrheiten des Evangeliums predigen; und möchten wir nur diese stumme Predigt ebenso wie jene guten Fischer beherzigen! „Diese letzte Rede, erzählt Verjus, hatte der Missionär mit solcher Kraft gesprochen, und Gott hatte sie mit solchen Gnaden begleitet, daß noch jetzt die Erinnerung an dieselbe in den Greisen, die Früchte aber in allen Bewohnern der Insel fortdauern. Lenobletz wurde von allen seinen Zuhörern unter Thränen und Schluchzen bis zu dem Schiffe, auf welchem er zum Festlande zurückkehrte, begleitet, und sie verließen das Ufer nicht, bis das Fahrzeug aus ihren Augen entschwunden war. Der Pater Maunoir, welcher fast in ganz Bretagne Missionen gegeben hat, versichert, daß er nirgend das Volk in den Geheimnissen der Religion besser unterrichtet, nirgend frömmere und reinere Sitten, als auf dieser Insel, die er im Jahre 1664 besuchte, gefunden habe. Es sei ihm, als er sie verließ, gewesen, als gehe er aus dem gelobten Lande, indem unter diesen guten Insulanern kein öffentliches Aergerniß, keine Unordnung, kein Zeichen von Unzucht mehr zu sehen sei. So dauerhaft waren die Früchte des Eifers unseres Missionärs!" — Möge man nun diese Missionen katholischer Priester, welche manche unserer Zeitgenossen Gaukelspiele zu nennen wagen, mit jenen vergleichen, welche um uns her von abtrünnigen Priestern gegeben worden sind. „Aus ihren Früchten, spricht der Herr, werdet ihr sie (nämlich die wahren und falschen Propheten) erkennen." Matth. 7.

IX.

Missionen auf dem Vorgebirge St. Matthäus und in der Umgegend.

Lenobletz begann jetzt von neuem seine Mission auf dem festen Lande, und glaubte zu seinem Aufenthaltsort das Vorgebirge St. Matthäus wählen zu müssen. Denn von dort aus konnte er ohne Schwierigkeit die Bisthümer Leon, Cornouailles und Treguier besuchen, wie er dann wirklich fast in allen Städten und Dörfern dieser drei großen Sprengel mit unglaublicher Anstrengung für das Heil der Seelen gearbeitet hat. Ueberdies bot ihm die Menge von Handelsschiffen, welche im Hafen von Conquet, ganz nahe bei jenem Vorgebirge, vor Anker zu liegen pflegten, eine erwünschte Gelegenheit dar, den Kaufleuten und Matrosen eine Sorge, der sie ihre Lebensart fast ganz entzieht, zuzuwenden. Endlich war jener Ort auch für die geistlichen Uebungen geeignet, in welchen er alle Jahre seinen eignen Geist erneuerte, und wenn er daselbst wegen des herrschenden Sittenverderbnisses, Widersprüche und Verfolgungen zu erwarten hatte; so war das für seine Liebe zum Kreuze ein neuer Grund, ihn allen andern vorzuziehen.

Seine erste Sorge war, die Uebel, welche er heilen wollte, genauer kennen zu lernen. Nicht zufrieden, zu wissen, welche die vorherrschenden Laster seien, forschte er sorgfältig nach der Art und Weise, wie sie in jener Gegend geübt, und nach den Ursachen, durch die sie verbreitet wurden. Auf diese Weise konnte er seine Vorträge, ohne doch einzelne Personen zu bezeichnen, den Umständen, Sitten und Gewohnheiten so anpassen, daß seine Zuhörer sich getroffen fühlen mußten. — Alsdann suchte er sich oft mit den Priestern zu besprechen, theilte ihnen mit, was ihn sowohl sein Eifer, als seine Erfahrung über die Kunst, die Seelen für Gott zu gewinnen, gelehrt, und redete ihnen zuweilen auch mit großer Wärme zu, keine Mühen und kein Opfer zu scheuen, wo es gälte, die Pflichten ihres heiligen Berufes zu erfüllen. Insbesondere aber machte er sie auf ein großes Uebel, das damals in Bretagne verbreitet war, aufmerksam. Durch die Vernachlässigung des Volksunterrichtes, von der wir im Anfange geredet haben, war es nämlich dahin gekommen, daß auch jene, welche für gute Christen galten, zwar manche Werke der Frömmigkeit verrichteten, aber dabei sich nicht scheuten, die wichtigsten Gebote Gottes und der Kirche mit Füßen zu treten, so daß sie, wie die Juden zu des Heilandes Zeiten, Mücken seiheten und Kameele verschluckten.

Indessen ward der Eifer des frommen Lenobletz in der ersten Zeit gar schlecht belohnt. Die Bewohner der Seestädte in welchen er predigte, waren einerseits zu sehr an den sündhaften Gewinn und Genuß der Güter dieses Lebens gewöhnt, um den traurigen Zustand ihrer Seelen selbst zu erkennen, anderseits aber zu stolz, um sich denselben von Andern aufdecken zu lassen. Hätte der Missionär sich dazu verstanden, nur recht gelehrte und prunkhafte Reden über gleichgültige Gegenstände zu halten, oder sich auch nur begnügt, über Tugend und Laster so ganz im allgemeinen zu predigen; so hätte er sich bei seinen übrigen liebenswürdigen Eigenschaften die Achtung und Freundschaft seiner Zuhörer gewinnen können. Indem er aber mit unverkennbaren Zügen ein Bild ihres lasterhaften Lebens entwarf, und es mit dem Lichte der evangelischen Wahrheiten beleuchtete; indem er es nicht darauf anlegte, daß sie seine Predigten lobten, sondern daß sie ihr Leben besserten: wandten sie sich mit Widerwillen von ihm ab. Sobald er die Kanzel bestieg, verließen sie in großer Anzahl die Kirche, und gaben sich keine Mühe, ihre Verachtung gegen den Missionär, den sie einen thörigten Schwärmer nannten, zu verbergen. Lenobletz fuhr deshalb nicht weniger unermüdet fort, an ihrem Seelenheile zu arbeiten. Er zog von Stadt zu Stadt, von Dorf zu Dorf, predigte, katechesirte, besuchte die Kranken und war zufrieden, wenn er hie und da eine Seele fand, die dem Worte Gottes Folge leistete. Er opferte die h. Messe und seine Gebete für die verblendeten Weltkinder auf, und wartete geduldig den Zeitpunkt ab, da es Gott gefallen würde, dem Samen, den er ausstreute, Gedeihen zu geben.

Doch dieser Zeitpunkt war noch ziemlich fern, und ehe er nahete, sollte der Diener Gottes manche harte Prüfung bestehen. Mehrere Priester und andere angesehene Männer, sei es daß sie ein so ungewöhnliches Leben, als Lenobletz führte, nicht zu beurtheilen wußten, sei es daß auch sie in seinen Lehren und Beispielen eine Anklage ihrer Lauheit oder Laster sahen, führten bittere Beschwerden über ihn, und brachten zuletzt ihre Klagen vor den Bischof und Generalvicar. Die stärksten Vorwürfe waren, daß er ein Vagabunden-Leben führe, durch seinen unvernünftigen Eifer Unruhe stifte, und die Geistlichkeit des Landes in Verach=

tung bringe. Lenobletz glaubte, so lange er von seinen Obern nicht zur Rede gestellt würde, Stillschweigen beobachten, und seine Vertheidigung Gott überlassen zu müssen. Er setzte seine Liebeswerke ruhig fort, und suchte vor allen, den armen Landleuten nützlich zu werden. Sein Vertrauen auf Gott betrog ihn nicht. Ein Mann von Bedeutung wandte sich an den Generalvicar, ein anderer an den Bischof, und die Briefe, in welchen sie die Rechtfertigung des Missionärs übernahmen, sind uns aufbewahrt worden. Wenn, sagen sie in denselben, Lenobletz bei der oftmaligen Veränderung seines Aufenthaltsortes darauf ausginge, ein bequemes und weltliches Leben zu führen; wenn man ihn bei Festen und Gelagen, bei Jagdpartien, beim Spiele, bei Hochzeitsmahlen sähe; wenn er den Umgang der Adeligen suchte, und in ihren Gesellschaftsfälen seine Zeit verlöre; wenn er sich in weltliche Händel mischte, Prozesse betriebe, reich zu werden suchte; wenn er mit einem Worte ein Leben führte, wie das seiner Ankläger: dann könnte man mit Recht sein Umherreisen ein Vagabunden=Leben nennen, und dasselbe als eines Geistlichen unwürdig tadeln. Wenn er aber im Gegentheil nichts anders suche, als das Heil der Seele; wenn er überall die Beispiele des reinsten Wandels und der höchsten Selbstverleugnung zurücklasse; wenn er am meisten und am liebsten bei den Armen und Kranken verweile, und weit entfernt, sich zu bereichern, zu ihrer Unterstützung alle seine Einkünfte verwende: so müsse man seinen Reisen jenen vergleichen, welche die Apostel und der Heiland selber unternahmen, da sie von Stadt zu Stadt, von Land zu Land giengen, das Reich Gottes zu verkündigen. Wie es nothwendig sei, daß es eine Pfarrgeistlichkeit gebe, die in der Mitte der Gemeinde ihren beständigen Wohnsitz habe; so sei es heilsam, daß von Zeit zu Zeit eifrige Prediger, von den Oberhirten ausgesendet, in den Gemeinden erschienen, um durch ungewöhnliche Mittel die Gläubigen im Geiste zu erneuern. In allen Jahrhunderten hätten die weisesten und heiligsten Männer dieses Amt zum größten Nutzen der Gläubigen übernommen. In Bretagne aber seien die Missionäre um so nothwendiger, je mehr das Volk des Unterrichtes und jener Predigten, die das Herz erschüttern, bedürfe. — Ob ferner das Betragen des frommen Lenobletz durch etwas anders, als durch die evangelische Vollkommenheit ungewöhnlich, ob sein Eifer durch die christliche Klugheit nicht geregelt sei; darüber müsse man die erleuchtetsten und tugendhaftesten Pfarrer, die ihn in der Nähe beobachtet hätten, befragen.

Zwar waren solche Vorstellungen geeignet, über die Person und das Wirken des Missionärs das rechte Licht zu verbreiten; aber Gott, der seine liebsten Kinder am stärksten prüft, ließ es zu, daß dieses nicht sogleich geschah. Das Ordinariat verurtheilte ihn nicht, aber legte Besorgniß und Mißtrauen an den Tag; und somit dauerte die Verfolgung von Seiten seiner Feinde fort. Lenobletz, fast überall, wo er sich sehen ließ, verläumdet, verspottet, beschimpft, war dennoch weit entfernt, die Menschen, die ihn so sehr mißkannten, zu verlassen. Seine kirchlichen Oberen beschränkten seine Wirksamkeit auf eine Weise, die für den Diener Gottes sehr verdemüthigend war; aber er gehorchte ihnen ohne Murren. Wie er gern seine Lebenskräfte in den Arbeiten für das Heil der Seelen verzehrte; so ertrug er auch die Leiden, die damit verbunden waren, mit der großmüthigsten Liebe, und wünschte durch dieselben ein Sühnopfer für die Sünden seiner Feinde zu werden. Endlich nach drei Jahren voll der bittersten Schmerzen fand sein Gebet beim Vater der Erbarmungen Gehör.

Zwar hatte Lenobletz immerfort einige Seelen für das Reich Gottes gewonnen, aber sie waren von geringer Zahl und von noch geringerem Einfluß auf die übrigen. Jetzt aber fügte es Gott, daß einige, denen man eine schlechte Meinung von ihm beigebracht hatte, durch die Beispiele seines Wandels, die sie aufmerksamer und in der Nähe betrachteten, enttäuscht wurden. Sie fingen an, ihn zu besuchen, Rath in ihren Verlegenheiten und Trost in ihren Trübsalen von ihm zu begehren. Er empfieng sie so liebevoll, er sprach zu ihnen mit solcher Salbung und himmlischer Kraft, daß sie sich, wenn sie ihn verließen, in andere Menschen verwandelt zu sein dünkten. Seinen Rath befolgend fanden sie Ruhe, und nach seinen Lehren lebend verkosteten sie bald den süßen Frieden der Kinder Gottes. Da war nun keiner ihrer Vertrauten, keine ihnen werthe Person, welchen sie nicht dasselbe Glück zu verschaffen suchten, und in kurzer Zeit sah sich Lenobletz von einer großen Anzahl folgsamer Schüler umringt. Es fiel diesen Leuten wie Schuppen von den Augen, und sie erkannten, daß alles, was sie am Missionär getadelt hatten, aus wahrer Liebe zu ihnen hervorgegangen, und daß es gerade dasjenige war, wodurch er ihnen zu ihrem ewigen Heile nützlich werden konnte. Man hörte nun seine Predigten mit Ehrfurcht an, man drängte sich um seinen Beichtstuhl, man eilte voll Lernbegierde zu seinem Unterrichte. Der Bischof und die angesehensten Männer des Landes erkannten die vollkommene Unschuld des frommen Priesters, und wetteiferten, ihm Beweise ihres Zutrauens und ihrer Achtung zu geben.

So begann unser Missionär bereits reichliche Früchte seines geduldigen Eifers zu ärnten; aber zur Vollendung des schönen Werkes hatte ihm die Vorsehung eine Unterstützung ganz eigener Art vorbereitet. Seine Schwester,

Margaretha Lenobletz, die er vor mehreren Jahren zugleich mit seiner Mutter auf den Weg der christlichen Vollkommenheit geführt, und die seit jener Zeit mit immer wachsendem Eifer Gott in allen Werken der reinsten Liebe gedient hatte, fühlte sich angetrieben, nach ihren besten Kräften an den Arbeiten ihres Bruders Theil zu nehmen. Sie kam also in die Gegend, wo er sich aufhielt, und nahm ihre Wohnung in einer Strohhütte zwischen St. Matthäus und Conquet, damit man sowohl aus diesen beiden Städten, als auch aus den benachbarten Dörfern, die Mädchen zum Religionsunterricht ihr zuführen könnte. Es ist leicht zu begreifen, wie sehr die Liebe und Demuth dieses tugendhaften Fräuleins die Eltern rührte, und daß die Mütter es nicht versäumten, ihre Kinder selbst zu dieser Christenlehre zu bringen. Margaretha' hatte also Gelegenheit, den Müttern ebensowohl, als den Töchtern nützlich zu werden, und die Ermahnungen, welche von solchen Beispielen christlicher Entsagung begleitet waren, mußten mächtig auf die Herzen wirken.

Noch eine andere Dame hatte auf die Bekehrung dieser Gegend großen Einfluß. Franzista Troadeck stand sowohl ihrer Geburt, als auch ihrer seltenen Geistesgaben wegen in großer Achtung. Sie redete mit Geläufigkeit mehrere Sprachen, und hatte sich sogar in der Mathematik und Schifffahrt so viele Kenntnisse erworben, daß sie mit großer Geschicklichkeit Seekarten entwarf. Aber Lenobletz erweckte in ihr die Begierde nach der viel erhabeneren und viel kostbareren Weisheit der Kinder Gottes, und von jetzt an ergab sie sich mit standhaftem Eifer den Uebungen des Gebetes und der Selbstverläugnung. Sie kannte kein anderes Verlangen mehr, als mit allen Kräften ihres Leibes und Geistes zur Verbreitung des Reiches Gottes mitzuwirken.

Aber sie hielt sich dabei, wie die tugendhafte Margaretha, innerhalb der Schranken, die ihr Geschlecht ihr anwies. Sie suchte die Armen in ihren Hütten auf, und verwendete fast alle ihre Einkünfte, das harte Loos derselben zu mildern. Sie wachte sehr oft ganze Nächte am Bette der Kranken und Sterbenden, und wenn sie arm waren, übernahm sie die Kosten eines anständigen Begräbnisses. Diese Werke hinderten sie aber nicht, den Umgang mit den vornehmen Damen der Stadt fortzusetzen. Ihre Tugend erhöhte die Achtung, die sie immer genossen hatte, und sie sah sich, wo immer sie erschien, von den angesehendsten ihres Geschlechtes umgeben. Auf diese Weise wurde es ihr leicht, von den Wahrheiten der Religion zu ihnen zu reden, und sie that es mit solcher Anmuth und solcher Gründlichkeit, daß ihr Unterricht zugleich anziehend und nützlich war.

Durch die Bemühungen dieser beiden Damen wurde also die Frömmigkeit in das Innere der Familien eingeführt, und ein neues Leben, das Leben der Gnade, begann sich in der ganzen Gegend zu verbreiten.

Indessen fuhr Lenobletz fort in den Städten und Dörfern zu predigen, zu katechesiren, Beichte zu hören und alle anderen Werke der geistlichen und leiblichen Barmherzigkeit zu üben. Er begnügte sich auch hier nicht, öffentlich Unterricht zu ertheilen, sondern suchte die Familien, die desselben bedürftig waren, in ihren Häusern auf; und die Früchte, die er durch diesen häuslichen Unterricht hervorbrachte, waren vielleicht noch bedeutender, als jene seiner Predigten und öffentlichen Christenlehre. Um endlich allen alles zu werden, wandte er seine ausgedehnten Kenntnisse in der Mathematik und Sternkunde dazu an, den Schiffsleuten Dienste zu leisten, durch welche er sich ihr Wohlwollen und Zutrauen erwarb.

Dieses aber benutzte er dann, um ihnen vom Reiche Gottes zu reden, und ein Verlangen nach den himmlischen Gütern einzuflößen. — Er besuchte und tröstete die Kranken, seine Einkünfte, von denen er nur äußerst wenig für seinen Unterhalt verwendete, gehörten immerfort den Armen, und er sammelte überdies zu ihrer Unterstützung reichliches Almosen bei frommen Gläubigen. Mit diesen Anstrengungen der starkmüthigsten Liebe sein Gebet und seine Thränen verbindend erlangte er von Gott die Gnade, die verblendetsten Weltkinder zu erleuchten und die verhärtetsten Sünder zu rühren. Der Eifer wurde immer allgemeiner, und unser Missionär sah sich endlich an dem Ziele, nach dem er viele Jahre gerungen. Als er in diese Gegend kam, erinnerte man sich kaum, je eine Christenlehre gehört zu haben; der Gebrauch der heiligen Sakramente war so selten geworden, daß niemand mehr als einmal des Jahres zur Beichte gieng; das Fluchen, Schwören und Lästern war so gewöhnlich, daß man wenige fand, die sich desselben auch nur in ihren gewöhnlichen Unterredungen enthielten. Dazu Ausschweifungen und öffentliche Aergernisse jeder Art. Es kostete viele Mühe, die Erwachsenen zu vermögen, daß sie sich unterrichten ließen, aber das Beispiel und der Eifer derer, die Lenoblet gewonnen, siegte endlich über die falsche Scham und Gleichgültigkeit der übrigen: jedermann erlernte die Lehre des Heiles, und Lenoblet ließ bei seiner Abreise aus dieser Gegend nicht mehr Unwissende zurück, als er bei seiner Ankunft Unterrichtete gefunden hatte. Er führte die fromme Gewohnheit ein, alle Monat die heiligen Sakramente der Buße und des Altars zu empfangen, täglich in aller Frühe die heilige Messe zu hören, des Abends sein Gewissen zu erforschen, und in Gegenwart der ganzen Familie aus einem frommen Buche vorzulesen. Es gelang ihm —

wider alles Erwarten — die häßliche Gewohnheit zu fluchen und zu lästern auszurotten, und gegen diese Sünde einen besondern Abscheu einzuflößen. Die Erkenntniß der himmlischen Güter und die Erinnerung an die letzten Dinge des Menschen mäßigten das Verlangen nach irdischem Reichthum; der Wucher und die Ungerechtigkeit galten endlich wieder für abscheuliche Laster; und der häufige Empfang der Sakramente, verbunden mit den täglichen Andachtsübungen, verlieh den Herzen Kraft, den Versuchungen zu den gewohnten Sinnengenüssen zu widerstehen. Und wie wir oben von den Inseln sagten, auf denen Lenobletz sein heiliges Amt verrichtete; so waren auch in dieser Gegend die Wirkungen seines Eifers so dauerhaft, daß man nach fünfzig Jahren noch keine Veränderung wahrnehmen konnte.

X.

Lenobletz in der Diöcese Cornouailles.

In dem Bisthum Cornouailles hatte einst der h. Vincenz Ferrera besonders segensreich gewirkt: aber seit jener Zeit war der Religionsunterricht so sehr vernachläßigt worden, daß das Volk weit und breit in der traurigsten Unwissenheit lebte. Lenobletz begab sich zum Bischof, und erhielt von ihm die Erlaubniß, in der ganzen Diöcese zu predigen, Christenlehre zu halten und das Sakrament der Buße zu spenden. — Es war im Jahre 1614, als er seine Missionen in Quimper, der Hauptstadt dieses Sprengels begann. Aber hier, wie in allen Städten, fand er in der Prunkliebe, dem Wohlleben und dem Hochmuth der Einwohner Widersacher, die seine Bemühungen für lange Zeit fast fruchtlos machten. Obschon diese Städter eben so wohl, als das Landvolk ohne Unterricht in der Religion

aufgewachsen waren, dünkten sie sich doch desselben keines=
weges bedürftig. Ihre Priester hielten ihnen pomphafte
Reden, von denen sie wenig verstanden, die aber ihrer
Eitelkeit eben so sehr schmeichelten, als sie ihr Gewissen
schlummern ließen. Sie fanden sich also beleidigt, wenn
der Missionär ihnen in einfacher Sprache die Wahrheiten
des Heils vortrug, oder die Erfüllung ihrer Pflichten an's
Herz legte, und antworteten mit Spott und Verachtung,
wenn er sie zur Christenlehre einlud. Lenobletz begnügte sich,
bei seinem ersten Erscheinen in den verschiedenen Städten
dieses Bisthums eine kleine Schaar gelehriger Seelen gefun=
den zu haben, und wandte einstweilen seine ganze Sorge
den Kindern und dem Landvolke zu. Er hoffte, daß auch
hier das Beispiel der wenigen Frommen und der unbefan=
genen Jugend nach und nach auf die Gemüther wirken
werde. Er betrog sich hierin nicht; doch kam Gott seinem
Eifer auch durch außerordentliche Mittel zu Hülfe. In der
sehr reichen, aber eben so verdorbenen Seestadt Audierne
wurde er nicht nur mit Kälte, sondern mit Verachtung
empfangen. Kaum hatte er sich auf der Kanzel gezeigt,
als der größere Theil der Männer die Kirche verließ. Aber
Lenobletz kündigte am Schlusse dieser seiner ersten Predigt
in prophetischem Geiste das Strafgericht an, das Gott über
sie verhängen werde, um sie durch den Verlust eben der
Güter, wegen welcher sie ihn und sein Gesetz verachteten,
zu züchtigen. Nicht lange nachher kam die Trauerpost an,
daß fast sämmtliche reichbeladenen Schiffe der Stadt mit
allen Waaren zu Grunde gegangen. —

Wenn Lenobletz einige Zeit in einer Stadt gewirkt
hatte, pflegte er sich in die benachbarten Dörfer zu begeben.
Denn sein im Glauben immer neuen Muth schöpfender
Eifer hatte ihm den Entschluß eingegeben, nicht zu ruhen,

bis er alle Pfarreien des ganzen Bisthums nicht etwa bloß
auf eine kurze Zeit besucht, sondern durch längeren und
wiederholten Aufenthalt ganz umgewandelt hätte. Wenn
ihm aber das arme Landvolk schon wegen seiner größeren
Verlassenheit besonders am Herzen lag; so wurde sein Eifer
dadurch noch vielmehr entflammt, daß er in ihm ein großes
Verlangen, in den Heilswahrheiten unterrichtet zu werden,
wahrnahm. Er verweilte deshalb unter ihnen mit Freuden;
aber nicht selten sah man ihn bittere Thränen vergießen,
wenn er den traurigen Zustand, in den der Mangel an
Unterricht dasselbe geführt hatte, durch neue Erfahrungen
kennen lernte. Außer der in ganz Bretagne herrschenden
Unwissenheit fand er in dieser Gegend viele Unordnungen
und abergläubische Gebräuche, die an die Zeiten des Hei=
denthums erinnerten. Einige Beispiele werden hinreichen,
uns von der bemitleidenswerthen Lage dieses Volkes einen
Begriff zu geben. Man gestattete an vielen Orten, daß die
jungen Leute beiderlei Geschlechtes in den Kirchen, die in
jener Gegend auch auf dem Lande sehr zahlreich sind, einen
Theil der Nacht mit Tanzen zubrächten, und würde sich
ein Gewissen daraus gemacht haben, zu verhindern, daß
sie auf diese Weise die Feste der Heiligen feierten. Oft sah
man Weiber, deren Männer zu Schiffe gegangen waren,
die ihrem Dorfe zunächst gelegene Capelle mit großer Sorg=
falt auskehren, und dann den Staub in die Luft werfen,
um für ihre Männer günstigen Wind zu erhalten. Andere
nahmen die Bilder der Heiligen in eben jenen Capellen,
und bedroheten sie mit allerlei Mißhandlungen, wenn sie
ihnen nicht die glückliche Heimkehr ihrer Männer oder Ver=
wandten gewährten. Geschah nicht, was sie wollten, so
schlugen sie in der That auf die Bilder, oder warfen sie
gar in's Wasser. In einigen Dörfern schaffte man, sobald

Jemand gestorben war, alles Wasser aus dem Hause, aus
Furcht, daß die Seele des Hingeschiedenen darin ertrinke.
Es war sogar der Gebrauch, sich vor dem Neumonde auf
die Kniee zu werfen, und das Gebet des Herrn zu sprechen.
Man brachte den Quellen und sogar dem bösen Geiste Opfer
dar. Denn diese armen Leute glaubten, wie einst die Mani=
chäer, daß es zwei höchste Wesen gebe, von welchen das
eine alles Gute, das andere alles Böse, das in der Welt
ist, hervorbringe. Was aber das Unglück vollkommen machte,
war, daß es nicht nur so gleichgültige und unwissende
Priester gab, die alle diese abergläubischen Gebräuche dul=
deten, sondern auch so gottlose, die sie beförderten, wofern
sie nur einen zeitlichen Gewinn davon erwarten konnten.
Einige dieser gottvergessenen Diener des Altars trieben sogar
mit den Segnungen der Kirche ein schändliches Gewerbe.

Unser fromme Missionär nahm durch die Fürsprache
des heil. Lorentin, welcher der Apostel und erste Bischof
dieses Sprengels war, seine Zuflucht zu Gott, damit es
ihm gelinge, dieses neue Heidenthum, daß fast eben so trau=
rig, als das frühere war, auszurotten. Er hatte die Freude,
seine Anstrengungen mit dem schönsten Erfolge gekrönt zu
sehen. Mit großer Lernbegierde eilten überall die guten
Landleute zu seinem Unterricht herbei; sie gaben sich alle
Mühe, denselben aufzufassen und ihrem Gedächtniß einzu=
prägen. Bald sah jetzt Lenobletz sie ihre abergläubischen
Gebräuche verwünschen, bei seinen Predigten in Thränen zer=
fließen, und im Richterstuhle der Buße mit wahrer Zerknir=
schung des Herzens Gnade und Barmherzigkeit für die Sünden
ihres vergangenen Lebens suchen. An die Stelle heidnischer
Laster und abgöttischer Gebräuche traten jetzt die Uebung christ=
licher Tugend, der Empfang der h. Sakramente, und die eif=
rigste Theilnahme an allen gottesdienstlichen Verrichtungen.

Bei dem Unterrichte dieses Volkes erfuhr er den außerordentlichen Nutzen eines besonderen Hülfsmittels, dessen er sich schon seit einiger Zeit bediente. Er hatte längst bemerkt, daß die einfachen und ganz ungebildeten Landleute die strengen Beweisführungen der Prediger nicht auffassen, und deßhalb auch aus der Gemüthsbewegung, welche sie allerdings während der Predigt oft ergreift, geringen Nutzen zu haben pflegen. So lange nämlich die Wahrheiten, deren lebhafter Vortrag solche Gemüthsbewegungen hervorbringt, ihnen nicht recht deutlich, und die aus demselben zu folgernden Lehren ihrem Gedächtnisse nicht eingeprägt sind; wird jene schnell vorübergehende Erschütterung auch die einzige heilsame Wirkung sein, die sich der Prediger versprechen darf. Es war deßhalb freilich immer die größte Sorge Lenobletzens gewesen, alles, was er in der Christenlehre oder auf der Kanzel sagte, der geringen Fassungskraft seiner Zuhörer anzupassen, an die Ideen anzuknüpfen, die sie schon hatten, und in Vorstellungen einzukleiden, an die sie gewohnt waren. Doch diese Popularität seiner Vorträge schien ihm noch nicht hinzureichen; er glaubte zu bemerken, daß von dem Unterricht, den solche Leute bloß anhörten, das Meiste verloren gehe. Besseren Erfolg versprach er sich, wenn die Lehren der Religion zugleich durch den Sinn des Gesichtes der Seele vorgestellt würden. Er ließ also eine Anzahl von Gemälden verfertigen, auf denen alle Geheimnisse des Glaubens und alle Pflichten eines Christen in passenden Sinnbildern und Scenen der heiligen Schrift ausgedrückt waren. Dieser bediente er sich während des Unterrichts, indem er die Bedeutung jedes Bildes entweder selbst erklärte, oder von den schon besser Unterrichteten in seiner Gegenwart erklären ließ. Es ist unbegreiflich, mit welchem Erfolge diese Art des Unterrichtes auch noch nach dem Tode des frommen Erfinders angewendet wurde.

Damit man aber nicht in unserer, allem Aeußerlichen so feindlichen Zeit, wie in vielen andern, so auch in diesem frommen Gebrauche, ich weiß nicht, was für Gefahren fürchte, so wollen wir hier an ein Dekret des tridentinischen Kirchenrathes erinnern. Es heißt: „Die Bischöfe sollen mit Sorgfalt lehren, daß die durch Gemälde oder andere Sinnbilder dargestellten Geschichten der Geheimnisse unserer Erlösung geeignet sind, das Volk zu unterrichten, und zur Beherzigung und beständigen Wiederholung der Glaubenswahrheiten zu veranlassen; ferner aber, daß alle heiligen Bilder großen Nutzen haben, weil durch dieselben nicht nur das Volk an die Wohlthaten und Gaben, die ihm von Christus zu Theil geworden sind, erinnert, sondern auch die Wunder, die Gott durch die Heiligen wirkt, und die heilsamen Beispiele, (die diese uns hinterlassen,) den Gläubigen vor Augen gehalten werden: damit sie Gott dafür danken, in ihrem Leben und ihren Sitten die Heiligen nachahmen, und zur Anbetung, Liebe und Verehrung Gottes aufgemuntert werden. Wenn aber Jemand lehrt oder glaubt, was diesen Beschlüssen entgegen ist, der sei verflucht"*).

XI.

Mission auf der Insel Sizün.

Während Lenobletz an der Küste von Cornouailles predigte, hörte er, daß die Bewohner der Insel Sizün seit mehreren Jahren aller geistlichen Hülfe beraubt seien; und so groß auch die Gefahren der Landung und die Beschwerden

---

*) Sess. XXV. De invocatione etc.

des Aufenthalts auf dieser Insel sein mochten, der eifrige Missionär entschloß sich auf der Stelle, dieselbe zu besuchen.

Die Insel Sizün, etwa drei Stunden vom festen Lande entfernt, war im heidnischen Alterthum unter den Galliern als ein Sitz der Göttersprüche sehr bekannt. Neun Priesterinnen wohnten auf derselben, und wurden von dem Volke über zukünftige Dinge befragt. Man schrieb ihnen die Macht zu, die Stürme zu erregen und zu besänftigen, Krankheiten zu heilen, und sich in verschiedene Gestalten zu verwandeln. Noch in den letzten Jahrhunderten hat man auf dieser Insel viele Denkmünzen gefunden, welche beweisen, wie sehr berühmt sie einstens war. Dennoch giebt es vielleicht in ganz Europa keine Insel, die so unzugänglich ist. Man muß, um dorthin zu gelangen, eine Enge durchschiffen, in der mehrere Strömungen des Meeres von entgegengesetzter Richtung zusammenstoßen. Die Fluthen brechen sich mit solchem Ungestüm, daß jedes Fahrzeug verloren ist, das die Brandung nicht vermeidet. So günstig auch das Wetter, so erfahren auch der Steuermann sein mag; die Gefahr bleibt immer sehr groß, und oft verfließen mehrere Monate, ohne daß irgend jemand sich derselben auszusetzen wagt.

Auf der Insel selbst ist man, da ihr Boden dem Meere fast gleich ist, beständig von den Fluthen bedroht. Kein Baum wächst auf ihr und kein Gebüsch, so daß man mit einem übelriechenden Gewächse, welches das Meer auf dem Ufer zurückläßt, heizen muß. Die ganze Ernte besteht in so viel Gerste, als etwa hinreicht, die Bewohner der Insel während drei Monaten zu ernähren; die übrige Zeit des Jahres leben fast alle nur von Wurzeln und Fischen, für deren Zubereitung sie weder Fett, noch Gewürz gebrauchen. Sie trinken keinen Wein, es sei denn, daß sie welchen in dem Wrake eines an ihrer Insel gescheiterten Schiffes finden; das Wasser aber, das sie aus dem einzigen Brunnen ihrer Insel schöpfen, ist fast so salzig als das Meer. Es giebt auf der ganzen Insel weder Pferde, noch anderes Zugvieh. Die Weiber und Mädchen bearbeiten das Feld, um die Gerste zu gewinnen, aus der sie ein schlechtes Brod bereiten; die Männer aber bringen von ihrer frühesten Jugend an fast Tag und Nacht mit dem Fischfang mitten unter den Stürmen und zwischen den Felsen zu, die sich um ihre Insel herum mehrere Stunden weit in's Meer erstrecken.

Zur Zeit, als Lenobletz diese Insel besuchen wollte, waren Gemüth und Sinn der Bewohner ganz und gar verwildert. Ein Zug möge zu ihrer Schilderung genügen. Unter den Felsen, die ihre Insel umgaben, ragen einige ziemlich hoch empor. Auf diesen also pflegten sie zur Nachtzeit Feuer anzuzünden, um die Schiffsleute, welche es für das Feuer eines Leuchtthurms hielten, zu täuschen, und dann die Fahrzeuge, welche an ihrer Insel strandeten, ausplündern zu können. Man nannte sie deßhalb die bösen Geister des Meeres.

Man ermangelte nicht, alles dieses unserm frommen Missionär vorzustellen. Man zählte ihm die Schiffe auf, die seit wenigen Jahren auf der Ueberfahrt verunglückt waren, schilderte ihm die wilde und grausame Gemüthsart der Insulaner, die schlechten Lebensmittel und alle Beschwerden, die er auf der Insel zu erwarten habe. Aber Lenobletz erwiederte, daß er für sich eine viel größere Gefahr darin sehe, Seelen, die mit dem Blute Christi erlöst seien, aus Mangel an Vertrauen auf die Güte und Vorsehung Gottes, zu verlassen; und erinnerte an den Ausspruch des Herrn, daß der sein Leben rettet, welcher es um Jesu Christi willen verliert.

Gott segnete das fromme Vertrauen seines Dieners. Ohne den geringsten Unfall landete er auf der Insel, und fand eine viel bessere Aufnahme, als er menschlicher Weise erwarten konnte. Es geschah hier, was wir so oft in den Leben der Glaubensboten lesen. Diese Männer des Glaubens voll, den sie verkündigen, bringen muthig bis zu den wildesten Stämmen der Heiden, und siehe! Barbaren, die sich sonst eben so mißtrauisch als grausam gegen alle Fremde erweisen, umgeben die Gesandten Jesu Christi gleich sanften Lämmern, begierig aus ihrem Munde eine Lehre zu vernehmen, für die sie jede Empfänglichkeit verloren zu haben schienen. — Ohne uns bei der Schilderung der Arbeiten unseres Missionärs, die man aus dem schon Erzählten hinreichend kennt, länger aufzuhalten, lassen wir Verjus über den Erfolg derselben reden: „Zu den größten Merkwürdigkeiten dieser Insel gehört, daß man auf derselben nie irgend ein giftiges Thier erblickt. Ich weiß nicht, seit wann dies Land ein so glückliches Vorrecht genießt, und möchte nicht verbürgen, was einige berichten, daß Gott dasselbe auf das Gebet des h. Abtes Guennolus, der daselbst einige Zeit gewohnt haben soll, gewährt habe. Aber dies weiß ich sehr wohl, daß die Insel, seitdem unser eifriger Priester Missionen auf ihr gegeben, durch ein viel größeres und bewährteres Wunder von manchen giftvolleren Unthieren befreit blieb. Man kennt dort den Haß, den Neid, die Verläumdung, die Streitigkeiten und Prozesse, welche die gewöhnlichen Folgen jener Leidenschaften sind, fast nicht mehr; man duldet keine Aergernisse; es offenbaren sich die Tugenden und der Eifer der ersten Christen, und die Uebungen der Frömmigkeit werden mit mehr Pünktlichkeit, Versammlung und Beständigkeit verrichtet, als in irgend einer Gegend Europa's. Es giebt niemand, der nicht alle Tage dem h.

Meßopfer beiwohne, es sei denn, daß die Fischer hie und da genöthigt seien, auf dem Meere zu bleiben. Die meisten gehen regelmäßig alle Monate zur Beichte. Jeden Morgen und jeden Abend besuchen sie die Kirche, um den Erlöser der Welt im heiligsten Sakramente anzubeten, und an den Sonn- und Feiertagen versäumt keiner die Vesper. Diese guten Seeleute bilden während des Gottesdienstes einen doppelten Chor, und singen mit einer Harmonie, mit einer Andacht und Sittsamkeit, welche den würdigen Prälaten, der damals die Diöcese Cornouailles verwaltete, mit Bewunderung erfüllte. Denn mit einer Hochherzigkeit ohne gleichen hatte derselbe sich auf diese Insel begeben, damit kein Theil seiner Heerde übrig sei, den er nicht in Person besucht." — So weit Verjus, der, wie wir schon bemerkten, in eben diesem Bisthum lebte, und nicht lange nach dem Tode Lenobletzens dessen Leben schrieb. —

Um die Früchte der Mission dauernd zu machen, hatte Lenoblet auf dieser Insel, wie überall, einige Personen, die durch ihr Beispiel und ihr Ansehen auf die übrigen größeren Einfluß gewinnen konnten, mit besonderer Aufmerksamkeit in der christlichen Frömmigkeit unterwiesen. Mit ganz vorzüglicher Sorge nahm er sich eines Fischers an, in dem er einen seltenen Scharfsinn und sehr edelmüthige Gesinnungen wahrnahm. Zuerst bemühete er sich, ihm Geschmack an der Lesung geistlicher Bücher beizubringen; dann leitete er ihn an, sich mit der Betrachtung der Religionsgeheimnisse zu beschäftigen, und gab ihm zu diesem Zweck, als die beste Anleitung, die Betrachtungen des ehrwürdigen Ludwig Deponte. Er unterrichtete ihn auch in der Weise, anderen Liebe zur Tugend einzuflößen, und lehrte ihn die Mittel kennen, sie zur Standhaftigkeit im Guten anzuhalten. Nicht zufrieden, sich in der Ausbildung dieser Seele während seines Aufenthaltes auf der Insel alle nur erdenkliche Mühe gegeben zu haben, fuhr er auch später fort, den frommen Fischer durch Briefe zu ermuntern und zu leiten, immer neue Aufschlüsse über den Weg der Vollkommenheit zu geben, und Betrachtungen, geistliche Lieder, oder was sonst er immer zum Nutzen der Seelen verfaßte, zu senden. — Dieser Mann, der schon damals unter seinen Landsleuten viel vermochte, wurde später von ihnen zum Häuptling erwählt, und gebrauchte dann das ganze Ansehen seines Amtes, um in allen Bewohnern der Insel, den Eifer für die Uebungen der Gottseligkeit, die Lenobletz eingeführt hatte, zu erhalten.

XII.

Missionen auf der Küste von Douarnenez.

Von der Insel Sizün zurückgekehrt, wurde Lenobletz vom Bischofe ersucht, das Amt eines Pfarrverwesers in Meillard zu übernehmen. Er folgte der Stimme des Oberhirten, und benutzte sein neues Amt, in jener Pfarre alle Segnungen zu verbreiten, die Gott mit seinem Wirken verbunden hatte. Die Verwaltung der Pfarre war zugleich eine fortgesetzte Mission. Als er aber den Zweck, den er sich bei dieser vorsetzte, erreicht sah, erbat er sich vom Bischofe die Erlaubniß, seinem Besonderen Berufe wieder ungehindert zu leben. — Er beschloß, zuerst nach Quimper zurückzukehren, um in dieser Hauptstadt der Diöcese durch eine neue Mission die Zahl derer zu vermehren, die er daselbst bereits auf bessere Wege geführt hatte. Unschlüssig, wohin er alsdann zuerst sich wenden sollte, fühlte er sich, wie er selbst einem seiner vertrauten Freunde erzählte, angetrieben, Gott durch die Fürsprache der allerseligsten Jungfrau mit besonderem Eifer zu bitten, daß er ihn erkennen lasse, an welchem Orte er für die Ehre seines Namens am erfolgreichsten wirken könne. Schon oft hatte unser frommer Missionär den mächtigen Schutz Maria's erfahren, und Gott wollte ihm einen neuen Beweis geben, welche großen Gnaden an die Verehrung derjenigen, die er selbst so hoch erhoben, geknüpft seien. Lenobletz erhielt in diesem Gebet eine himmlische Offenbarung, daß es die Pfarre Plouaré sei, in welcher Gott ihm beistehen werde, ein zahlreiches Küstenvolk auf die Wege des Heils zu führen. Ohne Zögern machte er sich auf, den Ort zu besuchen, der ihm auf eine so außerordentliche Art zu seinem Wirkungskreise angewiesen war. Er betrat die Kirche von Plouaré gerade am Aschermittwoch, und fand sie von Fischern, Matrosen und Landleuten angefüllt. Der Anblick dieser Volksmenge, in welcher er keine Zeichen des Luxus und der Hoffahrt wahrnahm, die seinem Wirken in den Städten so hinderlich waren, entflammte seinen Eifer. Er pries Gott in seinem Herzen, hielt noch an demselben Tage eine Predigt an das versammelte Volk, und faßte den festen Entschluß, sobald er seine Mission in Quimper beendigt haben würde, in diese Gegend zurückzukehren.

Es war im Monat Mai 1615, als Lenobletz sich auf der Küste, die für viele Jahre der Schauplatz seines apostolischen Eifers wurde, niederließ. Er wählte zu seinem Aufenthaltsorte das Städtchen Douarnenez, von welchem die Küste den Namen hat, und das mit mehren kleinen Ortschaften zu der sehr großen Pfarrei Plouaré gehört. In manchen Gegenden sind nämlich die neu entstehenden Dörfer, Flecken, und zuweilen selbst kleinere Städte von der Pfarre abhängig geblieben, in deren Umkreis sie nach und nach erbaut wurden. Sie erhielten zwar ihre besonderen

Kirchen, aber diese traten zu der Pfarrkirche in das Verhältniß von Filialen. Der Missionär hatte es vorgezogen, seine Wohnung in Douarnenez zu nehmen, weil er von dort aus leichter die zahlreichen Dörfer der ganzen Küste, wie auch die nahegelegenen Inseln besuchen konnte. Dazu kam, daß in dieser Stadt wegen der bedeutenden Sardellenfischerei sowohl das Volk der umliegenden Gegend, als auch fremde Schiffer und Kaufleute zusammenströmten.

Bei seinem ersten Auftreten stieß er hier auf dieselben Hindernisse, die er in allen Städten gefunden hatte. Die Unwissenheit war so groß, daß die meisten Erwachsenen weder irgend ein Gebet auswendig wußten, noch auch über die ersten und nothwendigsten Glaubenslehren Rechenschaft geben konnten. Lenobletz also drang in seinen Predigten vor allen auf den Unterricht. Aber diese hoffärtigen Menschen konnten es nicht leiden, daß man ihnen, wie Kinder, Christenlehre halten, und sie verpflichten wollte, Sachen zu lernen, die sie glaubten vergessen zu dürfen. Denn sie waren der Meinung, daß man sie in ihrer Kindheit nur deßhalb mit solchem Unterricht beschäftigt habe, — wenn sie jedoch einigen genossen hatten, — weil sie damals noch nicht fähig etwas zu lernen, was verdiente behalten zu werden; jetzt, sagten sie, könnten und müßten sie an wichtigere Sachen denken. Und dieses war noch die Sprache der Gemäßigten. Denn nicht wenige entbrannten in Zorn wider den fremden Priester, der solche Neuerungen einführen, und die Gemüther des Volks beunruhigen wollte. —

Unter der kleinen Zahl derjenigen, welche durch die Gesinnungen der Buße und Frömmigkeit, die des Missionärs erschütternde Vorträge in ihren Herzen erweckten, zu einem ganz andern Urtheil über ihn bewogen wurden, gehörte auch ein Geistlicher, der in der ersten Predigt Lenobletzens so gerührt wurde, daß er sich entschloß, ohne Verzug sein nicht erbauliches Leben zu ändern, und von ganzem Herzen sich zu Gott zu bekehren. Er gieng gleich nach der Predigt zu Lenobletz, und bat ihn dringend, bei ihm zu wohnen und zu speisen. Lenobletz folgte dieser Einladung, und vollendete durch das Beispiel seines Lebens die Bekehrung, welche er durch seine Predigt begonnen hatte. Wie wurde jener Priester nicht gerührt, wenn er den Eifer, die Sanftmuth, die Liebe, die Andacht dieses heiligen Misionärs betrachtete! Vom frühen Morgen bis zum späten Abend strengte er alle seine Kräfte in den Werken seines heiligen Amtes an, und gönnte sich dennoch nach denselben fast gar keine Ruhe noch Erquickung. Denn Lenobletz fuhr unter allen diesen Arbeiten fort, einen großen Theil der Nacht im Gebete zuzubringen, und war nicht zu bewegen, sich für die wenigen Stunden, die er dem Schlafe schenkte, eines Bettes zu bedienen. Er schlief auf dem Boden seines Zimmers. Seine spärliche Nahrung bestand fast immer in Fastenspeisen, und keine Vorstellungen vermochten ihn, von dieser strengen Enthaltsamkeit wenigstens zu Zeiten in etwa nachzulassen.

Der Priester also, der ein solches Leben beständig vor Augen hatte, und dem überdies die Gebete des frommen Lenobletz reichliche Gnaden von Gott erflehten, fühlte sich bald in einen ganz anderen Menschen umgewandelt. Er entsagte den Sünden, in welchen er bisher gelebt, so vollkommen, als wären sie nie seine Gewohnheit gewesen, und man sah ihn während der zweiundvierzig Jahre, die er noch lebte, niemals zu denselben zurückkehren. Vielmehr ergab er sich mit standhaftem Eifer den Uebungen der Frömmigkeit, und den Werken der christlichen Liebe. Lenobletz hatte an ihm bis zu seinem Tode einen folgsamen Schüler, und einen unverdrossenen Mitarbeiter im Weinberge des Herrn.

Auch in dem Pfarrer von Plouaré fand Lenobletz so gute Gesinnungen für sein apostolisches Unternehmen, als er nur erwarten konnte. Nachdem also nach und nach nicht nur eine große Zahl der Armen, sondern auch manche der angesehensten Bürger von Douarnenez sich bereits von der Nothwendigkeit des christlichen Unterrichtes überzeugt, und auch den Vorträgen des Missionärs beizuwohnen angefangen hatten: gieng Lenobletz eines Tages zum Pfarrer, um mit ihm über ein Mittel zu reden, durch welches er seine sämmtlichen Pfarrkinder zur Erlernung der Religionslehre anhalten könnte. Dieses Mittel war kein anderes, als daß er in der ganzen Pfarre verkünden lasse, es werde in Zukunft niemand zum Empfange irgend eines Sakramentes zugelassen werden, der nicht vorher in einer Prüfung vor den von ihm zu bestimmenden Geistlichen den Beweis geliefert habe, daß er über die Wahrheiten der Religion genügend unterrichtet sei. Lenobletz stellte ihm vor, auf welche Weise die Strenge, die in einer solchen Maßregel liege, gemildert werden könne; aber vergaß auch nicht, ihm zugleich die Nothwendigkeit derselben ans Herz zu legen, weil es sich um nichts anders handle, als das Heiligste vor schändlicher Entweihung zu schützen, und die ihm anvertraute Heerde vom sicherem Untergange zu retten. Es bedurfte nicht mehr, um einen Mann dem es an guten Willen nicht gebrach, zu bewegen. — Das Erstaunen war sehr groß, als die neue Verordnung bekannt gemacht wurde. Aber Lenobletz bestieg die Kanzel, und setzte mit vieler Milde die Gründe auseinander, durch welche der Pfarrer zu diesem Schritte bewogen sei. Er zeigte aber seinen Zuhörern nicht nur die Nothwendigkeit und den vielfachen Nutzen der

Prüfungen, durch welche man nur ihrem unschlüssigen und unbeständigen Willen zu Hülfe kommen, und sie zu einem Unterricht, ohne den der Empfang der Sakramente ihnen nicht Segen, sondern Verderben bringen würde, anhalte: sondern machte ihnen auch begreiflich, daß die Erlernung dessen, worüber man sie prüfen werde, durchaus nicht so schwer sei, als ihnen der Geist der Lüge, und einige von ihm angetriebenen Menschen vorstellten. Er versprach, in der Christenlehre, die er täglich halten werde, ihnen alles so leicht zu machen, daß sie sich selber wundern würden, wie sie einer eben so angenehmen und leichten, als nothwendigen Einrichtung wiederstrebt hätten. Endlich erbot er sich auch, diejenigen, welche die Scham, dem öffentlichen Unterricht beizuwohnen, nicht überwinden könnten, einzeln und im Verborgenen zu unterweisen. Gott verlieh auch dies Mal den Worten seines Dieners jene Kraft, der kein Herz wiederstehen kann. Die ganze Masse der Landleute und Fischer zeigten von dieser Stunde an großen Eifer sich unterrichten zu lassen.

Die Vergnügungssucht war unter diesem Volke so groß, daß man selbst in den Dörfern zwei oder dreimal die Woche einen Theil der Nacht mit Tanzen zubrachte. Lenobletz aufmerksam auf alle Gelegenheiten, sandte überall hin einige seiner fähigsten Schüler, die diese Tänzereien in Unterrichtsstunden verwandelten. Er selbst aber eilte unverdrossen von Haus zu Haus, von Dorf zu Dorf, die Saumseligen anzuspornen, und ihnen die Belehrung, die sie in der Kirche nicht suchen wollten, in ihren Häusern zu ertheilen. Als auf diese Weise der Eifer immer allgemeiner geworden war, ließ er seine tugendhafte Schwester kommen, damit sie ihm in dem Unterrichte des weiblichen Geschlechtes Hülfe leiste. Ueberhaupt waren es die Frauen, um deren Unterweisung er besonders bekümmert sein mußte. Denn da die Männer mehrere Monate des Jahres wegen des Fischfangs abwesend waren; so blieb die Erziehung der Kinder und die ganze Haushaltung fast einzig den Frauen überlassen. Man durfte auch hoffen, daß die Männer bei ihrer Rückkehr von ihren Weibern und Kindern sich sowohl zur Uebung der Religion, als auch zur Erlernung der Heilslehre leichter würden bewegen lassen. Margaretha ergab sich also mit allem ihren Eifer dem Werke, das ihr Bruder vorbereitet hatte; sie wurde auch hier von einigen frommen Frauen, über die wir sogleich ausführlicher reden wollen, unterstützt, und Gott gab der Saat, die mit so vieler und so standhafter Liebe gesäet wurde, reichliches Gedeihen. — Am Ende des Unterrichtes, welcher den Kindern täglich ertheilt wurde, ließ Lenobletz einige geistliche Lieder, welche die wichtigsten Glaubens- und Sittenlehren enthielten, singen. Die Kinder wiederholten dieselben überall, und bald wurden sie auf der ganzen Küste so allgemein, daß man fast keine anderen mehr hörte. Die Arbeiter und Hirten sangen sie auf dem Felde, die Schiffer und Fischer auf dem Meere, und noch in später Nacht ertönten sie aus den Hütten, wo man die Netze flickte.

XIII.

Die frommen Wittwen zu Douarnenez.

Sobald Lenobletz seine Missionen auf der Küste von Douarnenez begonnen hatte, trachtete er seiner Gewohnheit nach einige Personen zu finden, welche sowohl durch ihren größern Eifer, als auch durch ihre natürlichen Anlagen geeignet wären, ihm in dem Werke, das er unternommen, und besonders im Unterrichte des Volkes Hülfe zu leisten. Denn er bedurfte hier einer solchen Mitwirkung um so mehr, je bevölkerter die Küste, und je tiefer die Unwissenheit war, die auf derselben herrschte. Diese seine besonderen Schüler unterwies er mit allem Fleiße in der ganzen Religionslehre, und leitete sie, jeden nach seiner Fähigkeit und seinen äußern Verhältnissen, zur vollkommneren Uebung der christlichen Tugenden an. Vor allen aber suchte er ihnen ein großes Verlangen einzuflößen, die Wohlthaten der Religion, die ihnen zu Theile wurden, auch unter ihre Landsleute zu verbreiten. Auf diese Weise hatte er jene Kathecheten gebildet, die er, wie wir schon erzählten, in alle Theile der großen Pfarre aussandte, und welchen es gelang, selbst die nächtlichen Zusammenkünfte, die in ganz anderer Absicht veranstaltet wurden, zu ihrem frommen Zwecke zu benutzen. Wir wollen jetzt sehen, auf welche Art er jene frommen Frauen, deren wir erwähnten, zu Werkzeugen seines Eifers machte.

Zwei derselben trugen außerordentlich viel dazu bei, die Heilskenntniß auf der ganzen Küste zu verbreiten. Beide waren, als Lenobletz nach Douarnenez kam, so unwissend, als alle übrigen; aber kaum hatten sie einigemal dem Unterrichte des Missionärs beigewohnt, so wurden sie von einer solchen Begierde nach besserer Erkenntniß der göttlichen Dinge ergriffen, daß sie es für einen großen Unfall ansahen, wenn sie auch nur einmal verhindert wurden, die Christenlehre zu besuchen. Lenobletz benutzte ihren Eifer, um ihnen durch die göttlichen Wahrheiten, in welchen er sie unterrichtete, zugleich eine große Verachtung aller irdischen Dinge, und eine ebenso große Hochschätzung der christlichen Vollkommenheit einzuflößen. Keine dieser Frauen konnte lesen; aber Gott hatte ihnen viel natürlichen Verstand, ein sehr glückliches Gedächtniß und vor allem ein für alles Edle und Heilige sehr empfängliches Herz verliehen. Unser fromme

Missionär bediente sich also seiner Gemälde, und mit Hülfe derselben unterrichtete er sie nicht nur in der gewöhnlichen Religionslehre, sondern auch in allen Dingen, die ihnen zur Erlangung der Vollkommenheit nothwendig waren. Er wollte, daß sie durch Gebet und Selbstverläugnung jene Vereinigung mit Gott suchten, durch die sie höheres Licht und reicheren Segen für alle ihre Unternehmungen erhalten würden. Zu dem Zwecke leitete er sie nicht nur zur Uebung aller Tugenden, die ihrem Stande und Geschlechte angemessen waren, und namentlich zur Verachtung weltlicher Eitelkeit, sondern auch zur Betrachtung der himmlischen Wahrheiten an. Mit Hülfe gewisser hierzu besonders verfertigten Bilder brachten diese Frauen täglich eine oder mehrere Stunden in der Unterhaltung mit Gott zu, und schöpften aus derselben eine so große Kenntniß ihrer selbst, Gottes und der Mittel zu unserm Heile, daß erfahrene und gelehrte Männer sie mit Erstaunen darüber reden hörten.

In dem Maaße, als sie in der Tugend Fortschritte machten, ermunterte sie der Missionär, zur Verbreitung des Reiches Gottes mitzuwirken. Anfänglich ließ er sie nur in der öffentlichen Christenlehre auf die Fragen, welche er oder ein anderer Geistlicher stellte, antworten, und so, was in den vorhergehenden Lehrstunden erklärt worden war, wiederholen. Er hoffte hierdurch den Erwachsenen die falsche Scham, sich öffentlich unterrichten zu lassen, zu benehmen, und ihnen zugleich den Beweis zu liefern, daß die Erlernung des Katechismus nicht so schwer sei, als sie sich einbildeten. — Alsdann erlaubte er ihnen, die Kinder und Frauen ihrer Nachbarschaft in ihren Häusern zu versammeln, um ihnen, meistens durch Erklärung der Gemälde, den ersten Unterricht zu ertheilen. Der gute Erfolg ermuthigte sie, Größeres zu unternehmen, und Lenoblez, der sie wohl geprüft hatte, war weit entfernt, es ihnen zu verbieten. Sie begannen also in den Gärten, wo sich die Frauen und Mädchen der Stadt zu versammeln pflegten, auf eine ungezwungene Art das Gespräch auf den Religionsunterricht zu lenken, und es gelang ihnen in kurzer Zeit, statt der Spiele und unnützen Gespräche eine regelmäßige Christenlehre einzuführen. Die Klarheit, mit der sie redeten, machte den Unterricht angenehm und leicht, und die Sanftmuth, mit der sie alle behandelten, gewann ihnen die Herzen. So geschah es, daß durch diese Frauen, nicht nur die Erkenntniß, sondern auch die Liebe Gottes unter dem weiblichen Geschlechte, und durch dasselbe in der ganzen Familie verbreitet wurde.

Aber Lenobletz sah ein, daß die Neuheit eines solchen Unterrichts zum Vorwand dienen konnte, Klagen wieder ihn zu erheben, und den Fortschritt des Evangeliums zu hemmen. Um also einen öffentlichen Beweis zu geben, daß er nicht auf seine Einsicht vertraue, sandte er die beiden Wittwen nach Quimper, damit sie dem Bischofe von allem, was sie unternähmen, Rechenschaft gäben. Die frommen Frauen erschienen also vor dem Oberhirten, und nachdem sie ihm erzählt hatten, wie sehr der Gebrauch dieser Gemälde das heilsame Unternehmen des Missionärs befördere, wie das Volk herbeiströme, die Erklärung derselben zu hören, wie selbst Abliche deßhalb in die Stadt zu kommen pflegten; boten sie sich an um die Zweckmäßigkeit dieses Unterrichts zu beweisen, einige der mitgebrachten Bilder in seiner Gegenwart auszulegen. Der Bischof erstaunte über die Einfalt, Klugheit und Leichtigkeit, mit welcher die guten Weiber jene Lehren, die man sonst so viel Mühe hat, dem einfachen Volke deutlich zu machen, erklärten, und durch Sinnbilder dem Verständniß nahe brachten. Er gab ihnen gerührt seinen Segen, und ermunterte sie, in allem der Leitung ihres weisen Führers zu folgen.

Die Vorsicht Lenobletzens war nicht überflüssig gewesen. Nach nicht gar langer Zeit wurde gegen ihn Beschwerde erhoben. „Der heil. Paulus, so redete man zum Ordinariat, habe den Weibern verboten, in den Versammlungen der Gläubigen zu reden, geschweige denn zu lehren; wenn überhaupt die Wissenschaft aufblähe, so sei dies ganz besonders bei Frauen zu fürchten; der Missionär solle sich begnügen, die in der Diöcese gebräuchlichen Mittel anzuwenden. Der eifrige Diener Christi, welcher die größten Beschimpfungen, wenn sie nur ihn verunglimpften, mit stillschweigender Geduld ertrug, glaubte sich gegen Anschuldigungen, die sein Wirken störten, mit allem Nachdruck vertheidigen zu müssen. Er wandte sich in einem Briefe an den Generalvicar des Bischofs, erstattete ihm über die Art und Weise, wie jene Frauen zum Unterrichte des Volkes beitrügen, Bericht, und legte die Gründe auseinander, weßhalb er solcher Hülfe sich glaubte bedienen zu können. Er stellte ihm nämlich vor, daß der Apostel den Weibern, wenn er ihnen befehle, in der Kirche zu schweigen, darum nicht verbiete, auf die Fragen des Katecheten zu antworten; weil auf diese Weise ja selbst die kleinen Kinder in der Kirche reden dürften. Außer der Kirche aber, in ihren Häusern oder auch in öffentlichen Zusammenkünften Kinder und Personen ihres Geschlechtes in der Religionslehre zu unterweisen, könne ihnen ebenso wenig verboten sein, als Unterricht anderer Art zu ertheilen, wenn man sich nur vorher von ihrer Tüchtigkeit überzeugt hätte. Nun überlasse er aber die Erklärung seiner Gemälde nicht allen Frauen ohne Unterschied, sondern nur jenen beiden Wittwen, die der Bischof selber geprüft, und mit seinem Segen zurückgesandt habe.

Keiner von jenen, welche wieder ihn Klage eingelegt, habe auch nur ein unrichtiges Wort anführen können, das den von Gott mit besondern Gnaden ausgerüsteten Frauen bei ihrem Unterrichte entfallen sei. Auch er würde es für besser finden, wenn die Unterweisung des Volkes jenen allein überlassen bliebe, die zu derselben durch ihr Amt verpflichtet seien; aber wenn die Geistlichen dieser ihrer Pflicht nicht nachkommen könnten oder nicht nachkommen wollten, so dürfe man es nicht tadeln, wenn Laien und selbst Weiber einigermaßen ihre Stelle verträten. Sei hiermit wirklich die Gefahr eines Mißbrauches verbunden, so möge man bedenken, wie viel größer die Gefahr, oder vielmehr das gewisse Unglück sei, wenn eine so ausgedehnte Pfarre, ja eine ganze Gegend ohne jenen Unterricht bleibe, der zur Erlangung des Heils unumgänglich nothwendig sei. Außerordentliche Umstände erheischen auch außerordentliche Mittel. Habe ja Gott selber durch eine Debora, Judith und andere Weiber sein Volk aus den Händen seiner Feinde befreiet. Auch der h. Paulus gedenke der frommen Frauen, die mit ihm für die Verbreitung des Evangeliums gearbeitet (Phil. 4, 3), und die h. Catharina von Siena sei von den erlauchtesten Hirten der Kirche um Rath und Belehrung befragt worden. — Nachdem er sich dann noch auf das Urtheil des Bischofs und mehrerer weisen Ordensmänner, denen er sein ganzes Verfahren auseinander gesetzt, berufen hat, schließt er also: „Alles dies jedoch wird mich nicht abhalten, dem Gutachten Ew. Hochwürden, wie immer es beschaffen sein möge, in diesem, wie in allen andern Stücken, auf das bereitwilligste zu folgen: haben sie nur die Güte, mich so bald als möglich davon in Kenntniß zu setzen. Wenn Sie mein Verfahren nicht mißbilligen, und glauben, daß Gott durch dasselbe verherrlicht werden könne;

so werden Sie mich verpflichten, wenn sie diejenigen, welche über dasselbe nicht gut unterrichtet sind, beruhigen wollen; wenn Sie aber anders denken, so gebe ich ihnen die Versicherung, daß es mit der Gnade Gottes mir nicht schwer fallen wird, meine Meinung zu ändern, und der Ihrigen beizupflichten. Stets werde ich dieselbe Unterwürfigkeit gegen alle meine Obern und gegen alle jene Hirten haben, die sich meiner zur Ehre Gottes und zum Wohle ihrer Heerde bedienen; und wenn ich Sie wegen vieler anderer Fehler um Verzeihung bitten muß, so hoffe ich doch, daß Sie wenigstens an der Aufrichtigkeit und Pünktlichkeit meines Gehorsams nichts auszusetzen finden werden."

Der Generalvicar, die Bescheidenheit des frommen Priesters eben so sehr, als die Triftigkeit seiner Gründe bewundernd that alles Mögliche, seine Gegner von ihrem Irrthum zurückzuführen: den Missionär aber ermunterte er, sich durch keine Schwierigkeiten besiegen zu lassen, und in dem Widerspruche, den er finde, einen Beweis mehr zu sehen, daß Gott an seinem Wirken Wohlgefallen habe.

XIV.

Eifer Lenobletzens in allen Werken der Liebe.

Allerdings waren es die Werke der geistlichen Barmherzigkeit, zu denen sich Lenoblet durch seinen Beruf vorzüglich verpflichtet fühlte: aber das hinderte ihn nicht, auch die Werke der leiblichen Barmherzigkeit mit großem Eifer zu üben, sowohl weil dieselben durch das Beispiel und die Lehren Jesu Christi allen Menschen dringend empfohlen sind, als auch weil es kein kräftigeres Mittel giebt, in der Seelsorge mit Nutzen und Erfolg zu wirken. Und eben damit man besser begreife, wodurch unser Missionär sich

jenes Zutrauen erwarb, ohne welches alle seine Bemühungen
vergebens gewesen wären; kommen wir hier auf die Werke
der Mildthätigkeit zurück, durch die er ausübte, was er
lehrte, und die Uneigennützigkeit seines Eifers bewährte.

Erstlich also fuhr er auch auf der Küste von Douarne=
nez fort, fast alle Einkünfte, die er aus seinen Gütern be=
zog, den Armen zu schenken, und er gieng hierin so weit,
daß er öfters, wenn er all' sein Geld verschenkt hatte, seine
Kleidungsstücke den Armen gab, und das für ihn berei=
tete Essen, besonders wenn es besser, als gewöhnlich
war, mit eignen Händen zu den Kranken trug. Es war
ihm unmöglich, auch nur einen Tag Geld bei sich zu be=
wahren, und es geschah mehr, als einmal, daß er die Ein=
künfte eines ganzen Jahres in einem Tage unter die Armen
vertheilte. Nicht zufrieden, den Reichen die Unterstützung
der Armen in seinen Predigten und Katechesen zu empfehlen,
gieng er von Thür zu Thür, ihre Gaben in Empfang zu
nehmen, und in diesem Werke der Liebe verschmähete es
seine Demuth nicht, auch die geringsten Gaben mit Sorg=
falt zu sammeln. Man sah ihn oft in seinem Mantel die
Stücke Brods, die er gebettelt hatte, über die Straßen in
die Hütten der Nothleidenden tragen. — Manche anstän=
dige Familien, die sich in großer Verlegenheit befanden,
erhielten von ihm, ohne ihm ihre Noth geoffenbart zu haben,
bedeutende Summen, und waren nicht selten über den
glücklichen Fortgang der Geschäfte erstaunt, zu welchen sie
dieses Geld benutzten. Es schien sich in ihren Händen zu
vermehren, nachdem es sich zuvor in den seinigen vermehrt
hatte. In der That konnte man ohne eine besondere
Wirkung der göttlichen Vorsehung sich nicht erklären, wie
der Diener Gottes zu so großen und so zahlreichen Liebes=
werken die nöthigen Mittel fand. Ein tugendhafter Priester,

der fünf und zwanzig Jahre hindurch sein Beichtvater war, und die Ausgaben Lenobletzens sorgfältig anmerkte, versicherte, daß die Almosen, die er verschenkte, zwanzig mal größer, als seine Einkünfte waren.

Für diese Werke der Liebe bediente er sich des Beistandes zweier frommen Wittwen. Eine derselben war beauftragt, alle milde Gaben der Reichen, worin immer sie bestehen mochten, sorgfältig, wie das Eigenthum der Armen Jesu Christi, aufzubewahren. Die andere begab sich alle Tage in die verschiedenen Stadtviertel, um sich nach allen Nothleidenden zu erkundigen. Sie hatte ein Verzeichniß der Armen, die in Noth, der Kranken, die ohne Beistand, der Todten, die ohne anständiges Brgräbniß waren; sie erkundigte sich nach den Streitigkeiten, die entstehen könnten, und nach den Aergernissen, die man befürchtete. Aller dieser geistlichen und leiblichen Noth suchte dann Lenobletz bald in eigner Person, bald durch jene andere Wittwe abzuhelfen. — Die Kranken aber waren es, welchen er seine besondere Sorge zuwandte. Er besuchte sie, so lange ihr Leiden dauerte, sehr häufig, wohl wissend, daß keine Zeit geeigneter war, ihre Gedanken auf die Ewigkeit zu richten; und damit sie während seiner Abwesenheit nicht verlassen wären, unterrichtete er mehrere seiner Schüler mit großer Sorgfalt in der Art und Weise, wie sie den Kranken, ohne ihnen lästig zu werden, Geduld und Ergebung in den Willen Gottes, Gesinnungen der Buße und Verlangen nach den himmlischen Gütern einflößen könnten. Ebenso war er bemüht, daß sie in ihren körperlichen Leiden von andern die Hülfe erhielten, die er ihnen selbst nicht erweisen konnte. Er beredete zwei seiner Nichten und einige andere fromme Damen, sich der Pflege der armen Kranken ganz besonders anzunehmen, ihre Wunden zu verbinden, und ihnen Arzneien zu bereiten. Sie folgten seinen Ermahnungen, und harrten in der Uebung dieser Werke der Barmherzigkeit bis an das Ende ihres Lebens aus. Gott segnete ihren frommen Eifer oft auf wunderbare Weise; denn man sah viele Kranke, die von den Aerzten aufgegeben oder verlassen waren, unter ihren Händen genesen. —

Der Geist der Liebe, welcher unsern frommen Priester durchdrang, offenbarte sich auch ganz besonders wie in seinen öffentlichen Vorträgen, so in allen seinen Gesprächen. Auch in jenen Predigten, in welchen er den ganzen Ernst der ewigen Wahrheiten enthüllte, milderte das Mitleiden, mit dem er von den Sündern sprach, und die Erinnerung an Gottes Barmherzigkeit den Eindruck des Schreckens, durch den er das schlummernde Gewissen zu wecken suchte. Unbeschreiblich aber war die Milde und heilige Freude, mit welcher er die Sünder aufnahm, die sich mit Gott versöhnen wollten. — Beim Unterrichte des Volkes ließ er es sich nicht verdrießen, dieselbe Sache oft zu wiederholen, und durch immer neue Gleichnisse und Erklärungen deutlich zu machen. Er suchte denjenigen, die größere Schwierigkeit zu lernen hatten, statt sie durch Mißmuth und Ungeduld abzuschrecken, durch aufmunternde Worte Muth einzuflößen. — Alle, die ihn besuchten, empfieng er mit heiterm Angesicht, so schwere Leiden oft auch sein Herz beklemmen mochten, und ließ sich mit ihnen in freundliche Gespräche ein, so unangenehm auch ihre rohen Sitten, oder die Ausbrüche ihrer Leidenschaften auf ihn einwirkten. Nicht nur die Ermahnungen, sondern auch die Verweise, die er gab, zeugten von der Liebe und Güte seines Herzens. „Denn wenn die Aerzte, so pflegte er zu sagen, ihre ohnehin schon bitteren Arzneien mit harten Worten und böser Miene reichten; so würden die meisten Kranken die Heilsmittel von sich stoßen, und lieber krank bleiben, als sich auf solche Weise heilen lassen. — Gott will, daß die Milde seines Geistes und die süßen Früchte seiner Gnade in dem Benehmen jener, die er als Mittler zwischen sich und den Sündern bestellt hat, sichtbar werde." — Diese seine Sanftmuth war aber um so mehr zu bewundern, als er von Natur im hohen Grade zum Jähzorn geneigt war. Mit der größten Sorgfalt wachte er über diese Schwäche seines Herzens, und wenn es ihm noch zuweilen widerfuhr, — was andere vielleicht für eine Tugend gehalten hätten, — im Zorne einen Verweis zu geben; so ermangelte er niemals, sich demjenigen, den er auf diese Weise beleidigt zu haben glaubte, zu Füßen zu werfen, und in demüthigen Worten um Verzeihung zu bitten.

Waren die Sünder durch seine milden Ermahnungen bewogen worden, den Weg des Verderbens zu verlassen; so wurde ihr Eifer, auf dem Wege des Heils immer größere Fortschritte zu machen, durch die liebevolle Sorge, mit der ihr geistlicher Vater um sie bemüht war, rege erhalten. Lenoblet begnügte sich nicht, denen, welche sich dem Streben nach der Vollkommenheit hingaben, besonderen Unterricht zu ertheilen, mit väterlicher Vorsicht über sie zu wachen und alle ihre Schritte zu leiten! sondern er verwendete einen großen Theil seiner Zeit, um für diese seine Schüler schriftliche Belehrungen über das geistliche Leben zu verfassen. Nach seinem Tode hat man über zweihundert derartige Aufsätze gefunden, die er alle in mehreren Abschriften unter seine Schüler vertheilt hatte. Verjus versichert, daß sie mit einer ganz eigenthümlichen Salbung des heil. Geistes geschrieben, und voll jener himmlischen Kraft sind, die so geeignet ist, die Herzen der Leser mit Verachtung der Welt und Liebe Gottes zu durchdringen. —

Es erregt aber wahrlich Erstaunen, wie erfinderisch und unermüdlich die Liebe war, mit der unser Missionär für seine geistlichen Kinder sorgte. Wir haben schon der Bilderbücher erwähnt, durch welche er fromme Wittwen ebenso in der christlichen Ascese, wie das Volk durch die größeren Gemälde in der einfachen Glaubens= und Sittenlehre unterwies. Auch diese Bildersammlungen vermehrte er durch immer neue Erfindungen, und ließ davon eine große Anzahl von Nachbildungen verfertigen, welche jenen, die nicht lesen konnten, statt geistlicher Bücher dienten. — Derartige Gemälde oder Zeichnungen pflegte er aber ebenso, wie seinen mündlichen Unterricht nicht nur der Fassungskraft, sondern auch der Lebensart und den Beschäftigungen seiner Schüler anzupassen. So ließ er für Soldaten ein Schlachtfeld oder die Belagerung einer Festung malen, um ihnen den Kampf wider die unsichtbaren Feinde unseres Heiles, und die Weise, wie wir uns in demselben benehmen müssen, deutlich zu machen. Den Schiffsleuten zeigte er unter dem Bilde eines Sturmes auf dem Meere die Gefahren, welche die Seele in diesem Leben bedrohen; und wenn er Landleute unterrichten wollte, knüpfte er seine Lehren an die verschiedenen Felder, Wege, Schlösser, Hütten, Dörfer, Berge und Thäler, die er auf einem Landschaftsgemälde darstellen ließ. Endlich hatte er auch eine Menge verschiedener Lebensregeln entworfen, in denen er bis auf die kleinsten Umstände das Verhalten bezeichnete, welches ein jeder nach seinem Alter, Geschlechte und Stande beobachten müsse, um die gewöhnlichen Sünden und Unvollkommenheiten der Weltmenschen zu vermeiden, und sich in der Liebe Gottes zu vervollkommnen. Von solchen Regeln pflegte er dann beim Wechsel des Jahres seinen Schülern diejenigen, welche für sie paßten, in einer Abschrift als ein

Neujahrsgeschenk zu übergeben. Kann man sich wundern, wenn Gott einer solchen Thätigkeit seinen Segen gab?

XV.
Gott ertheilt dem Missionär die Gabe der Wunder.

Lenobletz setzte sein apostolisches Wirken auf der Küste von Douarnenez eine lange Reihe von Jahren fort, und ohne Zweifel war sein Leben und Wirken selbst das größte und rührendste Wunder, das wir von ihm erzählen können. Doch es gefiel Gott, auf das Gebet seines Dieners auch manche jener außerordentlichen Erscheinungen hervorzubringen, die wir leichter als Wirkungen seiner Allmacht erkennen, und die deßhalb auch geeigneter sind, unsern Glauben und unser Vertrauen zu stärken. Ehe wir nun einige dieser übernatürlichen Thatsachen erzählen, scheint es uns nicht überflüßig, Verjus, dessen Werke wir sie entnehmen, über die Art, wie er sich von denselben Gewißheit verschaffte, reden zu lassen. Nachdem er über die Gabe der Wunder und den Glauben an dieselben im Allgemeinen gesprochen hat, fährt er also fort:

„Ich gestehe offen, daß mir selber jene weise Einfalt des Glaubens, die ich von meinen Lesern verlange, eine Zeitlang mangelte, und daß ich bei Unternehmung dieses Werkes den Entschluß hatte, kein Wunder, noch irgend etwas, das weniger frommen Menschen unglaublich scheinen könnte, in dasselbe aufzunehmen. Ich wollte das Publikum nur erbauen, und machte keinen Anspruch, Bewunderung zu erregen. Aber indem ich alle Denkschriften über das Leben dieses heiligen Priesters und die glaubwürdigen Aus=sagen so vieler Zeugen über die Wunder, die durch seine

Fürsprache geschehen sind, noch einmal durchsah, — ich habe mir aber von denselben Abschriften in der allerauthentischsten Form verschafft, — fühle ich mich endlich von der Wahrheit dessen überzeugt, was tugenhaftere Männer keine Schwierigkeit gehabt hätten, gleich anfangs für wahr zu halten. Ich meinte nun aber nicht, daß mein anfänglicher Mangel an Glauben meinen Lesern so manche Dinge, die ihren Glauben stärken könnten, vorenthalten dürfte, noch auch daß ich ein Recht hätte, klüger sein zu wollen, als sämmtliche h. Väter, die dafür hielten, daß gut bewiesene und auf zuverläßige Zeugnisse gestützte Wunder geeignet seien, Gott zu verherrlichen. Indem ich also manches Wunderbare, welches mir nur durch Gerüchte bekannt war, deren erste Quelle ich durch sorgfältig angestellte Untersuchungen nicht entdecken konnte, verwarf; machte ich jedoch keine Schwierigkeit, dasjenige aufzunehmen, wovon ich Beweise in Händen hatte, die mich hieran so wenig, als an dem, was man mit eignen Augen sieht, zweifeln ließen."

„Ich will meine Leser hier nicht um einen Glauben bitten, den sie nur von der Eingebung Gottes erwarten können, wenn sie ihn den menschlichen Zeugnissen, durch welche, was ich erzähle, bekräftigt wird, versagen. Ich kann ihnen nur sagen, daß es wenige Heilige giebt, über deren Leben man genauere Untersuchungen angestellt hat, und deren außerordentliche Handlungen und Wunder durch die feierlichen Eidschwüre einer größeren Anzahl von höchst achtungsvollen Personen, oder mit größerer Uebereinstimmung der Zeugenaussagen bewiesen sind. Alle in der Kirche gebräuchlichen Formen sind dabei beobachtet worden, und sehr weise Prälaten haben Männer damit beauftragt, die sich durch ihre Tugend auszeichnen, und sowohl im geistlichen Leben, als auch in der Seelsorge zu den erleuchtetsten unsers Jahrhunderts gehören."

So weit Verjus. Wir haben schon oben der großen und wunderbaren Gnadenwirkungen erwähnt, die Gott unserm frommen Priester im Gebete zu ertheilen pflegte. Er suchte die Wirkungen derselben vor den Augen der Menschen zu verbergen; aber Gott wollte, daß sie wenigstens zuweilen offenbar würden. Diejenigen, welche ihn in seinem einsamen Gebete beobachteten, sahen ihn mehrmals über der Erde erhoben, und von himmlischem Glanze umflossen. Es geschah auch, daß Lenobletz, der unter allen Beschäftigungen die Unterhaltung mit Gott fortsetzte, im Beisein anderer seine Seele von jener Gnade ergriffen fühlte, die ihn den Sinnen zu entrücken pflegte. Er suchte sich dann zu entfernen, oder setzte sich wenigstens, wenn dies unmöglich war, in einem Winkel nieder, das Gesicht mit den Händen bedeckend, als schlafe er. Aber aus dieser Art von Entzückung erwachend, verkündigte er, dem Geiste Gottes gehorchend, nicht selten Ereignisse, die ihm nur aus göttlicher Offenbarung bekannt sein konnten. So sagte er die Geburt Ludwig XIV. fast ein ganzes Jahr voraus, und bezeichnete zugleich mehrere Eigenschaften dieses großen Monarchen. Auch die Wahl des Papstes Innocentius X. kündigte er in derselben Stunde in Bretagne an, als sie in Rom geschah, und fügte sogar den Namen hinzu, den der neue Papst gewählt habe. Oftmals sagte er den Eltern das Schicksal ihrer Kinder, den Sündern ihr trauriges Ende, öfter den Kranken ihre Genesung, und den Versuchten oder Büßenden die Gnade, durch welche Gott ihnen zu Hülfe kommen werde, vorher. Manche Kranke sandten aus weiter Ferne zu ihm, um sich seinen Gebeten empfehlen zu lassen; aber er versicherte diejenigen, welche ihm eine solche Botschaft bringen sollten, sobald als er sie sah, von der Genesung der Kranken. Er hatte diese von Gott erfleht, ehe ihm die Krankheit durch Menschen konnte bekannt geworden sein.

Sehr groß nähmlich war die Zahl derjenigen, welche durch das Gebet des frommen Lenobletz von ihren Krankheiten auf wunderbare Weise genasen. Es genüge uns, einige wenige Beispiele zu vernehmen. Eine tugendhafte Dame, Fr. von Kerourien, von hohem Range, erzählt, was sie an sich selbst erfahren, in einem Briefe auf folgende Weise:

Ich wurde zu Quimper, als ich etwa zehn Jahre alt war, von einem anhaltenden Fieber ergriffen. Fünf bis sechs Wochen hatte dasselbe gedauert, als mich ein beständiger Verlust des Blutes, das mir in großer Menge aus Mund und Nase floß, in einen solchen Zustand versetzte, daß alle Aerzte der Stadt, die mich seit dem Anfange meiner Krankheit behandelt hatten, jede Hoffnung aufgaben. Dieser ungewöhnliche Vorfall machte so großes Aufsehen in der Stadt, daß Jedermann herbeieilte, mich zu sehen. Die einen betrachteten mich mit Mitleiden, die andern suchten das Blut aufzuhalten; man legte mir Ringe an die Finger, hing mir Rosenkränze um den Hals, und berührte mich mit verschiedenen Reliquien; aber nichts von allem diesem hatte auch nur die geringste Wirkung. Es war also nur Eine Stimme, daß ich sterben müsse. Als Herr Lenobletz kam, näherte er sich meinem Bette, und las, nachdem er mich eine kurze Zeit betrachtet hatte, das Evangelium. Kaum hatte er geendigt, als auch das Blut aufhörte zu fließen: ich fiel in einen tiefen Schlaf, der zwei Stunden dauerte. Als der gottselige Priester sah, daß alle Umstehenden über eine solche Veränderung erstaunten, zog er sich sogleich zurück, dem Lobe, daß man ihm spenden wollte, auszuweichen. Ich aber verlangte, sobald ich erwachte, zu essen, obschon ich seit mehreren Tagen nichts hatte schlucken können. Jeder eilte voll Freuden, mich zu bedienen; ich aß mit Lust, und fand mich so vollkommen gesund, daß man alle Mühe hatte, mich diesen Tag hindurch noch im Bette zu halten. Ich war übrigens nicht so jung, daß ich mich nicht an alles dieses recht deutlich erinnern könnte."

Obschon das Zeugniß dieser Dame für sich allein allen Glauben verdient, so ist doch das Wunder, welches sie erzählt; mit allen Umständen, auch noch von mehreren sehr achtbaren Personen, die alles mit eigenen Augen angesehen, gerichtlich bestätigt worden.

Eine Frau zu Douarnenez hatte eine höchst gefährliche Geschwulst am Beine. Die Aerzte des Ortes wußten keine Hülfe; man ließ also einen berühmten Wundarzt von Bordeaux kommen, der sogleich erklärte, daß das Bein abgenommen werden müßte. Lenobletz bat, die Operation auf den folgenden Tag zu verschieben, machte nach Entfernung des Arztes das Kreuzzeichen über die Kranke, und am folgenden Morgen war sie vollkommen geheilt. Auf ähnliche Weise heilte er durch das Zeichen des Kreuzes den Arm einer Frau, welcher schon vom kalten Brande ergriffen war.

Eine vornehme Dame kam von Crozon nach Douarnenez, um dem Unterrichte des frommen Priesters beizuwohnen. Aber sie brach unterweges ein Bein, und wurde wieder nach Hause getragen. Nachdem sie lange Zeit unter den Händen der Wundärzte gelitten hatte, ohne auch nur den geringsten Gebrauch ihres Beines, das schlecht zusammengesetzt war, wieder zu erhalten; besuchte sie Lenobletz, der von ihren Leiden benachrichtigt worden war. Er machte das Zeichen des Kreuzes über das gebrochene Bein, und gab ihr seinen Stock, als sollte sie sich darauf stützen.

Die Dame fing sogleich ohne alle Mühe zu gehen an, und fühlte sich im Stande, ohne den geringsten Schmerz auch eine große Strecke Weges zurückzulegen; aber Lenobletz, immer bemüht, alles Aufsehen zu vermeiden, bat sie, während der ersten acht Tage das Haus nicht zu verlassen.

Indessen wir würden kein Ende finden, wenn wir alle verschiedenen Uebel und Krankheiten, welche Gott auf das Gebet seines Dieners heilte, einzeln aufzählen wollten. Es genüge im Allgemeinen zu bemerken, daß er nicht wenige, die an einem hartnäckigen Fieber, an der Wassersucht, der Lungenentzündung, und anderen gefährlichen Krankheiten darniederlagen, durch das bloße Zeichen des Kreuzes der nächsten Todesgefahr entriß. Blinde erhielten durch sein Gebet das Gesicht, Taube das Gehör, Gichtbrüchige den Gebrauch ihrer Glieder zurück. Man sieht also, daß der Missionär, dessen Tugenden wir bewundert haben, zu jenen auserwählten Seelen gehörte, an welchen die Weissagung des Herrn, daß denen, die an seinen Namen glauben, nichts unmöglich sein werde, zu allen Zeiten in Erfüllung geht. —

Einer der Zwecke, weßhalb Gott die Wundergabe ertheilt, ist, die außerordentliche Sendung apostolischer Männer, dem Volke, unter dem sie wirken sollen, kund zu geben. Lenobletz aber hatte ohne Zweifel keine gewöhnliche Sendung. Er sollte nicht nur ganze Gegenden aus der tiefsten Nacht der Unwissenheit und Sünde befreien, sondern auch den Männern, die nach ihm in seinem Geiste wirkten, den Weg bereiten. Wir haben gesehen, daß er keine Opfer und keine Anstrengung scheute, um einem solchen Berufe zu entsprechen; Gott also wollte, daß ihm auch keines jener Zeichen fehle, an welchem man erkenne, daß Er es sei, der ihn sende. Unter diesen Zeichen ist nun aber keines augenscheinlicher und größer, als die Auferwe=

ckung der Todten; nur der Schöpfer ist Herr des Lebens und des Todes. „Wir haben, sagt Verjus, Beweise und Zeugen, die keinem Zweifel Raum lassen, daß Gott Lenobletzen auch diese Gnade einigemal verliehen hat."

Eine Frau zu Douarnenez, Margaretha Lelabour, war während ihrer Schwangerschaft durch das Gebet des frommen Priesters von schweren Leiden des Leibes und der Seele befreiet worden: aber das Kind, von dem sie glücklich entbunden wurde, schien von Gott nur darum beim Leben erhalten zu sein, weil er an ihm einen noch größeren Beweis von der Kraft des Gebetes seines Dieners geben wollte. Es starb, noch ehe es ein Jahr alt war, und wurde in Gegenwart der Mutter und mehrerer Personen von einer frommen Wittwe in den Sarg gelegt. Die Leiche blieb vierundzwanzig Stunden im Sarge über der Erde stehen, und sehr viele Leute kamen, um sie nach der Sitte des Landes mit dem Weihwasser zu besprengen, das in einer kleinen Schale auf der Brust des todten Knaben stand. Eben war man im Begriff, ihn zur Erde zu bestatten, und die Mutter bat gerade einige ihrer Bekannten um diesen Liebesdienst, als der Missionär in's Haus trat, sie zu trösten. Er sagte ihr, sich nicht ferner nach Personen umzusehen, die ihr Kind begrüben, sondern getrost ihr und ihres Kindes Schicksal Gott anheim zu stellen. Die gute Frau hatte an sich selbst erfahren, wie viel das Gebet dieses Gerechten bei Gott vermöge; sie gehorchte ihm, ohne jedoch zu verstehen, was er habe sagen wollen. Jetzt sah man den Missionär auf seine Kniee niedersinken, und eine Zeitlang in tiefer Versammlung beten. Dann stand er auf, machte das Kreuzzeichen auf dem Munde des todten Kindes, und entfernte sich sogleich aus dem Hause. Wie groß war das Erstaunen der Umstehenden, als der Knabe die Augen aufschlug, und nicht nur lebend, sondern auch so gesund befunden wurde, als er vor der Krankheit gewesen war. — Nicht nur die Mutter und andere Personen haben vor Gericht bezeugt, daß sie Augenzeugen dieses Wunders gewesen; sondern jene tugendhafte Wittwe, welche das Kind in den Sarg gelegt, hat auf dem Todesbette, als sie eben gebeichtet und die h. Wegzehrung empfangen hatte, noch einmal mit einem Eidschwur alles, was wir eben berichtet haben, bestätigt. —

XVI.
Pater Quintin's letzte Lebensjahre.

Es waren nun bereits dreizehn Jahre verflossen, seitdem Lenoblet auf der Küste von Douarnenez sein Wirken begonnen hatte, und noch fand er in der volkreichen Gegend eine so reiche Erndte für die Schnitter des Herrn, daß er im Jahre 1628 den Pater Quintin bat, zu ihm zu kommen, um mit ihm vereinigt, an dem Heile und der Vervollkommnung seiner „lieben Kinder von Douarnenez" zu arbeiten. Die letzten Missionen, welche die beiden tugendhaften Priester zusammen gegeben hatten, waren jene in dem Bisthum Leon; aber durch beständigen Briefwechsel und durch Besuche, die sie sich von Zeit zu Zeit abstatteten, hatten sie fortwährend in der innigsten Verbindung gestanden. Die Mission zu Douarnenez war eine der letzten, durch die Quintin Gott in diesem Leben verherrlichte: doch ehe wir von dieser und seinem Ende reden, müssen wir einen Blick auf sein so schönes und thätiges Leben zurückwerfen.

Er war ein Mann voll feurigen Eifers und unerschütterlicher Standhaftigkeit. Durch die Missionen, welche er seit der Trennung von seinem Freunde Lenoblet mit einem

Geistlichen seines Ordens gab, war er der Apostel zweier bischöflichen Sprengel geworden; aber die allerschwierigste Mission hatte er zur selben Zeit innerhalb der Mauern seines Klosters gehalten. Denn sie dauerte viele Jahre hindurch, und war so voll der bittersten Peinen, daß nur eine so hochherzige Geduld, als die seinige war, ausdauern konnte. Das allgemeine Verderben nämlich, welches in Bretagne herrschte, war auch in die Gott geweihete Stätte gedrungen, und die Bewohner des Klosters zu Morlaix lebten, ihres Berufes uneingedenk, in ärgerlichem Leichtsinne dahin. Quintin wußte dies recht wohl, als er sich als Noviz in dieses Kloster aufnehmen ließ; aber Gott hatte ihm den Gedanken eingegeben, daß er mit dem Beistande der Gnade die Zucht nach und nach wieder herstellen, oder doch wegen des frommen Eifers für dieselbe recht vieles leiden könne. Ein solcher Entschluß gehört freilich zu dem, was wir in dem Leben heiliger Männer vielmehr bewundern, als nachahmen sollen. Was in einem Manne, der bereits mehr als vierzig Jahre zählte, und durch ein zwölf Jahre rastlos fortgesetztes Streben nach der höchsten Vollkommenheit am Geiste erstarkt, und in den innigsten Verkehr mit Gott getreten war, was, sage ich, in einem solchen Manne als ein Entschluß der heldenmüthigsten Liebe erscheint: würde in jemand, der den Weg der Tugend kaum betreten, und in den Ordensstand nicht viel mehr als fromme Wünsche und Gefühle mitbringt, eine Vermessenheit sein, die ihn gar leicht ins Verderben stürzen könnte.

Während des Probejahrs, das er in den Uebungen der Demuth und Buße zubrachte, begnügte sich Quintin, für seine nunmehrigen Mitbrüder die heißesten Gebete Gott aufzuopfern. Nachdem er aber die Gelübde des Ordens abgelegt hatte, begann er von seinem Vorhaben zu einem und

dem andern zu reden, und nicht mehr bloß durch sein Bei=
spiel zu der Heiligkeit des Lebens, welche die Regeln des
Ordens vorschreiben, aufzumuntern. Aber diese Unglückli=
chen waren weit entfernt, ihm Gehör zu geben. Es wurde
bald im Kloster bekannt, was Quintin beabsichtigte, und
von nun an hatte er die schmerzlichste Verfolgung zu er=
dulden. Nicht genug, daß man seinen Gedanken lächerlich
fand, und ihn für einen stolzen Menschen schallt, der, noch
ein Neuling des Ordens, die Männer, welche in ihm er=
graut waren, lehrmeistern wolle: man suchte ihm auch sein
frommes Leben so zu verbittern, daß er entweder demsel=
ben zu entsagen, oder doch das Kloster zu verlassen ge=
zwungen würde. An der Standhaftigkeit Quintins und an
seinem aufrichtigen Verlangen, für Jesus Christus zu lei=
den, scheiterten alle diese Versuche.

Nichts destoweniger wurde Quintin nicht lange nachher
von eben diesen Ordensleuten zum Novizenmeister erwählt;
sei es, daß dieselben die Tugenden, die sie selbst zu üben
den Muth nicht hatten, dennoch in den Jüngern ihres Or=
dens zu sehen wünschten, sei es, daß Gott, der die Herzen
der Menschen in seiner Gewalt hat, durch andere Vorstel=
lungen sie lenkte. Von jetzt an war also die Zukunft des
Klosters zum großen Theil in die Hände Quintins gelegt.
Aber auch unter den ältern Klosterleuten fand er nach und
nach einige, die durch sein Beispiel und seine Worte bewo=
gen wurden, den Kampf mit ihrer bösen Gewohnheit zu
versuchen, und durch die Beobachtung strengerer Zucht nach
jenem stillen Glücke zu trachten, das unter den Dornen der
Entsagung und Selbstverläugnung unfehlbar emporblüht.
Zwar hatte er noch viele Jahre hindurch mancherlei Ver=
folgungen zu erdulden; aber vor seinem Ende sah er sich
an dem Ziele seiner Wünsche. Die ganze Klostergemeinde

war von einem andern Geiste beseelt, und erbaute jetzt die Gläubigen durch ihren Eifer eben so sehr, als sie früher dieselben durch ihre Zügellosigkeit geärgert hatte. Das fromme Streben nach ihrer eignen Vervollkommnung entzündete in diesen Ordensmännern nun auch das Verlangen, das Reich Gottes unter den Menschen zuzubreiten, und es giengen aus ihnen mehrere Missionäre hervor, die das von Lenobletz und Quintin begonnene Werk weit und immer weiter verbreiteten.

Quintin ließ sich durch die Beschäftigungen, die er im Kloster hatte, nicht abhalten, als Missionär unter dem Volke zu wirken. Nach jenen Missionen, die er mit Lenobletz in der Gegend von Morlaix hielt, hatte er sich auch zu verschiedenen Malen mit ihm in der Diöcese Leon vereinigt. Seitdem aber Lenobletz in dem Bisthum Cornouailles wirkte, setzte Quintin mit einem Geistlichen seines Ordens die Missionen in der Diöcese Treguier, zu der Morlaix gehörte, fort. Er änderte nichts in seiner strengen Lebensart. Gerstenbrod und Milch waren seine einzige Nahrung, nach zwei bis drei Stunden Schlaf brachte er den übrigen Theil der Nacht im Gebete zu, und war den ganzen Tag hindurch unermüdlich mit Predigen, Beichthören und Katechisiren beschäftigt. Die Früchte seiner apostolischen Arbeiten waren so groß, daß der Bischof, wenn er die Diöcese bereiste, ihn von Pfarre zu Pfarre vor sich her schickte, damit er das Volk vorbereite. — Aber auch wenn er seines Amtes wegen im Kloster sich aufhielt, benutzte er wenigstens die Sonn- und Feiertage, um das Wort Gottes zu verkündigen. In der Frühe begab er sich auf das Land, predigte und katechisirte fast den ganzen Vormittag und in die Stadt zurückgekehrt, setzte er in ihr dieselben Verrichtungen bis Sonnenuntergang fort, so daß er öfters an einem Tage sechs bis sieben Predigten gehalten haben soll. Das heilige

Feuer, von dem er durchdrungen war, schien auch die Kräfte seines Körpers unter so unerhörten Anstrengungen zu erhalten. Denn man bedenke, daß seine Vorträge nicht etwa blos durch eine populäre Darstellung belebt, sondern auch von der Gluth, die sein Herz erfüllte, durchdrungen waren. Die Erschütterung, welche seine gewaltige Beredsamkeit in den Zuhörern hervorbrachte, hatte er zuerst und am meisten empfunden. Dennoch kehrte er von diesen Arbeiten zu den klösterlichen Verrichtungen nicht anders zurück, als wären sie für ihn Erholungen gewesen. Man sah ihn an solchen Tagen nicht selten das karge Mahl, das er nach seiner Rückkehr im Kloster einnahm, auf den ersten Ton der Glocke, welche die Gemeinde in den Chor rief, unterbrechen; und selbst, wenn er erst spät Abends, vom Regen durchnäßt, zurückgekommen, war er der erste, der sich um Mitternacht zu den Metten einfand, und der letzte, der die Kirche verließ. Bei allem dem glaubte er durch den Eifer, mit welchem er dem Dienste des göttlichen Wortes oblag, nur eine strenge Pflicht zu erfüllen, und hatte immer die Worte des Apostels gegenwärtig: „Wehe mir, wenn ich nicht das Evangelium verkündige." Er war jedoch keinesweges von fester Gesundheit, und seine übrigen Leiden wurden durch häufige Krankheiten vermehrt. Aber mehr als einmal erhob er sich von dem Krankenlager, auf dem er die ganze Woche hindurch gesiecht hatte, sobald der Sonn= oder Festtag, den er zu einem Ausflug auf das Land bestimmt hatte, anbrach, voll Kraft und Gesundheit, und brachte den ganzen Tag in seinen gewöhnlichen Beschäftigungen unter dem Landvolke zu. So sehr ist Gott bereit, auch durch außerordentliche Gnaden den Eifer derer zu unterstützen, welche nach dem Heile der Seelen dürsten!

War nun schon dieser Eifer an sich geeignet, ihm das Vertrauen des Volkes zu gewinnen; so fesselte er alle Herzen an sich durch jene Werke der Liebe, die er nach dem Beispiele seines Freundes uud Führers unermüdlich übte. Ueberhaupt war seine Thätigkeit den Armen und unter den Armen den Kranken vorzugsweise zugewendet: aber er begnügte sich nicht, sie in ihren Hütten aufzusuchen, je nach ihrem Bedürfnisse zu trösten, zu unterrichten, zu ermahnen; sondern er hatte auch alle Sorge, ihr mannigfaltiges Elend zu mildern. Er hatte keine Einkünfte, die er unter sie vertheilen konnte; aber er klopfte für sie an die Thüren der Reichen. Wenn ihn die Reihe traf, für das Kloster Almosen zu sammeln; sah man ihn stets mit leeren Händen zurückkommen, obschon die Gaben der Gläubigen ihm reichlicher, als irgend einem andern zuflossen. Man hatte ihm nämlich erlaubt, alles, was er empfieng, unter die Armen zu vertheilen, wohl wissend, wie sehr ihm die Noth derselben zu Herzen gieng.

Ein besonderer Zug in dem Charakter dieses frommen Ordensmannes war eine außerordentliche Ehrfurcht vor der Majestät Gottes. Er konnte den Namen Gottes nicht aussprechen, ohne daß die tiefe Bewegung seines Gemüthes sichtbar wurde, und keine Lästerung desselben vernehmen, ohne in heiligen Zorn zu entbrennen. Aber eben diese Ehrfurcht machte ihm auch jede andere Sünde unerträglich. Der Anblick derselben erfüllte ihn mit dem bittersten Schmerz, und keine menschliche Rücksicht hielt ihn ab, diejenigen, welche sie begiengen, zurecht zu weisen. In den Fastnachtstagen sah man ihn in die Stadt hinausgehen, um das Volk von den oft ärgerlichen Schauspielen abzuwenden, und die große Achtung, welche ihm seine Tugenden erworben hatten, kam seinem Eifer zu Hülfe. Sein Anblick genügte, um den gefährlichen Thorheiten jener Tage ein Ende zu machen. Die Masken verschwanden, und Quintin predigte auf öffentlicher Straße. Von dort begab er sich in die Hallen, wo Spiele und Tänze die Leidenschaften reizten. Denn die Freimüthigkeit, mit welcher er der Sünde in den Weg trat, beschränkte sich nicht auf die niedern Klassen des Volkes; sie dehnte sich auf alle Stände aus, und auch die Vornehmsten der Stadt erinnerte er, mit Achtung und Klugheit zwar, aber eben deßhalb nur mit um so größerem Nachdrucke, an ihre Pflicht. —

Eben dieser Eifer für die Ehre Gottes flößte ihm eine besondere Andacht zu dem h. Erzengel Michael ein. Er redete oft von ihm, sowohl in gewöhnlichen Unterhaltungen, als auch auf der Kanzel; und knüpfte, was er zum Lobe oder über die Nachahmung desselben sagte, gewöhnlich an die Erklärung seines Namens: Wer ist wie Gott? — Es möchte überflüssig scheinen, von der Verehrung und Liebe zu reden, mit der Quintin dem Gründer und Vollender unseres Glaubens ergeben war. Jesus Christus, in dem für uns alle Schätze der Erbarmungen Gottes niedergelegt sind, muß für jeden Christen, geschweige denn für jeden Priester der Mittelpunkt seines ganzen innern Lebens sein. Aber einige Züge, die man uns im Leben Quintin's*) aufbewahrt hat, vollenden das schöne Bild eines wahren Priesters Christi. Quintin war so voll inniger Andacht gegen das allerheiligste Altarssakrament, daß er nicht nur manche Stunden der Nacht vor demselben zubrachte, sondern auch auf seinen Reisen, sobald er in einem Orte ankam, sich geradenweges in die Kirche begab, und wenn er sie verschlossen fand, vor der Thüre derselben das Hochwürdigste eine geraume Zeit anbetete. Der gewöhnliche Gegenstand seiner Betrachtungen war das bittere Leiden

---

*) Das Leben Quintin's wurde zuerst im Jahre 1664 von Rechar, alsdann im Jahre 1668 von Guillouzou herausgegeben.

des Herrn, und er gieng bei keinem der Kreuze, die in Bretagne an allen Wegen in großer Zahl aufgepflanzt waren, vorüber, ohne das Geheimniß unserer Erlösung knieend anzubeten. Wenn er aus der Ferne den Kirchthurm seines Geburtsortes sah; bat er seinen Begleiter, sich mit ihm niederzuwerfen, um Gott zu danken, daß er ihn durch das h. Sakrament der Taufe in die Religion Jesu Christi aufgenommen habe.

Diese Andacht, womit er dem göttlichen Heilande ergeben war, erzeugte in ihm jenes heldenmüthige Verlangen, durch die bittersten Leiden ihm ähnlich zu sein. Der Gekreuzigte, noch immer den Ungläubigen eine Thorheit, wie den Juden ein Aergerniß, war für ihn, den wahrhaft Gläubigen in der That Weisheit und göttliche Kraft. Gott ließ ihn denn auch einen reichen Theil an dem Kreuze Christi haben. Zu den herben Verfolgungen, die er so viele Jahre von seinen Brüdern im Kloster erdulden mußte, zu den vielen Kränkungen, die sein Eifer ihm außer dem Kloster zuzog, zu den innern Peinen, mit welchen Gott von Zeit zu Zeit seine treuesten Diener prüft, kamen mancherlei Krankheiten, die ihm die Mühen und Entbehrungen seines apostolischen Lebens zuzogen, und in dem letzten Jahre sehr heftige und anhaltende Schmerzen in mehreren Theilen des Körpers. Dennoch ließ er sich nicht abhalten, der Einladung Lenobletzens zu folgen. Er kam mit einem andern Geistlichen seines Ordens nach Douarnenez, und obgleich von Alter gebeugt, — und von Schmerzen gefoltert, predigte er alle Tage mit jenem Feuer und jener Salbung, die man immer in seinen Reden empfunden hatte. Die Früchte dieser letzten Mission, zu der sich Lenoblez und Quintin vereinigten, waren außerordentlich groß, und verbreiteten sich über die ganze Küste.

Im folgenden Jahre hatte der Dominikanerorden in Frankreich eine Versammlung, die man Provinzial=Capitel nennt, und Quintin wurde von seinem Kloster gewählt, um auf dieselbe den Prior zu begleiten. Er umarmte seine Mitbrüder beim Abschiede mit besonderer Zärtlichkeit, und sagte einem derselben mit den bestimmtesten Worten, daß er ihn in diesem Leben nicht wieder sehen werde. Gott hatte ihm das nahe Ende seiner irdischen Laufbahn geoffenbaret, und er glaubte sich auf dasselbe nicht besser vorbereiten zu können, als durch eben jene Werke des Seeleneifers, in denen er ergraut war. Auf der ganzen Reise nach Rouen, dem Orte der Versammlung, und in dieser Stadt selbst benutzte er jede freie Stunde, um, wenn nicht in der Kirche zu predigen, die Armen und die Kinder auf den Gassen und öffentlichen Plätzen zu unterrichten und zu ermahnen. — Auf der Rückreise wurde er zu Vitré, einer Stadt in Bretagne, von einem heftigen Fieber ergriffen. Er sah seinem Ende mit Ruhe entgegen, und es gereichte ihm zum Troste, in einem Kloster seines Ordens, umgeben von seinen Brüdern, aus diesem Leben zu scheiden. An einem Freitage, Nachmittags gegen drei Uhr, hob er Augen und Hände zum Himmel empor, und übergab seinen Geist in die Hände des Erlösers, für den er in reinster Liebe gelebt und geduldet hatte, und der ihn an demselben Tage der Woche und in derselben Stunde zu sich rief, in welcher er am Kreuze, das Quintin so sehr geliebt, verschieden war. —

Sein Sterbetag war der 21. Juni 1629; er hatte sechzig Jahre gelebt. Der Ruf seiner Heiligkeit hatte sich schnell in der ganzen Gegend verbreitet, und das Volk strömte herzu, bei seiner Leiche zu beten. Er ward in der Kirche seines Ordens bestattet, und sein Grab blieb für die

Gläubigen eine heilige Stätte, bis die scheußliche Revolution am Ende des vorigen Jahrhunderts Kirche und Kloster zerstörte. —

XVII.

Margaretha Lenobletz.

Wenige Jahre nach dem Tode Quintin's verlor Lenobletz auch seine Schwester Margaretha. Dieselbe hat an dem Unternehmen des Missionärs so großen Antheil gehabt, daß einige nähere Nachrichten über sie unsern Lesern ohne Zweifel angenehm sein werden.

Nicht lange nachdem die Eltern Lenobletzen's den Weg der christlichen Vollkommenheit betreten hatten, fühlte auch Margaretha sich von der Gnade Gottes mächtig ergriffen. Sie theilte die Veränderung, die in ihrem Innern vorgegangen war, ihrem Bruder mit, und dieser war darüber um so mehr erfreut, als er für sie mit besonderer Inbrunst Gottes Barmherzigkeit angefleht hatte. In der Blüthe der Jugend, — sie zählte damals fünfundzwanzig Jahre, — von lebhaftem und unternehmendem Geiste, aber voll Begierde zu glänzen, und die Vorzüge ihrer Geburt und ihrer Talente geltend zu machen, war sie zwar am wenigsten im Stande gewesen, dem Leben der Armuth und Entsagung, dem sich der junge Priester geweiht, eine reizende Seite abzugewinnen; jedoch auch zu edelmüthig, um wegen Tugenden, die sie nicht Muth hatte nachzuahmen, ihrem Bruder übel zu wollen. Auch als er von der ganzen Familie verfolgt oder verlassen war, hatte sie, deren Sitten den seinigen vielleicht am grellsten widersprachen, nicht aufgehört, ihm Beweise zärtlicher Liebe zu geben.

Lenobletz stand über den Weg, auf welchem eine solche Seele zu Gott geführt werden müsse, nicht in Zweifel; er wußte, daß große Opfer von ihr gefordert würden, aber daß sie auch im Stande wäre, sie zu bringen. Er war zunächst bemüht, ihr einen großen Abscheu vor dem Geiste und den Grundsätzen der Welt einzuflößen, und ihr den Adel und das reine Glück der Nachfolge Christi zu ent=
hüllen. Gott hatte ihr den Sinn für die Wahrheiten des Glaubens aufgeschlossen, ihr Herz erglühte, und schon ergab sie sich mit größerem Eifer den Werken, in denen sie alle Hoffart mit Füßen trat, als sie vorher die Gelegenheiten gesucht hatte, sich mit dem eitlen Glanze der Welt zu um=
geben. Ihre Hauptleidenschaft zu überwinden, verschenkte sie der Reihe nach ihre Perlenschnüre, Ringe und alle kostbaren Gewänder. Ein Diamant von großem Werthe und ein Kleid von seidenem Stoffe blieben ihr noch übrig; nicht ohne heftigen Kampf mit sich selber gab sie auf den Rath ihres Bruders auch diese zwei armen Frauen, die an der Thüre des Schlosses Kerodern um Almosen baten. Von jetzt an herrschte die Gnade ganz in ihrem Herzen; sie kannte kein Verlangen mehr, als von allen Bequemlich=
keiten und von allem Prunk der Welt entfernt, Gott und Gott allein anzugehören. Sie verließ das elterliche Schloß, und begab sich, von einer tugendhaften Frau begleitet, nach Morlaix, wo eben ihr Bruder seine Missionen begon=
nen hatte. Unterwegs schnitt sie sich die Haare ab, durch die sie den Menschen zu gefallen gesucht hatte, und hüllte sich in das grobe Gewand einer armen Bäuerinn, der sie für dasselbe ihre Kleider geschenkt hatte. Sie wollte in diesem Aufzuge vor ihrem Bruder erscheinen, um ihm durch die That zu beweisen, daß sie entschlossen sei, der Welt und ihren Sitten ganz zu entsagen. Lenobletz führte sie zu

einer Dame ihres Standes, die bereits seit einiger Zeit
ebenfalls den Weg des Kreuzes Christi betreten hatte, und
befahl ihr, derselben in allem zu gehorchen. Margaretha
mußte sich nun entschließen, nicht nur in der Einsamkeit
einer ärmlichen Wohnung den Uebungen des Gebetes und
der Buße obzuliegen, sondern sich auch in einem Anzuge,
der einer solchen Lebensart entsprach, dem Gelächter des
Pöbels und dem Zorne ihrer Verwandten auszusetzen. Sie
that es mit großmüthiger Standhaftigkeit. Die Liebe des
Gekreuzigten, welche ihr zu allen diesen Opfern Kraft ver=
lieh, war zugleich ihr überaus reichlicher Lohn. —

Lenobletz, der einsah, daß Gott diese Seele zu großen
Dingen berufen hatte, glaubte sie mehr und mehr in der
Demuth, dem einzig sichern Grunde aller Vollkommenheit,
befestigen zu müssen. Darum that er sie auf ein ganzes
Jahr bei einer sehr armen Frau in die Kost. Margaretha,
als gehörte sie zur Familie, durfte sich weder durch bessere
Kleidung, noch durch andere Speisen unterscheiden, und die
Zeit, welche sie dem Gebete nicht widmete, mußte sie mit
Spinnen und Nähen zubringen, um durch diese Handar=
beiten einiges Geld zu gewinnen, das sie unter die Armen
vertheilte. — In einem Berichte über ihr Leben, den Leno=
bletz nach ihrem Tode zu seiner Erbauung und Anderer
Belehrung verfaßte, versichert er, daß sie in diesem ersten
Jahre nach ihrer Bekehrung, durch die große Gewalt, die
sie sich anthat, und durch den beständigen Kampf mit allen
ihren Leidenschaften, größere Fortschritte in der Liebe Got=
tes machte, als Personen von einer gemeinen Tugend, denen
es an Muth, sich in allem zu überwinden, gebricht, in
sechzig Jahren zu machen pflegen.

Margaretha hatte ihre Probezeit bestanden, und der
Missionär hielt sie für fähig, an dem großen Werke, dem

er sein Leben geweiht, Theil zu nehmen. Es war nicht nöthig, in ihr erst den Eifer für dasselbe zu wecken; seitdem sie angefangen hatte, Gott zu dienen, fühlte sie auch das lebhafte Verlangen, Andere zu seiner Erkenntniß und Liebe zu führen. Wie ihr Bruder, fühlte auch sie sich besonders angetrieben, dem armen Landvolke zu Hülfe zu kommen. Lenobletz pflegte sie, sobald in einer Gegend, wo er Missionen gab, die ersten Schwierigkeiten überwunden, und in dem Volke das Verlangen nach der Heilslehre erweckt war, zu sich zu bescheiden, und ihr den Unterricht des weiblichen Geschlechtes zu übergeben. Wir haben bereits gesehen, auf welche Weise und mit welchem Erfolge sie sich demselben auf dem Vorgebirge St. Matthäus widmete, und sie fuhr bis zu ihrem Tode fort, mit derselben Hinopferung in den drei Bisthümern Treguier, Leon und Cournailles die Anstrengungen des Missionärs zu unterstützen.

Vielleicht möchte aber manchen unserer Leser eine solche Lebensweise dennoch seltsam und gefährlich scheinen. Hätte es sich nicht vielmehr geziemt, einem Frauenzimmer, das der Welt entsagen wollte, zu rathen, sich in die Einsamkeit eines Klosters oder doch eines verborgenen Lebens zurückzuziehen? Aber erstlich finden wir mehrere heilige Jungfrauen und Wittwen, welche auf ähnliche Weise mitten in der Welt die Eitelkeit der Welt mit Füßen traten. Gottes Geist nämlich, der nicht alle auf denselben Wegen führt, wollte, daß den von den Genüssen des Lebens berauschten Menschen hie und da solche Beispiele vollkommener Entsagung recht nahe vor Augen gestellt würden. Ferner aber berücksichtigte Lenobletz ohne Zweifel auch hierin die höchste Noth des armen Volkes, das da verschmachtete, weil niemand war, der ihm das Brod des Lebens brach. Nichtsdestoweniger hätte er Margarethen gewiß eine solche Lebens=

art nicht gerathen oder gestattet, wenn er nicht außer den Fähigkeiten, durch die sie sich zum Unterrichte des Volkes eignete, auch jenen Starkmuth und jene Entschlossenheit in ihr gefunden hätte, durch welche sie sich gegen die Gefahren, denen sie ausgesetzt sein mochte, schützen konnte. Den besten Beweis hiervon liefert ihre Schwester Anna Lenoblez. Auch sie verlangte sich dem Dienste Gottes ganz hinzugeben. Aber sie war von sanftem Charakter und stiller Gemüths= art. Der Missionär rieth ihr also, bei ihrer Mutter zu bleiben, und nach deren Tod eine stille Wohnung in ihrem heimathlichen Dorfe zu beziehen. Sie brachte den Vormit= tag mit Gebet, frommer Lesung und weiblicher Handarbeit, den Nachmittag mit dem Besuche der Kranken und dem Unterrichte der Mädchen zu; aber er erlaubte ihr nicht, ihm in die Missionen zu folgen.

Margarethen schrieb er sehr weise Regeln vor, wie sie nicht nur die Gefahren, die ihre Lebensart mit sich bräch= ten, von sich fern halten, sondern auch bei allem Verkehre mit den Menschen den Umgang mit Gott fortsetzen könnte. Sie beobachtete dieselben mit der größten Pünktlichkeit. Dennoch wäre es in den ersten Jahren nach ihrer Bekehrung dem Feinde des Heils beinahe gelungen, sie unter dem Scheine des Guten von dem Wege der Vollkommenheit abzulenken. Sie war in der Diöcese Leon bei Conquet zurückgeblieben, während ihr Bruder schon seine Missionen zu Douarnenez begonnen hatte. Um diese Zeit lernte sie ein junger Mann kennen, der nicht weniger durch Tugend und Frömmigkeit, als durch Reichthum und Geistesanlagen ausgezeichnet war. Das heiligmäßige Leben Margarethens, welches er lange in der Stille beobachtet hatte, bestimmte ihn, sich um ihre Hand zu bewerben. Er stellte ihr vor, — oder ließ ihr durch andere vorstellen, daß eine solche Ver=

bindung sie in der Ausübung frommer Werke nicht nur nicht hindern, sondern vielmehr in den Stand setzen würde, den Nothleidenden mit größerer Freigebigkeit beizuspringen. Solche Gründe fanden bei der frommen Jungfrau Gehör; sie gab ohne Wissen ihres Bruders ihr Jawort. Aber bald darauf wurde sie von diesem gebeten, zu ihm nach Douarnenez zu kommen, wo seine Missionen anfiengen, große Früchte zu bringen. Sie machte sich sogleich auf den Weg; aber wie erstaunte sie, als ihr Lenoblet nach der ersten Bewillkommnung den Ring abforderte, den sie von jenem Jünglinge empfangen hatte. Nicht anders als wäre ihr eine Binde von den Augen genommen worden, erkannte Margaretha bei diesen Worten ihres Bruders die Täuschung, durch welche sie sich hatte verführen lassen, mehr Freiheit für Werke des Heils in einem Stande zu hoffen, der nicht nur an sich unvollkommner war, sondern sie auch mit so vielen und so starken Banden an diese Welt geknüpft haben würde. Die Worte des Apostels (1. Cor. 7, 34) waren ihr wieder klar: „Ein unverheirathetes Weib und eine Jungfrau ist auf das bedacht, was des Herrn ist, daß sie an Leib und Geist heilig sei. Eine verheirathete aber ist auf das bedacht, was der Welt ist, wie sie dem Manne gefallen möge." Mit tiefer Scham bat sie Gott, aber auch ihren Bruder, dem sie das eingegangene Verhältniß verheimlicht hatte, um Verzeihung, züchtigte sich für einen Fehltritt, in welchem mehr Irrthum, als Schuld war, mit harten Bußübungen, und war von jetzt an auf nichts bedacht, als sich mit Gott so innig zu verbinden, und, von allen Geschöpfen so entschieden loszureißen, als es nur immer möglich war.

Aber sie verdoppelte auch ihren Eifer, zum Heile des Nächsten mitzuwirken, und Gott segnete ihre Bemühungen.

Als sie nach Douarnenez kam, pflegte noch fast die ganze Jugend des Städtchens die Sonn= und Feiertage mit Tanzen zuzubringen, und deßhalb den Religionsunterricht zu versäumen. Margaretha gieng an einem Sonntage auf den Weg, durch den die Mädchen sich zu einem Orte außer der Stadt, der zum Tanzplatze bestimmt war, begaben, und lud vier bis fünf derselben ein, mit ihren Gespielinnen zu ihr zu kommen, um sich bei ihr auf eine für sie neue Weise zu ergötzen. Es kamen ziemlich viele. Margaretha sang ihnen unschuldige, aber muntere Lieder, und ließ sie nach denselben tanzen. Dann unterhielt sie sich mit ihnen, und lehrte sie allerlei Spiele, die ihnen bis dahin ganz unbekannt gewesen waren. Ihre angenehme Heiterkeit und liebevolle Sanftmuth gefiel den Kindern so wohl, daß sich am folgenden Sonntag eine große Menge bei ihr einfand. Sie unterhielt sie auf dieselbe Weise. Am dritten Sonntag endlich sagte sie nach zwei bis drei Stunden fröhlicher Spiele und Gesänge, daß sie ihnen noch etwas Neues zu zeigen habe, und führte sie an den Ort, wo sie die Gemälde ihres Bruders aufgestellt hatte. Bei der Erklärung derselben, welche die Kinder mit gespannter Neugierde anhörten, redete sie mit so vieler Herzlichkeit von der Bestimmung des Menschen, dem Tode und der Ewigkeit, und besonders von der Pflicht, Jesus Christus und seine Lehre kennen zu lernen, daß von jetzt an an solchen Tagen von Tänzereien nicht mehr die Rede war. Margaretha sah sich regelmäßig an Sonn= und Feiertagen von einer Menge lernbegieriger Schülerinnen umgeben, und da Lenoblez um eben diese Zeit durch seine Schüler auch die Männer und Jünglinge für den Religionsunterricht gewann, so boten von nun an Wirthe und Musikanten umsonst ihre Dienste an.

Margaretha aber begnügte sich nicht, den Personen ihres Geschlechtes den nothwendigen Unterricht in der Heilslehre zu ertheilen, und sie zur Erfüllung der Pflichten ihres Standes und Alters anzuhalten; sie machte nicht wenige von ihnen mit der verborgenen Wissenschaft der Heiligen bekannt, und führte sie auf die Wege christlicher Vollkommenheit. Mehr jedoch, als ihre Worte trug ihr Wandel dazu bei, ein frommes Verlangen nach dem Kleinode der Heiligkeit in dem Herzen derer, die sie kannten, zu wecken. Wenn wir nicht fürchten müßten, zu weitläufig zu werden, wie vieles hätten wir hier zu erzählen von der stillen Wohnung, die nie ein Mann betrat, und in der sie auch mit Personen ihres Geschlechtes nur über Gott und göttliche Dinge sprach; von der demüthigen Behutsamkeit, mit der sie alles Gedränge selbst beim Besuche heilger Orte vermied; von der ärmlichen Kleidung und der kargen Nahrung, die kaum ihr Leben fristete; von jenen langen Gebeten, in welchen sie von ihrem himmlischen Bräutigam der höchsten Gunstbezeugungen gewürdigt wurde; von den herben Bußübungen, denen sie ihren Leib unterwarf; von der Geduld und Sanftmuth, mit welchen sie alle Unarten und rohen Sitten ihrer Schülerinnen ertrug; von der Milde, mit der auch sie alle ihre Einkünfte unter die Armen vertheilte, die Kranken pflegte, die Verwundeten verband; von der Liebe zum Kreuze, welche sie alle Schmerzen des Leibes und alle Beschimpfungen ungesitteter Menschen mit lächelndem Antlitz erdulden ließ; von dem Muthe des Glaubens, durch den sie die oft furchtbaren Angriffe der Hölle überwand, und vor keiner noch so großen Schwierigkeit erzitterte.

In der standhaften Uebung dieser Tugenden brachte die fromme Jungfrau zu Douarnenez noch etwa fünfzehn Jahre zu, als es Gott gefiel, sie von dem schweren Tagewerke der irdischen Pilgerfahrt zur ewigen Ruhe abzurufen. Aber ihr Tod sollte das schönste Werk ihres Lebens sein. Am Feste des h. Laurentius, einem Tage, der ihr besonders heilig war, weil sie an ihm das väterliche Schloß verlassen hatte, besuchte sie eine fromme Frau, die an einem heftigen Fieber ohne Hoffnung darnieder lag. Fünf kleine Kinder standen weinend um das Bett der Mutter, deren Sorge sie noch so sehr beburften. Margaretha, von tiefem Mitleiden bewegt, kniete nieder, und bat Gott mit der ganzen Inbrunst ihres Herzens, den Leidenskelch dieser guten Frau ihr zu überreichen, und sie statt derselben nicht nur Krankheit und Schmerzen, sondern auch, wenn es ihm also gefiele, den Tod erdulden zu lassen. Ihr Gebet ward erhört. Die Kranke genas von derselben Stunde an, und Margaretha wurde von allen ihren Uebeln befallen. Nach fünfwöchentlichem Leiden, unter denen sie niemals die heitere Ruhe ihrer Seele verlor, starb sie den 17. September 1633; das letzte Wort, das über ihre Lippen kam, war der Name ihres Erlösers.

XVIII.

Pater Bernard und Julian Maunoir.

Einer der heißesten Wünsche, welche Lenobletz für sein Vaterland hegte, war von jeher die Berufung der Jesuiten gewesen. Den großen Uebeln, die in Bretagne herrschten, konnte nicht anders gesteuert werden, als durch die Fortsetzung und größere Ausdehnung der Missionen, und durch eine bessere Erziehung der Geistlichkeit und der höheren Stände überhaupt. In dieser doppelten Beziehung aber glaubte er alles von den Vätern der Gesellschaft Jesu erwarten zu können. Er war mehrere Jahre hindurch Zeuge ihres

Wirkens gewesen, und hatte nicht nur die Früchte ihrer
Erziehung an sich selbst erfahren, sondern auch alle seine
Missionsarbeiten nach ihrem Beispiel und ihrer Anleitung
eingerichtet. Oft unterhielt er sich darüber mit seinen Bekann=
ten, viel öfter flehete er darum die göttliche Barmherzigkeit
an. Sein Wunsch gieng endlich in Erfüllung. Der Bischof
von Cornouailles berief die Jesuiten in seinen Sprengel,
und im Jahre 1620 eröffneten sie zu Quimper ihr erstes
Colegium in Bretagne. Als Lenobletz die Nachricht hiervon
erhielt, brach er in Freudenthränen aus, versammelte seine
eifrigsten Schüler, und bat sie, mit ihm das Te Deum zu
singen um Gott zu danken, „daß sich das Licht dem armen
Bretagne genahet, und daß der Vater der Erbarmungen
mit der Unwissenheit und dem traurigen Zustande des Vol=
kes und der Geistlichen dieser Provinz Mitleiden haben
wolle." — Unverzüglich machte er sich auf den Weg nach
Quimper, die Väter zu begrüßen und sich mit ihnen über
die Hoffnungen, die ihre Ankunft in ihm weckten, zu unter=
halten. Einen von ihnen, den Pater Bernard, wählte er
sich zu seinem geistlichen Führer, eröffnete ihm sein ganzes
Innere, und unterwarf sich mit kindlichem Gehorsam seiner
Leitung.

Pater Bernard, geboren zu Rennes den 31. März
1585, hatte sich in Flandern, wo er seine Studien machte,
in den Jesuiten Orden aufnehmen lassen, war aber später
in sein Vaterland zurückgeschickt worden. Sein Vater, ein
sehr frommer Edelmann, hatte es ihm früh eingeprägt, daß
denjenigen, die für das Heil des Nächsten thätig sein wol=
len, keine Tugenden nothwendiger seien, als Sanftmuth
und Geduld, und der junge Bernard hatte sich seit seinem
Eintritt in den Orden, als seine Lebensregel die Worte
des Heilandes gewählt: Lernet von mir, weil ich sanft=

und demüthig von Herzen bin (Matth. 11.). Aber diese stille Tugend der Demuth erhielt in seiner Seele eine hohe, himmlische Kraft durch den lebhaftesten Glauben und ein nie wankendes Vertrauen auf Gott. Der h. Geist hatte ihm reichlich seine Gaben mitgetheilt, und durch das beschauliche Gebet die Reichthümer der himmlischen Liebe aufgeschlossen. So ausgerüstet hatte Bernard schon manche Jahre auf der Kanzel und im Beichtstule, in den Spitälern und Gefängnissen segensreich gewirkt, und namentlich die Stadt Nevers in der Provinz Lyon durch seinen rastlosen Eifer fast ganz umgewandelt, als er mit den ersten Jesuiten nach Quimper in Bretagne geschickt wurde. Hier ward seiner Thätigkeit ein weites Feld geöffnet, und er bearbeitete es mit solchem Erfolge, daß noch jetzt sein Name in Quimper in gesegnetem Andenken ist. Je mehr er aber die Unwissenheit und alle sie begleitenden Uebel der Provinz kennen lernte, desto mehr schmerzte es ihn, sein Wirken auf die Hauptstadt eines Bisthums beschränken zu müssen. Nur in den größeren Städten nämlich redete man auch die französische Sprache, und Bernard glaubte bei seinem schon ziemlich vorgerückten Alter die Sprache des Landes nicht mehr erlernen zu können. Es blieb ihm also nichts übrig, als Gott alle Tage anzuflehn, daß er Männer erwecken wolle, die das von Lenobletz begonnene Werk fortzusetzen im Stande wären.

Lenobletz selbst hatte von Anbeginn seiner apostolischen Laufbahn nicht nachgelassen, Gott mit Inbrunst um dieselbe Gnade zu bitten, und mehr als einmal seinen Schülern die Versicherung gegeben, daß er erhört worden, und daß die Vorsehung ihm namentlich einen Priester der Gesellschaft Jesu zum Nachfolger bestimmt habe. In dem Pater Quintin verlor er den kräftigsten Mitarbeiter, und er sah vorher, daß

ihn die Verfolgungen, welche sich bald nach dessen Tode
von neuem gegen ihn erhoben, verbunden mit der Schwäche,
der ihn sein Alter und mehr noch seine Anstrengungen
unterwarfen, bald außer Stand setzen würden, die gewohn=
ten Arbeiten fortzusetzen./ Inständiger als je bat er also
seit dieser Zeit den Vater der Barmherzigkeit, die Ankunft
dessen, den er hoffte, zu beschleunigen. In seinem Tage=
buche liest man, daß ihm eines Tages, gegen das Ende des
Jahres 1630, als er Gott von neuem durch die Fürsprache
der allerseligsten Jungfrau um jene Gnade anflehte, eine
innere Stimme offenbarte, derjenige, nach dem er so sehr
verlange, sei bereits im Collegium der Gesellschaft Jesu zu
Quimper, und zwar der jüngste von allen Ordensleuten
dieses Hauses. Lenoblet machte sich voll unbeschreiblicher
Freude noch in der Nacht auf den Weg, um diesen jungen
Ordensmann zu besuchen. Es war Julian Maunoir,
damals ein Jüngling von vierundzwanzig Jahren. Lenob=
let redete mit ihm nicht von der Offenbarung, die er über
seine Bestimmung erhalten hatte: er sprach ihm nur mit
großer Wärme von der Berufung der Apostel Petrus und
Andreas, und den bereitwilligen Eifer, mit dem sie Christo
nachgefolgt, und trennte sich von ihm nach einer kurzen
Unterhaltung, indem er ihn mit väterlicher Zärtlichkeit an
sein Herz drückte. Er blieb von diesem Tage an in einer
vertrauten Verbindung mit dem jungen Jesuiten, und suchte
ihm auf alle Weise zum Fortgange in der Tugend be=
hülflich zu sein; aber alles andere glaubte der weise und
demüthige Greis der göttlichen Vorsehung überlassen zu
müssen.

Julian Maunoir war am 1. October 1606 zu St.
George in der Diöcese Rennes geboren. Seit seiner frü=
hesten Kindheit hatte man in ihm nicht nur eine zarte

Frömmigkeit und große Reinheit der Sitten, sondern auch einen seltenen Eifer bewundert, Knaben seines Alters zu Werken der Gottseligkeit anzuhalten. — Er machte seine Studien zu Rennes unter den Jesuiten, und wenn ihm seine Fortschritte in den Wissenschaften die Zufriedenheit seiner Lehrer und die Achtung seiner Mitschüler erwarb; so berechtigte zugleich sein ernstes Streben nach der christlichen Vollkommenheit zu den schönsten Hoffnungen für die Zukunft. Unversehrt trug er den Schatz der Unschuld durch die Gefahren der Jugend, und nicht wenige seiner Mitschüler verdankten die Erhaltung der ihrigen Maunoir's wachsamer Liebe. Der schamhafte Jüngling erröthete bei jedem zweideutigen Worte, und wenn er den Namen Gottes lästern hörte, strömten Thränen aus seinen Augen. Er pflegte sein Frühstück mit den Armen zu theilen, und oft beraubte er sich desselben, um ihren Hunger zu stillen, ganz. Manche Jünglinge verbrannten auf sein Zureden die Bücher, welche Verführer ihnen in die Hände gespielt, oder zogen sich von Gesellschaften zurück, in welchen Unmäßigkeit und Spielsucht ihrer Tugend ein frühes Grab bereiteten.

So hatte Julian die Jahre seiner Jugend zugebracht, als er nach Vollendung der Gymnasial Studien von eben jenem Pater Coton, auf dessen Rath Lenobletz, wie wir oben erzählt haben, die heiligen Weihen empfangen, und sich den Missionen in seinem Vaterlande gewidmet hatte, in den Orden aufgenommen wurde. Er zählte damals zwanzig Jahre. Nach der zweijährigen Probezeit, in welcher er ausschließlich mit dem Heile seiner Seele beschäftigt war, lag er zwei andere Jahre dem Studium der philosophischen Wissenschaften ob, und wurde dann im Jahre 1630 nach Quimper geschickt, um den Unterricht in der untersten Schule des Collegiums zu übernehmen. Gott hatte ihn bereits durch viele und hohe Gnaden zu den großen Werken, für die er berufen war, vorbereitet, und der Pater Bernard, dessen geistlicher Führung er von nun an übergeben war, trug nicht wenig dazu bei, daß er denselben vollkommen entsprach. Mit unbeschreiblicher Liebe und Sorgfalt pflegte dieser junge Lehrer die zarten Pflanzen, die Gottes Vorsehung seinen Händen anvertraut hatte, und seine Schule wurde bald ein Muster aller übrigen. Aber Bernard hatte nicht sobald den Charakter Maunoir's und die Gaben, mit denen Gott ihn ausgezeichnet, kennen gelernt, als auch in ihm der Gedanke entstand, daß vielleicht dieser es sei, um den er so lange zum Heile Bretagne's gebetet. Er machte ihn also oft auf den traurigen Zustand des Landes aufmerksam, und ermahnte ihn bringend, die kimrische Sprache zu erlernen. Aber Maunoir erwiederte, daß er für jetzt seine Schule als seine Mission und die Befähigung für dieselbe als seine erste Pflicht betrachte. Und wenn er ein Verlangen in sich trage, einstens für die Missionen verwendet zu werden; so sei es für jene unter den Wilden Kanada's. Die Jesuiten hatten nämlich um jene Zeit ihre später so berühmt gewordenen Missionen auf Kanada eröffnet, und die Nachrichten, welche schon damals aus denselben nach Europa gelangten, waren wohl geeignet, fromme Begierden in den Herzen der jungen Ordensleute zu wecken. —

Bernard gab indessen die Hoffnung nicht auf, den jungen Maunoir, dessen Tugenden er täglich mehr bewunderte, für die armen Bretons, die ihm so sehr am Herzen lagen, zu gewinnen. Auch scheint Gott ihm eine innere Zuversicht gegeben zu haben, daß dies sein Verlangen ihm wohlgefällig sei, und mit seinen heiligen Absichten übereinstimme. Denn als Maunoir ihm von seiner Unterredung mit Lenobletz erzählte, und bemerkte, daß er nicht wisse, weßhalb ihn der fromme Missionär mit so vieler Innigkeit von der Berufung der Apostel Petrus und Paulus geredet: trug er kein Bedenken, ihm mit Bestimmtheit zu sagen, daß das Beispiel dieser Jünger Christi ihn lehren müsse, mit welcher Bereitwilligkeit er der Stimme Gottes, die ihn zu den Missionen in Bretagne berufe, folgen müsse. Einige Tage nachher gieng Maunoir mit seinen Schülern zu einer nicht weit von der Stadt gelegenen Capelle der Mutter Gottes. Er hatte keine andere Absicht, als bei jedem andern frommen Spaziergang. Aber auf dem Wege stellte sich seinem Geist alles dar, was der Pater Bernard ihm so oft gesagt, und sein Herz wurde von dem bedauernswerthen Zustand des armen Volkes tief gerührt. In der Capelle angekommen, opferte er sich Gott in den Händen Maria's auf, und bat ihn auf das innigste um die Gnade, die Sprache des Landes schnell zu erlernen, um schon jetzt, so viel er könne, diesen Armen das Evangelium zu verkündigen. Sein Gebet wurde erhört. Nach zwei Monaten hatte er in einer der schwersten Sprachen Europa's so große Fortschritte gemacht, daß er in derselben ohne Schwierigkeit öffentliche Vorträge halten konnte.. Er begann dieselben in eben jener Capelle der Mutter Gottes, um die Erstlinge seines Eifers Derjenigen zu weihen, durch deren Fürsprache er so viele Gnaden erhalten hatte. Von nun an waren alle Sonn- und Feiertage dem Dienste des göttlichen Wortes gewidmet. Maunoir gieng an diesen Tagen in die benachbarten Pfarren, und war vom Morgen bis zum Abend mit dem Unterrichte des Volkes beschäftigt. Er hatte für denselben nicht gewöhnliche Gaben, und Gott segnete seine Bemühungen dergestalt, daß er in den wenigen Jahren, die er zu Quimper als Lehrer zubrachte,

gegen 30,000 Kindern und Erwachsenen den nothwendi=
gen Unterricht in der Heilslehre ertheilte.

XIX.

Lenobletz wird von Douarnenez vertrieben. — Maunoir's Krankheit.

Indessen hatte sich gegen Lenobletz der Sturm vorbe=
reitet, welcher ihn noch am Abende seines schönen Lebens
mit den bittersten Schmerzen einer öffentlichen Schmach
überhäufte. Der Pfarrer von Plouaré hatte zwar anfangs,
wie wir gesehen haben, die Anstrengungen des Missionärs
mit seinem Ansehen unterstützt. Als er aber in der Folge
das große Vertrauen, die Liebe und Anhänglichkeit sah,
mit welcher die ganze Küste von Douarnenez dem Missionär
zugethan war; verwandelte der Neid, gegen den sich auch
gute Menschen so selten ganz zu schützen wissen, nach und
nach seine Ansichten über das Wirken des frommen Lenob=
letz. Er war es gewesen, der gegen die Erklärung der
Gemälde und den Unterricht der guten Wittwen Klage ge=
führt; und hatte ihm gleich die Antwort des Bischofs und
des Generalvikars auf einige Zeit Stillschweigen geboten,
so fand doch der Groll, der in seinem Herzen blieb, später
immer neue Gelegenheiten, dieselbe oder ähnliche Beschwer=
den zu führen. Und weil eine Leidenschaft, die man nicht
im Keime erstickt, fortwuchert, und nach und nach das
ganze Herz verdirbt; so beobachtete er auch bald die Mäßi=
gung nicht mehr, mit welcher er anfangs wider Lenobletz
geredet. So weit seine Macht reichte, suchte er dem Mis=
sionär allerlei Hindernisse in den Weg zu legen, und hörte
nicht auf, bei allen Geistlichen in der Nähe und Ferne die
bittersten Klagen zu wiederholen. Die Jesuiten und Capuziner

nahmen, so viel sie konnten, den eifrigen Missionär in Schutz: nicht so alle andern Ordensgeistlichen. Einer derselben predigte öffentlich wider ihn, ein anderer überhäufte ihn in der Kirche selbst mit Vorwürfen, und würde ihn an heiliger Stätte mißhandelt haben, wenn ihn die Umstehenden nicht mit Gewalt zurückgehalten hätten. Dieser Unglückliche fiel in der Folge von seinem Orden ab. — Um jene Zeit verzichtete der Pfarrer von Plouaré auf seine Pfründe zu Gunsten seines Neffen, der eben seine Studien zu Paris vollendet hatte. Dieser junge Mann betrachtete die Hochschätzung und Zuneigung, die der Missionär genoß, mit noch größerer Eifersucht, als sein Oheim, und beschloß ohneweiters, nicht zu ruhen, bis er seine Entfernung von Douarnenez bewirkt. Er benutzte die Abwesenheit des Bischofs, um, was er auf geheimen Wegen vorbereitet hatte, vom Ordinariate durch bringende Vorstellungen zu erwirken.

Lenobletz war von mehreren seiner Schüler umgeben, als ihm ein Bote des Ordinariats ein Schreiben überreichte, und zugleich andeutete, was dasselbe enthalte. Der fromme Missionär empfieng es mit allen Zeichen der Ehrfurcht, und kniete nieder, um in dieser demüthigen Stellung die Befehle seiner geistlichen Obrigkeit zu vernehmen. Er küßt den Brief, erbricht ihn und liest: „Euer Hochwürden haben Ihr ganzes Leben hindurch Andern Gehorsam gepredigt: üben Sie ihn jetzt selber: kehren Sie in die Diöcese Leon, aus der Sie gebürtig sind, zurück, und kommen Sie nie wieder in die Diöcese Cornouailles." — Lenobletz las dieses Verbannungsurtheil mit der größten Ruhe, keine Klage entschlüpfte seinen Lippen; er dachte nur an die unverweilte Vollstreckung des erhaltenen Befehls. Rasch hatte sich das Gerücht von demselben verbreitet, und die angesehensten Bürger des Städtchens drangen in ihn, seine

Abreise zu verschieben, bis sie ihre Gegenvorstellungen gemacht haben würden. Aber Lenoblet war nicht zu bewegen; er erwiederte, das Werk, das Gott ihm aufgetragen, sei auf dieser Küste vollendet, die Vorsehung rufe ihn ab; und nach einer Stunde stand er am Ufer des Meeres, um ein kleines Fahrzeug zu besteigen, das ihn nach Conquet, in dem Bisthum Leon überfahren sollte.

Aber schon war seine Abreise in der ganzen Stadt bekannt geworden, und sämmtliche Einwohner waren hinausgeeilt, um ihn noch einmal zu sehen, und seinen letzten Segen zu empfangen. Von allen Seiten ertönten Wehklagen, Schluchzen und ängstliche Fragen. Das arme Volk verlor seinen Hirten und Vater. Eine lange Reihe von Jahren hatte er unter ihnen heilig gelebt und segensreich gewirkt. Durch seine Bemühungen war in ihrer Stadt und weit und breit in allen Dörfern das Licht des Evanliums verbreitet. Wenn sie jetzt Gott und ihren Heiland kannten, wenn sie auf dem Wege des Heiles wandelten, wenn ihre Sitten gebessert, wenn die Aergernisse unter ihnen verschwunden und an ihre Stelle die Uebungen der Gottseligkeit getreten waren; so verdankten sie es ihm. Tag und Nacht hatte er sich keine Ruhe gegönnt, und weit entfernt, irgend eine zeitliche Belohnung von ihnen zu begehren, hatte er alle seine Einkünfte unter sie vertheilt. Er hatte ihre Armen gespeist, ihre Kranken gepflegt, ihren Sterbenden beigestanden, ihre Todten begraben. Jetzt ward er, ein schwacher, kränklicher Greis, aus ihrer Mitte vertrieben, um nie wiederzukehren. Als Lenoblet die Menge des Volkes sah, und ihr Weinen und Wehklagen hörte, brach auch ihm das Herz. Er wollte noch eine Anrede an sie halten; aber die Stimme versagte ihm, und er mischte seine Thränen mit denen seiner vielgeliebten Kinder. In wenigen Worten ermahnte er sie zur Liebe und Eintracht, gab ihnen den letzten Segen, und stieg mit wankenden Schritten in die Barke. Ein lautes Klagegeschrei erhob sich, als das Schiff vom Ufer stieß: nicht anders als hätte es alles Glück und alle Hoffnungen des armen Volkes mit sich davon getragen. So verließ Lenoblet die Küste von Douarnenez, auf der er fünfundzwanzig Jahre unermüdet gewirkt: er sollte seinen Lohn nicht von den Menschen empfangen.

Der Missionär zählte damals dreiundsechzig Jahre: ununterbrochene Arbeiten, Leiden und Kämpfe aller Art, strenge Bußübungen und Krankheiten hatten seine Kraft gebrochen, — aber seinen Geist nicht gelähmt; in ihm floß eine nie versiegende Quelle himmlischer Stärke. Zu Conquet angekommen, kehrte er sogleich zu seinen gewöhnlichen Beschäftigungen zurück: konnte er nicht mehr so oft und so lange predigen, so war er desto unverdrossener in Erklärung der christlichen Lehre, in der Leitung der Seelen und im Besuche der Kranken. Ihm war das Wort des Herrn gegenwärtig: „Wirket, so lange es noch Tag ist; denn es kommt die Nacht, in der Niemand mehr wirken kann."

Während der Sturm der Verfolgung gegen Lenoblet wüthete, lag derjenige, von welchem er die Fortsetzung seines Werkes erwartete, an einer tödtlichen Krankheit ohne Hoffnung darnieder. Maunoir war von Quimper abberufen, um zu Bourges in der Provinz Leon dem Studium der theologischen Wissenschaften obzuliegen. Gegen das Ende derselben erhielt er die heiligen Weihen, und mußte dann nach der Sitte seines Ordens das dritte Probejahr beginnen. Aber noch vor Anfang desselben ward er von einem heftigen Fieber ergriffen. Er schien die Gefahr desselben überstanden zu haben, als eine bösartige Geschwulst am linken Arm, zu dem sich der Brand gesellte, jede Hoffnung der Genesung zerstörte. Maunoir erwartete den Tod; es war eben die heilige Weinachtsnacht, und er wünschte in derselben noch einmal die Wegzehrung zu empfangen. Als er sich vorbereitete, wurde er unwillkürlich an die Mission in Bretagne erinnert. Wie einst, als er zur Capelle der Muttergottes wallfahrtete, stellte sich seinem Geiste lebhaft das tiefe Elend jenes armen Volkes dar, und sein Herz brannte wieder von Begierde, ihm zu helfen. Mehrere Jahre fern von Bretagne, hatte er seine Gedanken von neuem allmälig den Missionen unter den Wilden in Amerika zugewendet, und sich zu überzeugen gesucht, daß er dem Rufe Gottes, den er in jener Capelle bei Quimper vernommen zu haben glaubte, durch das, was er bereits während seines Aufenthaltes in Bretagne gewirkt, hinlänglich entsprochen habe. Jetzt dachte er anders. Bevor er das h. Sakrament empfieng, machte er das Gelübde, wenn Gott ihm die Gesundheit wieder schenke, sein ganzes Leben hindurch als Missionär in Bretagne zu arbeiten. Er hatte nicht sobald die heilige Hostie empfangen, als er von zuversichlichem Vertrauen, daß sein Gebet Erhörung gefunden, erfüllt ward. Wirklich besserte es sich mit ihm von Stunde an, und in kurzer Zeit war er vollkommen hergestellt. Jetzt berichtete er alles dem General seines Ordens, erhielt von ihm die Erlaubniß, sein Gelübde zu erfüllen,*) und kehrte — im August 1640, nicht lange nachdem Lenobletz von Douarnenez vertrieben worden war — nach Quimper zurück.

---

*) Um Mißverständnisse zu verhüten, bemerken wir hier, daß Ordensleute keine Gelübde machen können, es sei denn mit Genehmigung ihres Obern.

XX.

Maunoir's und Bernard's erste Missionen.

Sobald Lenobletz die Ankunft Maunoir's zu Quimper vernommen hatte, ließ er ihn bitten, zu ihm in die Diöcese Leon zu kommen. Maunoir folgte dieser Einladung unverzüglich. Bei seinem Anblicke rollten Freudenthränen über die Wangen des ehrwürdigen Greises. Derselbe schloß ihn in seine Arme, und sprach mit Simeon: „Herr, nun lässest du deinen Diener in Frieden fahren: denn meine Augen haben den gesehen, den du mir verheißen hast." — Gleich am andern Tage bat er ihn, die Verrichtungen seines neuen Amtes in der Kirche zu Conquet zu beginnen. Zu dem Ende gieng er selber, ein Glöckchen in der Hand, durch die Straßen der Stadt, um Kinder und Erwachsene zur Predigt und Christenlehre zu versammeln. Er erklärte dann vor dem ganzen Volke den Pater Maunoir für seinen Nachfolger in den Missionen, und übergab ihm mit jener frommen Einfalt, die heiligen Männern eigen ist, seine Gemälde und das Glöckchen, dessen er sich so viele Jahre bedient hatte. Maunoir brachte diesen Tag mit Predigen, Katechisiren und Beichthören zu, und setzte am Abende seine Unterhaltungen mit Lenobletz fort, der ihm aus dem reichen Schatze seiner Erfahrungen mittheilte. Der Greis übergab ihm die Lebensregeln, die er für sich verfaßt hatte, versichernd, daß sie nichts enthielten, was ein Sohn des h. Ignatius nicht beobachten könnte. Wirklich waren diese Regeln fast wörtlich aus den Constitutionen, die Ignatius seinem Orden gab, entnommen. — Er führte ihn dann die folgenden Tage zu den Kranken und Armen, machte ihn mit seinen eifrigsten Schülern bekannt, und entließ ihn endlich mit der Bitte, die erste Mission unter seinen lieben Kindern zu Douarnenez zu geben.

Nach Quimper zurückgekehrt, stieß Maunoir, als es darauf ankam, seine Missionen anzufangen, auf manche Schwierigkeiten. Die größte war, einen passenden Begleiter zu finden. Nach den Regeln des Ordens mußte er einen solchen haben: die Jesuiten waren aber in diesen Provinzen im Verhältniß zu den schon übernommenen Arbeiten nicht zahlreich, und diejenigen unter ihnen, welche sich für die Missionen eigneten, und die Sprache des Landes noch hätten erlernen können, hegten, wie einst Maunoir, den Wunsch, nach Kanada geschickt zu werden. In dieser Verlegenheit schrieb Lenobletz, der von allem in Kenntniß gesetzt worden war, an den P. Bernard, und beschwor ihn, das Werk, für welches er so viel gethan, an diesem Hinderniß nicht scheitern zu lassen, vielmehr voll Vertrauen auf Gott, der auch die Stummen beredt machen könne, sich selbst den Obern zum Begleiter Maunoir's anzubieten. Bernard glaubte in dieser Ermahnung eine Stimme von oben zu hören; er folgte ihr, und, bereits in seinem sechsundfünfzigsten Lebensjahre, verlegte er sich noch auf die Erlernung der kimrischen Sprache. —

Während der P. Bernard mit diesem Studium beschäftigt war, begab sich Maunoir dem Wunsche Lenobletzens gemäß auf die Küste von Douarnenez, um dort seine erste Mission zu halten. Wie war das gute Fischervolk erfreut, die Verheißung seines Vaters — denn als solchen betrachtete es Lenobletz — erfüllt zu sehen! Die angesehensten Bürger der Stadt giengen dem Missionär entgegen, und führten ihn, von der frohlockenden Menge des Volkes begleitet, in die Kirche. Obschon Maunoir an diesem Orte, wo Lenobletz so viele Jahre gewirkt, nicht sowohl gegen

Mißbräuche und Laster zu kämpfen, als vielmehr das gestiftete Gute zu befestigen und zu vermehren hatte, konnte es ihm doch an Arbeit nicht fehlen. Von allen Seiten strömte das Volk nach Douarnenez zusammen, und sein Eifer, sich unterrichten zu lassen, und die heiligen Sakramente zu empfangen, hielt den Missionär ohne Unterlaß auf der Kanzel und im Beichtstuhle beschäftigt. Vierzig Tage lang hielt er täglich Predigt und Christenlehre, an Sonn- und Feiertagen wenigstens zweimal, und alle übrige Zeit brachte er im Beichtstuhle zu.

Nicht lange nach dieser Mission wurde Maunoir förmlich zum Oberen der Missionen in Bretagne erklärt, und Bernard ihm zum Begleiter gegeben. Nachdem sie sich noch einige Tage auf der Küste von Douarnenez aufgehalten hatten, schifften sie sich nach Conquet ein, um dort die Insel Quessant zu besuchen. Lenobletz hatte oft gewünscht, auf diese Insel, wo er nur kurze Zeit hatte verweilen können, zurückzukehren; aber es war ihm nicht möglich gewesen. Zwei andere Geistliche, die sich des armen Volkes annehmen wollten, giengen im Angesichte der Insel, auf der die Landung immer höchst gefährlich ist, zu Grunde. Gegen dreißig Jahre fast ohne allen Unterricht war das Volk allmälig in seine frühere Unwissenheit und die sie begleitende Laster zurückgesunken: eine Erscheinung, welche die Missionäre an keinem anderen Orte, wo Lenobletz Missionen gehalten hatte, betrübte. Wenn übrigens dem Pfarrer, der allerdings beständig unter den Insulanern wohnte, die nöthigen Eigenschaften gefehlt hatten, dem Uebel zu steuern; so scheint er doch dem Eifer der Missionäre durchaus kein Hinderniß gesetzt zu haben.

Mit der größten Anstrengung begannen diese den Unterricht des Volkes, und erfuhren bei demselben nicht ohne Erstaunen den großen Nutzen der geistlichen Lieder, die Maunoir theils von Lenobletz empfangen, theils selbst gedichtet hatte. In diesen Liedern war nämlich die ganze Heilslehre auf eine sehr faßliche Weise auseinandergesetzt. Das Volk lernte und sang sie mit Freuden; man hörte sie bald weithin auf der ganzen Insel erschallen, und von nun an strömten die Insulaner in solcher Menge zur Predigt und Christenlehre herbei, daß die Missionäre ihre Vorträge unter freiem Himmel halten mußten. Noch größer war der Eifer, als sie anfiengen, die heiligen Sakramente zu ertheilen. „Die Zahl derer, die beichten wollten, sagt Maunoir in dem von ihm verfaßten Leben Bernard's, war so groß, daß wir um ihnen genug zu thuen, gegen drei Uhr Morgens in den Beichtstuhl giengen, und daselbst fast den ganzen Tag bis acht und oft bis neun Uhr Abends zubrachten: wir gaben dem Schlafe nur vier Stunden, und P. Bernard schlief, um leichter aufzustehen, auf einem Brette." Maunoir verschweigt, daß er selbst auf dem flachen Boden seines Zimmers schlief. „Es gieng uns, fährt er fort, wie Kaufleuten an Tagen, wo sie großen Absatz haben: die Freude über den Gewinn ließ uns Schlaf und Speise vergessen. Aber man muß gestehen, der Gewinn war auch beträchtlich . . . . Der Eifer, den die guten Leute zeigten, sich mit Gott zu zu versöhnen, nöthigte uns, nur einmal des Tages Predigt und Christenlehre zu halten. Die Lieder, welche alle mußten und alle sangen, hatten eine größere Wirkung, als Predigten und Christenlehren. Als wir fast die ganze Insel Beicht gehört hatten, bereiteten wir sie zur heiligen Communion vor, und ertheilten ihnen dieselbe. Du weißt, mein Gott! wie viele damals zum ersten Male das heilige Sakrament empfiengen: aber die Andacht, mit welcher alle dem Tische des Herrn sich näherten, und noch mehr die wunderbaren Früchte, welche die Sakramente hervorbrachten, überschütteten uns mit Freude. In allen Zusammenkünften betheuerte man laut und feierlich, den bösen Gewohnheiten, gegen die wir geprediget hatten, zu entsagen: .... und diese Betheuerungen waren wirksam. ... Wir mochten am Morgen in den Beichtstuhl gehen, oder am Abend aus demselben zurückkehren, wir mochten Kranken besuchen; überall trafen wir Leute an, die von Schmerz durchdrungen ihre Sünden beweinten; andere fragten uns, was sie thun sollten, ihre Schuld zu büßen, oder die Zeit, die sie verloren hatten, wieder einzubringen: alle aber lobten Gott und priesen seine Barmherzigkeit. Gegen das Ende der Mission in andere Menschen verwandelt, dankten sie uns, wo sie uns fanden, als wären wir die Urheber einer so erstaunlichen Umwandlung. Wir hatten gut sagen, daß wir nur unnütze Knechte seien, daß Gott allein Dank und Ehre gebühre: sie rühmten und erhoben die Dienste, die wir ihnen geleistet, und sagten zum P. Bernard: „Wie! in eurem Alter Tag für Tag sechszehn Stunden im Beichtstuhl sein, nicht vier Stunden und auf einem Brette schlafen, und keine andere Nahrung, als wir, zu euch zu nehmen! Ach Pater! wie ihr heilig seid." Wir erröteten vor Scham; aber wir konnten nicht aus ihren Händen kommen. Sie brachten ihre Kranken zu uns, und obwohl wir wohl wußten, wer wir seien, nämlich schwache und ohnmächtige Menschen, wir mußten sie berühren, sonst hätte man uns keine Ruhe gelassen. Wir berührten sie also, und Gott heilte, um ihren Glauben zu belohnen, mehrere derselben."

Von Quessant schifften die Missionäre nach der Insel Molevez über, um dort dieselben Arbeiten zu beginnen. Auf dieser Insel hatten sich die Früchte der Mission, die Lenobletz auf ihr gegeben, viel besser erhalten: Nach wenigen

Tagen konnten die Väter mit der Spendung der Sakramente beginnen. Aber während sie damit beschäftigt waren, ahnten sie nicht, welch' neues Ungewitter gegen Lenobletz und sie auf dem Festlande losgebrochen war. Lenobletz, unermüdlich im Unterrichte des Volkes, ließ mehrere seiner eifrigsten Schüler von Douarnenez kommen, um den Kindern zu Conquet seine Gemälde zu erklären, und seine Lieder zu lehren. Man ertheilte diesen Unterricht auf einem öffentlichen Platze unter einem großem Kreuze, und der fromme Greis war so voll Freude über den guten Fortgang desselben, daß er sich selbst unter die Kleinen mischte, und mit ihnen seine Lieder sang. Um diese Zeit kam der neuerwählte Bischof von Leon nach Conquet, und einige angesehene Männer traten bei ihm als Ankläger gegen Lenobletz auf. „Er vergesse nicht nur seine Würde so sehr, daß er sich wie ein Kind gebehrde, sondern entblöde sich nicht, die Kinder schlechte Lieder zu lehren und ihnen ärgerliche Bilder zu zeigen. Schon lange sei es, daß er weder das heilige Meßopfer, noch sonst eine priesterliche Handlung verrichte." Lenobletz nämlich wurde durch einen Fluß am Auge und das Zittern seiner Hände oft auf längere Zeit verhindert, die h. Messe zu lesen. Der Bischof stellte ihn über die gegen ihn erhobenen Beschwerden zur Rede; der demüthige Greis erwiederte, ohne auf die einzelnen Klagepunkte einzugehen, daß er allerdings ein schlechter Priester, und nicht würdig sei, irgend eine Verrichtung seines heiligen Standes vorzunehmen. Der Bischof sah diese Antwort als ein Geständniß an, gab dem Missionär eine ernste Ermahnung, und verbot ohne weitere Untersuchung, die Lieder Lenobletzens zu singen; ja er belegte alle jene mit dem Banne, welche die Sänger von Douarnenez beherbergten.

Man brang in Lenobletz sich zu vertheidigen, aber er

schwieg: und als sich eines Tages seine Schüler hierüber beklagten, entgegnete er, daß dies Mal Gott selbst ihre Vertheidigung übernommen habe. Seine fromme Zuversicht wurde nicht getäuscht. Am andern Morgen sah man eine Menge Kähne von der Insel Quessant auf den Hafen von Conquet zusteuern. Gegen tausend Bewohner dieser Insel kamen, um das Sakrament der Firmung zu empfangen. Sie hatten auf ihrer ganzen Fahrt die Lieder der Missionäre gesungen, und als sie gelandet, zogen sie processionsweise in großer Ordnung und Eingezogenheit, aber ihren Gesang fortsetzend, der Wohnung des Bischofs zu. Das Volk lief herbei, diesen ungewohnten Aufzug zu sehen, und man bemerkte bald, daß die Insulaner die verbotenen Lieder sangen. Man ermahnte sie zu schweigen, wenn sie nicht alle wollten excommunicirt werden. Aber die guten Leute ließen sich nicht stören. „Wir sollen die Lieder nicht singen, die uns unsere heiligen Väter gelehrt?" — und sie sangen mit um so lauterer Stimme. Einige der Umstehenden glaubten Gewalt brauchen zu müssen, und schon entstand ein bedenklicher Tumult, als eben ein angesehener Geistlicher des Weges kam, und sich nach der Ursache des Streites erkundigte. Er ließ sich die Lieder hersagen, und übernahm es, mit dem Bischof zu reden. Dieser hatte indessen die Bilder der Missionäre zu Gesicht bekommen, und sich den Gebrauch derselben erklären lassen. Hatte ihn dies schon zum Theile enttäuscht, so war er jetzt nicht wenig verwundert, als ihm jener Geistliche mit dem wahren Inhalt der Lieder, die er verboten, bekannt machte. Der kimrischen Sprache unkundig, hatte er sie nicht selber prüfen können, und den Versicherungen der Ankläger etwas zu schnell Glauben beigemessen. Nachdem er nun mehrere derselben in französischer Sprache gehört, und zugleich vernommen hatte, was die Missionäre auf den Inseln Quessant und Molevez, was Lenoblez zu Douarnenez und in dem Bisthum Leon gewirkt: ließ er das Volk versammeln, und in seiner Gegenwart von einem der angesehensten Geistlichen in seinem Namen verkündigen, daß man ihn über Lenoblez und die Gesänge seiner Schüler schlecht berichtet habe, daß er dem ehrwürdigen und tugendhaften Greise seinen Segen gebe, und alle ermahne, sich von ihm belehren und leiten zu lassen; daß er ebenso alle diejenigen segne, welche jene frommen Lieder lehrten oder lernten, sängen oder anhörten. — Die Insulaner stimmten also von neuem ihre Lieder an, und zogen wie im Triumphe mitten durch die Stadt zu ihren Schiffen zurück.

XXI.

Ferneres Wirken der Missionäre. — Lenoblez stirbt.

Nach einer kurzen Ruhe im Collegium zu Quimper machten sich die Missionäre auf den Weg, um nach Sizün, jenem wilden Eilande, das wir unsern Lesern schon beschrieben haben, überzufahren. Sie landeten glücklich, und wurden mit lautem Jubel empfangen. Diese armen Insulaner hatten so selten das Glück, einen Priester in ihrer Mitte zu sehen. Denn die Geistlichen, welche zuweilen auf der Insel ihren Wohnsitz aufschlugen, pflegten sie bald wieder zu verlassen. In der That war auch der Aufenthalt auf derselben für einen Priester eine Art von Verbannung. Seine Einkünfte bestanden in dem Rechte, aus jedem Nachen, der vom Fischfang zurückkam, einen Fisch zu nehmen; er bewohnte eine Hütte, die eher einem Grabe, als einer Wohnung ähnlich war, und die er doch wegen der fast unaufhörlichen Stürme und Regengüsse nur selten verlassen konnte, von dem festen Lande und folglich von allen Freuden und Bequemlichkeiten des geselligen Lebens trennte ihn ein Meerarm, den man nie ohne Lebensgefahr durchschiffen konnte. Aber sollten deßhalb diese guten Fischer der Segnungen des priesterlichen Amtes, welche sie so gut benutzten, beraubt bleiben? Die Missionäre dachten hin und her, und Gott ließ sie einen Ausweg finden. — Schon waren achtundzwanzig Jahre verflossen, seit Lenobletz auf dieser Insel gewesen war, und noch fanden sie dieselbe in eben dem Zustande, in welchem er sie verlassen hatte. Die Kinder, wie die Erwachsenen waren sehr gut unterrichtet, die Sitten eben so unschuldig, als einfach, und alle frommen Gebräuche, die Lenobletz eingeführt hatte, noch in Uebung. Man verdankte dies dem Eifer und Fleiße jenes verständigen Fischers, den der Missionär mit so besonderer Sorgfalt unterwiesen, und den später das Volk zu seinem Häuptling gewählt hatte. Franz Lesü — denn die Geschichte hat uns seinen Namen aufbewahrt — versammelte die Bewohner der Insel zum gemeinsamen Gebete und Gesange in der Kirche, ertheilte den Religionsunterricht, und wachte über die Sitten. Sollte dieser Mann — dachte Maunoir — nicht zum Priester geweiht werden können? Er hatte in seiner Jugend zu Quimper einige Studien gemacht, Französisch und auch etwas Latein gelernt, in der Religion sich durch die Bücher und Abhandlungen, die ihm Lenobletz in all' dieser Zeit zu schicken fortgefahren, sehr gute Kenntnisse erworben; von den theologischen Wissenschaften schien er sich, so viel als zur Spendung der heiligen Sakramente unter einem so einfachen Volke, dessen Sitten und Verhältnisse er auf das genaueste kannte, erforderlich war, noch ohne große Schwierigkeiten aneignen zu können. Die Missionäre nahmen ihn bei ihrer Rückkehr mit

sich), und brachten ihn in eine Abtei, damit er daselbst von
den Ordensgeistlichen unterrichtet würde. Alles gieng nach
Wunsch. Franz Lesü hatte in kurzer Zeit so viele Fort=
schritte gemacht, daß er die Prüfung, der ihn das Ordina=
riat zu Quimper unterwarf, bestand, und als Priester zu
seinen nun ganz glücklichen Fischern zurückkehrte.

Die Bischöfe von Leon und Cornouailles, erfreut über
die Früchte, welche die Anstrengungen der Missionäre auf
den Inseln hervorgebracht hatten, eröffneten den Missionen
ihre ganze Diöcese, und bald bemüheten sich auch die Hir=
ten der übrigen Sprengel, den ihrer Sorge anvertraueten
Völkern dieselben Wohlthaten zu Theil werden zu lassen.
Maunoir und Bernard, zuweilen von Priestern ihres Or=
dens und auch von Weltgeistlichen unterstützt, verdoppelten
ihren Eifer in dem Maße, als ihr Wirkungskreis sich erwei=
terte, und Lenobletz hatte die Freude, vor seinem Tode das
Werk, das er begründet, durch die ganze Provinz ausge=
dehnt zu sehen. Noch zwölf Jahre lebte er, nachdem Mau=
noir sein Amt übernommen, und hörte während derselben,
trotz seiner Schwäche und Gebrechlichkeit, nicht auf, für die
Ehre Gottes zu wirken. Fast den ganzen Tag sah man
ihn von Kindern, die er unterrichtete, von seinen Schülern,
deren ganzes Wirken er leitete, von Personen jeden Stan=
des, die sich Raths bei ihm erholten, umgeben. Aber seine
hauptsächliche Sorge war bei allem dem, die Unternehmun=
gen der Missionäre zu unterstützen. Ohne Unterlaß hob er
seine Hände empor, um den Segen des Himmels auf ihre
Arbeiten herabzuflehen. Oft schrieb er an sie, ertheilte ihnen
Rath in schwierigen Fällen, ermuthigte sie bei Leiden und
Widersprüchen, freuete sich mit ihnen über die Siege der
Wahrheit. Er schickte ihnen neue geistliche Lieder oder an=
dere Aufsätze, die sie unter dem Volke verbreiteten; zuweilen

sandte er ihnen auch seine besten Schüler nach, damit sie ihnen beim Unterrichte des Volkes Hülfe leisteten. Die Missionäre ihrerseits fuhren fort, ihn als ihren Vater zu ehren und zu lieben; sie besuchten ihn, so oft sie konnten, und erstatteten ihm, wenn sie abwesend waren, über alles, was sie unternahmen, Bericht. Welche Freude für den frommen Greis, wenn er jetzt den Samen, den er unter so vielen Schmerzen und Thränen gesäet, so reichliche Früchte hervorbringen sah: wenn er vernahm; wie jährlich gegen 30,000 Menschen in den Heilswahrheiten unterwiesen, auf jeder Mission an 4000 Generalbeichten gehört; wie die Missionäre überall hinberufen wurden, wie das Volk aus weit entlegenen Städten und Dörfern in dem Orte, wo Mission gehalten wurde, zusammen strömte, und die Missionäre fast immer unter freiem Himmel predigen mußten, weil keine Kirche die Menge ihrer Zuhörer faßte; wie immer mehr Pfarreien in wahrhaft christliche Gemeinden umgewandelt und die Priester, welche das auf den Missionen gestiftete Gute bewahrten und förderten, immer zahlreicher wurden, und deßhalb die Missionäre nicht mehr, wie er, genöthigt waren, so lange Zeit an demselben Orte zu verweilen! Zwei Jahre vor seinem Tode sah er auch noch den Verein von Missionären, von dem wir bald Näheres berichten werden, entstehen und sich über ganz Bretagne verbreiten.

Als er endlich fühlte, daß sein Ende nahe, verdoppelte er trotz seines hohen Alters und seiner Kränklichkeit den Eifer, mit welchem er den gewohnten Uebungen der Gottseligkeit obzuliegen pflegte. Er glaubte, nie rein und nie heilig genug sein zu können, um vor dem Angesichte Gottes zu erscheinen. Die Heiligkeit des Lebens war aber für ihn nie etwas anderes, als die Aehnlichkeit mit Jesus Christus gewesen, und da er den Heiland jetzt nicht mehr in aposto=

lischem Wirken nachahmen konnte, wünschte er ihm in Leiden ähnlich zu sein. Die Krippe und das Kreuz des Herrn waren beständig vor den Augen seines Geistes, und er bat Gott mit aufrichtigem Verlangen, ihm vor seinem Tode die Schwäche eines Kindes und die Schmerzen eines Gekreuzigten erdulden zu lassen; so jedoch, daß er unter denselben den freien Gebrauch seiner Vernunft behalte, damit er bis zum letzten Athemzuge fortfahren könne, ihn anzubeten und zu lieben. Alle seine Bitten fanden Erhörung. Im Jahre 1651 gegen das Fest des heil. Michael lähmte eine Art von Schlagfluß alle seine Glieder, den Kopf allein ausgenommen. Er blieb in diesem Zustande sieben volle Monate, und mußte während dieser Zeit bedient werden, wie ein Kind. Schon vorher hatte er in einem Briefe, den er sein Testament nannte, von seinen lieben Kindern zu Douarnenez Abschied genommen, und ihnen noch einmal die weisesten Lehren ertheilt; aber auch auf seinem Krankenlager hörte er nicht auf, für das Heil der Seelen, nach dem er sein ganzes Leben hindurch gedürstet hatte, thätig zu sein. Von allen Seiten kamen seine Schüler, die Armen und die Kinder zu ihm, und da ihm seine Krankheit den Gebrauch der Sprache nicht genommen, fuhr er fort, zu unterrichten, zu ermahnen, zu trösten. Einer seiner Verwandten bat ihn, die kleine, höchst ärmliche Wohnung, in der er den frommen Greis antraf, mit einem prachtvollen Schlosse, das er in der Nähe von Conquet besaß, zu vertauschen. Lenoblez dankte ihm lächelnd, und fügte die ernsten Worte hinzu: „Die Zeit ist nicht ferne, wo Sie selbst wünschen werden, vielmehr Ihren Palast mit einer armen Zelle, wie die meinige ist, vertauscht zu haben." Der nicht lange nachher erfolgte Tod des Edelmannes erklärte den Sinn dieser Worte.

Indessen war die Zeit gekommen, in welcher die Kirche ganz besonders das Andenken an die Leiden Christi feiert, und der gottselige Greis betete inbrünstiger, daß es ihm vergönnt sei, noch mehr Antheil an dem Kreuze seines Erlösers zu haben. Sein Gebet wurde auf eine Weise erhört, welche alle, die in seiner Nähe waren, mit Schauder, ihn selbst allein mit innerer Freude erfüllte. Wir enthalten uns einer näheren Beschreibung seiner Leiden; es genüge zu wissen, daß Gott den Geistern der Finsterniß, gegen die Lenobletz sein ganzes Leben siegreich gekämpft, in diesen Tagen gestattete, wider ihn zu wüthen und ihn am ganzen Körper mit den Schmerzen eines Gekreuzigten zu foltern. Aber der, welcher aus Liebe zu uns gekreuziget werden wollte, stärkte ihn. — Es war in diesen Tagen, daß er die nächste Vorbereitung auf den Tod begann. Er wollte die heilige Wegzehrung knieend empfangen, und ließ nicht nach, bis man ihn aus dem Bette gehoben, und mitten im Zimmer auf seine Knie aufgerichtet hatte. — Mit derselben Ehrfurcht und Andacht empfieng er das Sakrament der Oelung, und wollte von nun an in beständiger Erinnerung an den Tod des Heilandes seinen Tod erwarten. Er ließ sich deßhalb jede Nacht die Leidensgeschichte des Herrn vorlesen, um, wie er sagte, über die Schmerzen Christi seine Schmerzen zu vergessen. Sein Ende nahete; aber auch darin sollte er dem leidenden Gottmenschen ähnlich sein, daß er einen dreimaligen Todeskampf zu bestehen hatte. Jeder derselben dauerte mehrere Tage, während welcher der Diener Gottes alle Angst und alle Schmerzen der Sterbenden empfand. Als er das zweite Mal aus einem solchen Zustande, in dem man jeden Augenblick sein Hinscheiden erwartet hatte, erwachte, und wie das erste Mal einige Tage hindurch sich viel besser befand, kamen Maunoir und Bernard, um ihren Vater noch einmal, ehe er aus diesem Leben schiede, zu sehen. Gern hätten sie bei ihm bis zu seiner letzten Stunde verweilt, aber sie hatten eine Tagreise weit von Conquet eine Mission begonnen, und Lenobletz selber bat sie, in dieselbe zurückzukehren, und das Heil der Seelen seinem Troste vorzuziehen. Zugleich versicherte er Maunoir, daß er ihn frühzeitig genug benachrichtigen werde, damit er, wie er wünschte, bei seinem Tode zugegen sein könne. — Bald nachher fühlte der Kranke einige Erleichterung; dann aber begann der dritte und letzte Todeskampf, und er war so gewaltsam, daß der Sterbende am ganzen Leibe mit einem blutähnlichen Schweiße bedeckt wurde. Dennoch hatte Lenobletz Besinnung genug, um einen Boten zu Maunoir zu schicken. Am andern Morgen, als gerade mehrere seiner Schüler sich um sein Bett versammelt hatten, sah man ihn plötzlich ruhig werden, und gleich darauf in eine Entzückung gerathen, die zwei volle Stunden währte. Seine Augen waren während dieser ganzen Zeit unbeweglich nach einem Orte hin gerichtet, seine Gesichtsfarbe wurde frisch und lebensvoll, und es strahlte von seinem Antliß eine himmlische Freude, welche die Herzen aller Umstehenden zu Gott erhob. Als er wieder zu sich kam, schloß er in tiefer Ruhe die Augen, und öffnete sie nicht wieder, als um den P. Maunoir, der gegen Abend in sein Zimmer trat, anzuschauen. Er unterhielt sich mit diesem über die himmlischen Güter, empfing noch einmal die Lossprechung von seinen Sünden, und brachte dann die ganze Nacht im stillen Gebete zu. Als der Morgen anbrach, sammelte er mit größerem Eifer seinen Geist, erweckte die christlichen Tugenden, drückte das Bild des gekreuzigten Heilandes an seine Lippe, und starb in der Uebung der Liebe, in der er gelebt hatte. Der Tag seines Todes war der 5. Mai 1652, derselbe, an welchem Bretagne das Fest

seines Apostels, des h. Lorentin feiert, den Lenobletz so sehr
verehrt, dem er so eifrig nachgeahmt hatte. Von allen Seiten strömte das Volk zu seinem Begräbniß herbei; Maunoir
hielt die Leichenrede, und vergoß mit seinen Zuhörern ebensowohl Thränen der Freude, daß von nun an die Missionen einen mächtigen Beschützer vor dem Throne Gottes hätten, als Thränen des Schmerzes, daß ihm sein Lehrer und
Vater entrissen war. — Gott hat das Grab seines Dieners
bis auf unsere Tage durch zahlreiche Wunder verherrlicht.

XXII.

Maunoir stiftet einen Verein von Missionären. —
Sein Tod.

Noch waren nicht drei Jahre nach dem Tode Lenobletzens verflossen, als Gott auch den Pater Bernard zu
sich rief. Er starb am 28. November 1654 im Collegium
zu Quimper, in das er, um sich von den Anstrengungen
der Missionen zu erholen, einige Tage vorher zurückgekehrt
war. — Maunoir erhielt in dem Pater Jaqueson, und
nicht lange nachher im Pater Martin, der in Bretagne
als sein Nachfolger berühmt geworden ist, andere Begleiter. Aber schon hatte er sich durch den Verein von Missionären, dessen wir oben Erwähnung thaten, eine große
Anzahl Mitarbeiter verschafft. Die Stiftung dieses merk-
würdigen Vereines wurde auf folgende Weise veranlaßt.
Als die Kirche ihr großes Jubeljahr (1650) feierte, über-
ließ sich Maunoir, den man bei dieser Gelegenheit überall
hin berief, so sehr seinem Eifer, daß ihn die übergroße Anstrengung endlich auf's Krankenlager warf. Kaum genesen,
wollte er trotz aller Vorstellungen seiner Freunde sogleich zu
seinen gewöhnlichen Arbeiten zurückkehren; da trat ihm ei-

nes Tages, als er eben durch die Straßen gieng, eine sehr
fromme und demüthige Wittwe in den Weg, und sprach
mit einem Nachdruck, den nicht sie ihrem Wort zu geben
schien: „Warum verrichten Sie die Arbeit vieler Missionäre
allein? warum gesellen Sie sich nicht andere Priester bei?
Sie würden in ihnen Gehülfen haben; Gottes Ehre und
des Nächsten Heil dadurch viel mehr befördert werden."
Maunoir hörte der frommen Frau mit ruhiger Aufmerk=
samkeit zu, und erwiederte, daß er schon lange mit diesem
Gedanken umgehe und zuversichtlich hoffe, Gott werde ihm
die Ausführung desselben bald möglich machen.

Ein frommer Priester hatte um diese Zeit am Grabe
des h. Elouan eine neue Kirche gebaut, und bat den Pa=
ter Maunoir, der ihn zu dem frommen Werke ermuntert
hatte, bei Gelegenheit der Einweihung eine kleine Mission
zu halten. Die Menge des Volkes, die hier zusammen=
strömte, war sehr groß, und die Wirkung der Predigten
des Missionärs so außerordentlich, daß außer ihm und sei=
nem Gefährten noch sieben andere Priester nicht genügten,
das Sakrament der Buße allen, die es begehrten, zu spen=
den. Diese Geistlichen aber wurden über die Früchte der
Mission, die sie vor Augen hatten, so sehr gerührt, daß sie
einmüthig den Pater Maunoir baten, sich ihrer auch auf
anderen Missionen zn bedienen, und überhaupt in Zukunft
über sie alle nicht anders, als über den Pater Bernard zu
verfügen. Maunoir umarmte sie, und blickte dankend zu
Gott empor. Er wollte jedoch, daß sie zuerst für diese
ihre neue Wirksamkeit die Erlaubniß des Bischofes einhol=
ten, und bat sie, sich demselben persönlich zu stellen. Der
Bischof, höchst erfreuet über diese neue Frucht der Missio=
nen, ertheilte ihnen seinen Segen, und drückte den Wunsch
aus, daß ihr Beispiel Nachahmung finde. So geschah es:

denn Maunoir hatte die Gemühter vorbereitet. Wo immer er Missionen gegeben hatte, war es seine vorzügliche Sorge gewesen, auf die Geistlichen des Ortes zu wirken, und in ihnen Eifer für das geistliche Wohl der Gläubigen zu erwecken. Gott hatte seine Bemühungen gesegnet, und diese Priester, nicht zufrieden, die heilsammen Wirkungen der Missionen in den Pfarren, in welchen sie angestellt waren, zu unterhalten, wünschten von ganzem Herzen, sie in allen Gemeinden verbreitet zu sehen. Der jetzt gestiftete Verein bot ihnen die Gelegenheit dazu, und je mehr er sich ausdehnte, desto größer war der Eifer, den er rings umher in der Geistlichkeit entzündete. Man sah also nach einigen Jahren in diesem Lande, wo eifrige Priester seit langer Zeit selten geworden waren, nicht nur junge Geistliche, sondern auch bejahrte Diener des Altars, Pfarrer bedeutender Gemeinden, Männer von Stande, Gelehrte und Doctoren der Sorbonne, Aebte, geistliche Räthe, Generalvicare und andere hochgestellte Prälaten Gefährte eines einfachen Missionärs werden, und nach seiner Leitung alle Verrichtungen seines Amtes unverdrossen üben: die Bischöfe selbst wohnten den Missionen bei, mischten sich unter die Missionäre und wolten, daß Maunoir ihnen gleich allen andern ihr Tagewerk, sei es auf der Kanzel, sei es im Beichtstuhle oder am Altar, bestimme.

Die meisten dieser Geistlichen hatten jedoch an irgend einem Orte eine feste Anstellung, und konnten daher den Missionen nur ein oder das andere Mal des Jahres beiwohnen. Maunoir berief sie also abwechselnd. Sobald der Ort, wo Mission gehalten werden sollte, bestimmt war; setzte er diejenigen, welche er für dieselbe ausgewählt, in Kenntniß, und sie trafen an dem festgesetzten Tag, dreißig, vierzig, zuweilen sogar fünfzig an der Zahl, pünktlich ein.

Der Pater ordnete nicht nur den Gottesdienst und alle Verrichtungen der Mission, sondern regelte auch die Gebets=
übungen und die ganze Hausordnung der Priester; stets darauf bedacht, sowohl den Eifer seiner Gefährten durch zweckmäßige Ordnung wirksamer zu machen, als auch für die Versammlung des Gemüthes und die Erhaltung der Gesundheit eine weise Sorge zu tragen. Er selbst, der im=
mer einen Theil der Nacht im Gebete zubrachte, weckte sie um vier Uhr Morgens mit einem Glöckchen auf. Zwei Priester begaben sich dann sogleich in die Kirche, um mit dem sich schon in aller Frühe versammelten Volke zu beten; die übrigen verrichteten gemeinsam ihr Breviergebet, und wenn sie die große Anzahl der Beichtkinder nicht daran hinderte, eine kleine Betrachtung. Hierauf begaben sie sich processionsweise in die Kirche, beteten vereint das Hochwür=
digste an, und trennten sich dann, um das jedem bestimmte Tagewerk zu beginnen. Gebet und Gesang, Predigt und Christenlehre wechselten den ganzen Tag hindurch, und die Spendung des Bußsakramentes war fast ununterbrochen. Gewöhnlich dauerte die Mission einen Monat, und man begreift, daß bei der Mitwirkung so vieler Geistlichen der Zweck, den man sich vorsetzte, erreicht werden konnte; beson=
ders da jetzt das Volk bereits in vielen Gegenden besser unterrichtet war, die Geistlichen aber, in deren Pfarre die Missionäre weilten, selber von frommen Eifer ergriffen, und in der Fortsetzung des Unterrichtes von einzelnen Mis=
sionären, die in der Umgegend wohnten, von Zeit zu Zeit unterstützt wurden.

Auf diese Weise also pflegte Maunoir jedes Jahr zehn Missionen zu halten, und da ihm Gott nach der Stiftung dieses Vereines noch drei und dreißig Jahre das Leben fristete; so ist leicht abzusehen, welch' großen Einfluß er durch denselben auf die sittliche und religiöse Umwandlung des ganzen Landes ausüben mußte. Dieser Verein war in der That das schönste und größte Werk seines Lebens. Schon der Anblick so vieler Priester, die in größter Eintracht unter sich mit dem uneigennützigsten Eifer am Heile des Volkes arbeiteten, mußte sowohl die Gläubigen rühren, als auch die übrige Geistlichkeit an die Pflichten ihres Berufes ernst und nachdrucksvoll erinnern. Die jüngeren Geistlichen fanden da Gelegenheit, sich nach der Anleitung und dem Beispiele erfahrener Männer in allen Verrichtungen der Seelsorge zu bilden. Sie lernten hier die Obliegenheiten ihres heiligen Amtes nicht nur kennen, sondern auch lieben und hochschätzen; denn sie sahen mit ihren Augen, und fühlten in ihrem eigenen Herzen, was Gott durch eifrige Priester zu wirken bereit ist. In ihre Pfarreien zurückgekehrt suchten sie dann, von frommen Wetteifer getrieben, dieselben Früchte hervorzubringen, die sie auf der Mission gesehen hatten. Manche vereinigten sich auch, um noch außer der Zeit, wo sie von Maunoir berufen wurden, unter der Leitung eines erfahrener Mannes in benachbarten Gemeinden das Volk nach Art der Missionäre zu unterrichten, und zu den hh. Sakramenten vorzubereiten. Kurz, der Geist, der in Lenobletz gewirkt theilte sich durch Maunoir nach und nach der Geistlichkeit sechs großer Bisthümer mit. So viel vermögen wenige Männer, wenn sie auf Gott vertrauen und die Welt verachten! —

Maunoir war bereits unter den Arbeiten der Missionen ergrauet; mit welcher Freude mußte er auf das vollbrachte Tagewerk seines Lebens zurückblicken! Dennoch war diese Freude nur dadurch vollkommen, daß er sicher hoffen durfte was Gott durch Lenobletz und ihn gewirkt, werde nicht mit ihnen von der Erde verschwinden. Diese Hoffnung aber

gab ihm die Erziehung der Jugend, besonders jenes Theils
derselben, der zum geistlichen Stande bestimmt war. Er
wußte sehr wohl, daß ohne diese Erziehung der jetzt in dem
Clerus lebendige Eifer eben so schnell verschwinden könne,
als er erwacht war; und darum war er weit entfernt, das
stille Wirken seiner Mitbrüder in ihren Collegien geringer
zu schätzen, als die Arbeiten, zu welchen er von Gott beru=
fen war. Es war besonders der Jesuit Legrand, welcher
sich um die Erziehung des Clerus große Verdienste erwor=
ben hatte. Nicht zufrieden, für den guten Fortgang der
Schulen des Ordens mit rastloser Thätigkeit zu sorgen, hatte
er auch, zuerst den Bischof von Cornouailles, und dann die
Hirten mehrerer anderer Sprengel bewogen, Seminare zu
errichten, und Maunoir sah noch vor seinem Tode viele
wohlunterrichtete und fromme Priester, die Hoffnung des
Landes, aus denselben hervorgehen.

Endlich war dann auch für ihn der Zeitpunkt gekom=
men, da er in die Freude seines Herrn eingehen sollte.
Der Tod ereilte ihn wie er gewünscht hatte, mitten unter
seinen Arbeiten. Er hatte eben eine Mission geendigt, und
war auf dem Wege zu dem Orte, wo er eine andere begin=
nen sollte, als er in Plevin, einem Dorfe nicht weit von
Quimper, von einem heftigen Fieber ergriffen wurde. So
groß auch die Schmerzen der Krankheit waren, kein Laut
der Klage kam über seine Lippe; wohl aber ergriff er oft
das Crucifix, küßte es und sprach: „Lasset uns für Jesus
leben und sterben; denn er lebte und starb für uns." Nach=
dem er mit großer Andacht die hh. Sterbesakramente em=
pfangen hatte, legte er, ein brennendes Wachslicht in der
Hand, das Glaubensbekenntniß ab, und erneuerte die Tauf=
gelübde. — Einige Missionäre, die in der Nähe wohnten,
waren auf die Nachricht von seiner Krankheit herbeigeeilt, und

Maunoir benutzte seine letzten Kräfte, sie zur Standhaftigkeit in ihrem Eifer für das Heil der Seelen zu ermahnen. Er starb den 28. Januar 1683 in einem Alter von sieben und siebenzig Jahren, von denen er sieben und fünfzig im Ordensstande und drei und vierzig unter den Beschwerden der Missionen zugebracht hatte.

Sobald sein Tod bekannt wurde, beschlossen der Bischof und das Capitel, ihn in dem Dome zu Quimper feierlich zu begraben und sandten den Generalvicar nach Plevin, die Leiche abzuholen. Obgleich man die Sache zu verheimlichen gesucht hatte, war sie doch bald ruchtbar geworden, und die Bewohner von Plevin und der Umgegend versammelten sich in großer Anzahl, fest entschlossen, sich, wie sie sagten, den Schatz, den ihnen die Vorsehung geschenkt habe, nicht rauben zu lassen. Man mußte fürchten, daß sie Gewalt mit Gewalt abwehren würden, und der Generalvicar entschloß sich, die Leiche des Missionärs in der Kirche zu Plevin beizusetzen, mit der Absicht jedoch, sie in der Nacht aus dem Grabe nehmen und im Geheimen nach Quimper bringen zu lassen. Aber die Landleute hatten auch dies vorhergesehen, und bewachten das Grab ihres Vaters Tag und Nacht. — So blieben denn die sterblichen Ueberreste Maunoir's in der Nähe der Armen, die er nach dem Beispiele des göttlichen Erlösers vor allen anderen geliebt hatte. Nur sein Herz ward aus seinem Körper genommen, und, wie der Bischof schon früher bestimmt hatte, in der Kirche der Jesuiten zu Quimper beigesetzt. Zur armen Kirche von Plevin aber pilgern noch in unsern Tagen die frommen Gläubigen aus allen Sprengeln Bretagne's, und Gott hat noch immer nicht aufgehört, an dem Grabe seines Dieners auch durch Wunder zu beweisen, wie groß vor ihm die Verdienste derer sind, die den Armen das Evangelium verkündigen.

Leben des seligen Peter Claver.

I.

Die Negersklaven zu Carthagena.

Carthagena, eine Stadt in Südamerika, einst zum Vice-Königreich Neu-Granada, jetzt zum Freistaat Columbia gehörig, vereinigt auf eine seltene Weise alle Vortheile einer für den Handel günstigen Lage mit allen Nachtheilen eines ungesunden Luftstrichs. Die Gluth der heißen Zone wird daselbst durch den sehr häufigen Regen nicht gemildert, sondern nur unerträglicher gemacht. Die schwüle und feuchte Luft, welche ohnehin schon so nachtheilig auf die Gesundheit wirkt, erzeugt überdies eine Menge giftiger Insekten, Mosquitos genannt, deren Stachel auch das dichteste Gewand durchdringt, und auf dem Leibe, den er verwundet, schmerzliche Blattern zurückläßt. Nicht weit entfernte Vulkane verursachen häufiges Erdbeben, und die Stürme und Ungewitter, von außerordentlichen Regengüssen begleitet, sind eben so zerstörend, als furchtbar. Auf die achtmonatliche Sommerhitze folgt während der Wintermonate, von Ende November bis Anfang April, ein kalter Ost- oder Nordwind, der aber wegen des plötzlichen Wechsels der Temperatur vielmehr verderblich, als wohlthuend auf die ganze Natur einwirkt. Obschon sich also besonders die Fremden hier nicht nur vielem Ungemach und mancherlei Gefahren ausgesetzt, sondern auch von gefährlichen und in Europa unbekannten Krankheiten bedroht sehen, war Carthagena nichts destoweniger zur Zeit der spanischen Herrschaft eine der bedeutendsten Städte Südamerikas. Am mexikanischen Meerbusen in der Nähe des großen Magdalenenflusses gelegen, bot es die günstigste Gelegenheit, sowohl mit dem Innern des Landes, als auch mit den zahlreichen benachbarten Inseln zu verkehren; sein unfruchtbarer Boden barg reiche Goldminen, und der Grund des so oft stürmischen Meeres war mit kostbaren Perlen besäet. In Carthagena also hatten sich die reichsten Kaufleute Spaniens niedergelassen; in seinem geräumigen Hafen lagen die Schiffe aller Nationen vor Anker; seine Magazine waren mit den Erzeugnissen Mexiko's, Peru's und aller benachbarten Inseln angefüllt.

Aber als sollte diese Stadt ein Schauplatz sein, auf dem man nicht nur die Drangsale und Gefahren, denen die Menschen sich aus Gewinnsucht unterziehen, sondern auch die Entartung, in welche unser Geschlecht durch diese Leidenschaft gerathen, vor Augen hätte, war Carthagena zugleich ein großer Markt für den Menschenhandel geworden. Alljährlich liefen in seinen Hafen viele Fahrzeuge ein, deren weite Räume mit den unglücklichen, in Afrika gekauften oder auch geraubten Negern angefüllt waren. Viele derselben blieben zu Carthagena, und wurden zu allen Arbeiten, besonders in den Bergwerken verwendet, die übrigen in das Land oder auf die nahen Inseln hin verkauft. Wir wollen hier keine Schilderung der Sklaverei und ihrer traurigen Folgen unternehmen: — was wir aus dem Leben Clavers erzählen werden, wird hinreichend sein, unsern Lesern jene in unsern Tagen oft beschriebenen Leiden der armen Neger in's Gedächtniß zurück zu rufen: — wohl aber möchten wir gleich im Eingange dieser Erzählung, um den schmerzlichen Eindruck, den sowohl das Elend der Sklaven, als die Härte ihrer Gebieter oder Verkäufer auf ein christliches Gemüth machen muß, zu mildern, auf jene göttliche Vorsehung hinweisen, welche aus allen Uebeln, denen das Menschenge=

schlecht der Sünde wegen unterworfen ist, Heil und Segen
hervorgehen läßt. Die Neger, von denen wir reden, stamm=
ten meistens aus den Königreichen Guinea, Angola, Congo
und den benachbarten Inseln. In allen diesen Reichen
herrschte die uralte Gewohnheit, daß die bei den unaufhör=
lichen Befehdungen sehr zahlreichen Kriegsgefangenen entwe=
der den Götzen geopfert, und von den Siegern bei Fest=
mahlen verzehrt, oder zu Sklaven gemacht wurden. Die
europäischen Sklavenhändler also kauften diese Kriegsgefan=
genen, und führten sie nach Amerika, wo man für die
großen Pflanzungen und neuen Bergwerke zahlloser Arbeiter
bedurfte. Wenn wir nun nicht auf das Häßliche des Men=
schenhandels, dessen sich die Europäer schuldig machten, son=
dern auf das Schicksal der Neger blicken; so müssen wir
doch zuvörderst gestehen, daß dasselbe durch ihre Ueberfahrt
nach Amerika nicht verschlimmert wurde. Was man auch
immer von der unmenschlichen Behandlung, die sie bei ihren
neuen Herren erfuhren, mit Wahrheit erzählen mag; nie
wird man uns überreden, daß sie grausamer gewesen, als
jene, die sie von Barbaren, welche sich mit dem Fleische
ihrer Feinde nährten, d. i. von ihren Herren und Feinden
in Afrika erwarten mußten. Wir haben schon bemerkt, daß
die Thatsachen, die wir erzählen werden, nur zu geeignet
sind, die Anklage wider die Hartherzigkeit der habsüchtigen
Europäer zu bestätigen; aber wir können auch nicht läugnen,
daß wir in den Quellen, welche wir für diese kurze Lebens=
beschreibung benutzten*), sehr viele Züge gefunden haben,
aus denen man schließen muß, daß nichts destoweniger die

---

*) Die Akten des Prozesses der Seligsprechung, gedruckt zu Rom
im J. 1720. — La vie du V. Père Pierre Claver d. l. C. d. J.
par le P. Bertrand Gabriel Fleurieau. Neue Ausgabe bei Periß
zu Lyon 1831.

gewöhnlichen Schilderungen der Sklaverei in Amerika sehr übertrieben sind. Wenigstens konnte jenes Schicksal der Neger, von dem man uns ein so schauderhaftes Gemälde entwirft, nicht allgemein sein. Es gab nicht nur eine oder die andere, sondern sehr viele Familien, in welchen die Sklaven mit Milde und Schonung, ja mit all' der Liebe behandelt wurden, die uns das Evangelium zur Pflicht macht. Und wer könnte denn auch eine ganze christliche Bevölkerung der Unthaten fähig glauben, welche selbst das natürliche Gesetz und das menschliche Gefühl so laut verdammen?

Aber wenn der Sklavendienst unter einem fremden Himmel, ohne Hoffnung, jemals wieder den heimathlichen Boden zu betreten, doch immer ein sehr hartes Loos; wenn überdies viele Neger nicht nach dem Kriegsrechte ihrer Nation, sondern durch Verrath den Europäern überliefert waren: so können dennoch alle diese zeitlichen Uebel, welche ihnen die Menschen zufügten, mit der einen großen Wohlthat, welche ihnen Gott durch die Berufung zum wahren Glauben erwies, nicht verglichen werden. — Obgleich sowohl die Küstenländer, als auch der äußerste Süden Afrikas schon in dem apostolischen Zeitalter das Licht des Evangeliums erblickten; so wurde dasselbe doch auch bereits in den ersten Jahrhunderten durch verschiedene Irrlehren verdunkelt. Von der wahren Kirche getrennt, versanken diese Völker allmählig wenn nicht in alle Irrthümer, doch in alle Laster der Heiden zurück, und wurden später meistens eine Beute des Muhamedanismus. In Guinea, Angola und den andern Ländern aber, aus welchen die Negersklaven entführt wurden, hatten zwar zu verschiedenen Zeiten die Franziskaner, Dominikaner und Jesuiten mit aller Anstrengung Missionen gegründet: aber als wenn der Fluch Chams sich auf seine spätesten Nachkommen fortgeerbt, scheiterten alle Versuche der apostolischen Männer an dem Wankelmuth und der moralischen Schlaffheit dieser Völker. Mochte es auch gelingen, einige junge Kirchen zu stiften; so wurden sie doch sämmtlich nach kurzer Frist durch Gewalt oder Verrath wieder zerstört, und manche der Missionäre fielen als Opfer blutdurstiger Grausamkeit. Wenn man nun den Eifer und Erfolg betrachtet, mit welchem die Missionäre in Amerika unter den Negern wirkten; so muß man eben diese Sklaven als Schaaren von Auserwählten ansehen, welche Gott nur deßhalb durch die Habsucht der Europäer ihrem Vaterlande entreißen ließ, weil er ihnen in einem fernem Welttheile das unschätzbare Glück, ihn zu erkennen und zu lieben, bereitet hatte. Die Begierde der Sklavenhändler, sie vortheilhaft zu verkaufen, und die Sorgfalt ihrer Gebieter, aus ihren Arbeiten Gewinn zu ziehen, waren nicht so groß, als das heilige Verlangen und die fromme Thätigkeit der katholischen Priester, sie aus der Sklaverei der Sünde zu befreien, und mit den Schätzen der göttlichen Erbarmung zu bereichern. Der selige Claver, dessen Wirken wir näher betrachten wollen, allein bekehrte mehr als 300,000 Neger, und wir werden sehen, daß diese Bekehrung gewiß nicht in der bloßen Ertheilung der Taufe bestand.

II.

Jugend P. Claver's.

Peter Claver, den die Nachwelt mit dem Namen eines Apostels der Negersklaven geehrt, wurde zu Verdu, einem Flecken in Catalonien gegen das Jahr 1581 (nach andern 1585) geboren, und erhielt von seinen Eltern, die sich nicht weniger durch ihre Frömmigkeit, als durch den Adel ihres Geschlechtes auszeichneten, eine sehr sorgfältige

Erziehung. Der Same der Tugend und Gottesfurcht, der so früh in sein Herz gelegt worden, reifte und brachte die schönsten Früchte, als er zu Barzelona im Collegium der Gesellschaft Jesu den Studien oblag. Wenn glückliche Naturanlagen den studierenden Jünglingen nur zu oft gefährlich werden, und sie verleiten, die Gaben, welche ihnen Gott zu seiner Verherrlichung gegeben, auf dem Altar weltlicher Eitelkeit zu opfern; so ist es eben deßhalb um so erfreulicher, in einem jungen Geiste zarte Frömmigkeit und Tugendeifer mit Lernbegierde und großen Fortschritten in den Wissenschaften vereinigt zu sehen. Ein solcher Schüler war der junge Claver, die Freude seiner Lehrer, das Muster seiner Mitschüler. Als er die Gymnasialstudien vollendet hatte, bat er um die Aufnahme in das Noviziat der Gesellschaft Jesu. Sie wurde ihm zugesagt; doch sollte er zuvor seine Eltern um ihre Einwilligung bitten, und es war bei dieser Gelegenheit, wo sich die christliche Gesinnung dieser bewährte. Die Fähigkeiten, die Unschuld, die Fortschritte in der Tugend und Wissenschaft Peters hatten sie an die Vorstellung gewöhnt, daß in diesem theuern Kinde nicht nur der Trost und die Freude ihres Alters, sondern auch eine Stütze und Zierde ihrer ganzen Familie heranreife. Als sie nun den Brief erhielten, in dem sie aufgefordert wurden, auf alle diese süßen Hoffnungen zu verzichten, standen sie eine Zeitlang unbeweglich, bis der Schmerz, der ihre Seele durchschnitt, sich in heiße Thränen ergoß. Dann aber hoben sie, von dem Geiste der Gnade in demselben Augenblicke gestärkt, Augen und Herzen zu Gott, der von ihnen das Opfer verlangte; und indem sie dieses im Lichte des Glaubens betrachteten, dankten sie ihm mit freudiger Rührung, daß er sie desselben würdig erachtet. So pflegt die standhafte Treue, mit der fromme Christen in gewöhnlichen Dingen Gott gedient, in schwierigen Lagen die schöne Frucht heldenmüthiger Selbstverläugnung zu tragen; während andere in eben diesen Gelegenheiten der Versuchung unterliegen, und dann den Weg der Frömmigkeit, den sie lau gewandelt, ganz verlassen. —

Sobald Peter die Einwilligung seiner Eltern, mit der sie ihm zugleich ihren Segen sandten, empfangen hatte, begab er sich nach Tarragona, und begann das Noviziat den 7. August 1602. Der heilige Eifer, mit dem er sich in dieser ersten Zeit seines Ordenslebens auf die Erwerbung aller Tugenden seines hohen Berufes verlegte, erkaltete niemals, und wurde vielmehr durch eine besondere Fügung der göttlichen Vorsehung, im Umgange mit einem heiligen Manne mehr und mehr entzündet und geläutert. Nicht lange nach Beendigung der Prüfungszeit wurde nämlich Claver in das neu gegründete Collegium seines Ordens zu Mallorka geschickt, um daselbst dem Studium der Philosophie obzuliegen. In diesem Hause lebte der selige Bruder Alphons Rodriguez*), damals schon ein ehrwürdiger Greis, der durch standhaften Eifer im Gebet, durch die Uebung der strengsten Buße, durch die Bekämpfung jeder Leidenschaft, vor allem aber durch Leiden und Versuchungen zu jener vollkommnen Vereinigung mit Gott gelangt war, in welcher die himmlische Weisheit sich denen, die sie in Demuth suchen, auf wunderbare Weise offenbart. Dieser fromme Laienbruder

---

*) Der Bruder Alphons Rodriguez, (nicht zu verwechseln mit dem Pater Alphons Rodriguez, dem Verfasser des jüngst von neuem ins Deutsche übertragenen Werkes von der Uebung der christlichen Vollkommenheit,) wurde den 25. Juli 1531 zu Segovia geboren, trat erst in seinem vierzigsten Lebensjahr in den Orden, und starb zu Mallorka den 30. October 1617. Leo XII. versetzte ihn in die Zahl der Seligen, den 12. Juni 1825.

war über die Wege des Herrn, ja selbst über die tiefsten Geheimnisse des Glaubens so erleuchtet, daß er, wie es in seinen Tageszeiten heißt, „nicht nur durch Ermahnungen und heilsamen Rath, sondern auch durch Schriften, voll einer ganz himmlischen Weisheit, das Heil des Nächsten beförderte," und nicht selten von gelehrten Priestern zu Rathe gezogen wurde.

Der junge Claver war nicht wenig erfreut, daß er bestimmt sei, in der Nähe eines Mannes zu leben, von dem er die Wissenschaft der Heiligen erlernen könnte; und gleich nach seiner Ankunft zu Mallorka suchte er den frommen Bruder auf, und umarmte ihn mit jener Ehrfurcht, welche die Heiligkeit denen einflößt, die sie zu schätzen wissen. Die Obern gestatteten ihm, täglich zu einer bestimmten Stunde sich mit dem heiligen Greise zu unterreden; und wenn Peter zu diesen Unterhaltungen mit immer größerer Freude und Lernbegierde zurückkehrte, so war Alphons nicht weniger erfreut, in einem Jünglinge ein so reines, so entschlossenes, so mächtiges Streben nach der höchsten Vollkommenheit zu finden. Er betrachtete mit Rührung, was die Gnade bereits in dieser Seele gewirkt, und erkannte daraus, daß Gott dieselbe zu hohen Dingen auserwählt. Mit großer Sorgfalt pflegte er also alle Keime des Guten, die er in seinem Schüler fand, und theilte ihm mit, was seine lange Erfahrung ihn über den Umgang mit Gott, die Bekämpfung der Leidenschaften und die Uebung jeglicher Tugend gelehrt hatte. Wie er aber sah, daß kein Werk der Buße und Gottseligkeit so strenge war, das der junge Claver nicht mit Starkmuth unternommen, und keine Lehre der göttlichen Weisheit so erhaben, die er nicht mit offenem Sinne aufgefaßt: da erschloß er ihm ohne Rückhalt auch jene Erfahrungen, von denen sonst die Heiligen nicht zu reden pflegen. Sich bald

in hinreißender Rede über die Herrlichkeit Gottes, und das
Glück, ihn zu besitzen, ergießend, bald die Art und Weise,
mit ihm in jedem Geschäft und jeder Handlung vereinigt
zu bleiben, erklärend, vermehrte er nicht bloß das Verlangen
nach der höchsten Vollkommenheit, von dem der selige Jüngling erfüllt war, sondern lenkte dasselbe auch auf jene ächte
Heiligung des Lebens hin, ohne welche es eben so unnütz
als der todte Glaube, und vielleicht noch viel gefährlicher als
dieser ist. Claver war nicht zufrieden, die Lehren des Greises, in welchem Gottes Vorsehung ihm einen Vater seiner
Seele gegeben, einmal vernommen zu haben; und wenn er
und seine Mitschüler, was sie in der Schule der Philosophie
hörten, sich aufzuzeichnen pflegten, so glaubte er wenigstens
mit gleicher Sorgfalt, was er in der Schule der Heiligkeit
vernahm, aufbewahren zu müssen. Die Schrift, in welcher
er die Lehren des Bruders Alphons zusammen getragen hatte,
wurde für ihn eine Quelle, aus der er sein ganzes Leben
hindurch Licht und Stärke schöpfte, und ein Schatz, von dem
er sich nur im Tode trennte. Aber wie oft erglühte der
fromme Jüngling in heiliger Freude, wenn er in dem Greise,
dem er gegenüber saß, jene Heiligkeit, nach der seine Seele
rang, und den Reichthum himmlischer Güter, die ihr Besitz
verschafft, wie in einem lebensvollen Bilde vor sich sah.
Dieser Eindruck, den die persönliche Nähe eines gotterfüllten
Mannes auf ihn machte, war die größte Wohlthat, welche
die Vorsehung ihm durch den Bruder Alphons zufließen
ließ. Bis in sein spätestes Alter genügte die Erinnerung an
denselben, um ihn im Geiste zu erneuern.

Indessen hatte es Gott gefallen, den Bruder Alphons,
welcher unaufhörlich für seinen Schüler betete, auf außerordentliche Weise über dessen hohen Beruf zu belehren. In
einem der Gesichte, durch welche der fromme Greis oft

dieser Welt entrückt wurde, zeigte er ihm die himmlische Herrlichkeit, zu der Claver durch die Bekehrung großer Schaaren von Indianer gelangen würde. Alphons redet dem jungen Ordensmann, den er von nun an nicht nur mit größerer Freude, sondern auch mit tiefer Ehrfurcht betrachtete, von diesem Gesichte niemals; aber er benutzte es um ihn mit noch mehr Eifer auf das große Werk, zu dem Gott ihn ausersehen, vorzubereiten. Die Völker der Heiden die im Schatten des Todes schmachten, und die glorreichen Verdienste derer, die ihnen das Licht des Glaubens bringen machten von nun an einen der gewöhnlichsten Gegenständ seiner Unterredungen mit ihm aus; und die ergreifenden Worte des Greises brachten in Peter den Wunsch, den er schon seit einiger Zeit in sich nährte, zur Reife. Er begehrte von seinen Obern, in die Missionen Westindien geschickt zu werden. Seine Jugend und die großen Talent für die Wissenschaften, durch die er in Europa nützliche zu sein schien, standen seinem Begehren entgegen. Abe Claver wiederholte drei Jahre hindurch sein Gesuch so standhaft und so dringend, daß die Obern fürchteten, durch längern Widerstand dem Willen Gottes entgegen zu handeln Mit unbeschreiblicher Freude bestieg Claver das Schiff, das ihn in die ersehnte Mission bringen sollte. — Er hatte die theologischen Studien noch nicht vollendet, und ehe er sie in Amerika wieder anfangen konnte, bot er sich an, die Dienste der Laienbrüder, an welchen dort großer Mange war, zu verrichten. Zwei Jahre war er im Collegium vom heiligen Glauben (Santa-fé-de Bogota) Pförtner Sakristan, Krankenwärter; dann erst setzte er die theologischen Studien fort, und wurde im Jahre 1616 zu Carthagena zum Priester geweiht. —

III.

Alphons von Sandoval.

Carthagena, wo Claver den größten Theil seines Lebens zubrachte, war aber bereits der Schauplatz der wahrhaft apostolischen Wirksamkeit eines andern Missionärs gewesen. Alphons von Sandoval, einer hohen adelichen Familie Spaniens, die sich in Lima niedergelassen hatte, entsprossen, entsagte in früher Jugend den Freuden und Hoffnungen der Welt, um sich in der Gesellschaft Jesu dem Dienste des Herrn ausschließlich zu widmen. Sobald er die heiligen Weihen empfangen hatte, begann er mit eben so großer Ausdauer, als seltner Selbstverläugnung alle Werke der Seelsorge besonders unter den Negersklaven zu üben. Die Liebe, welche ihm Gott gegen diese Unglücklichen eingeflößt hatte, trieb ihn an, seine Obern zu bitten, daß er nach Carthagena geschickt werde. Er machte die weite, beschwerliche und gefahrvolle Reise zu Fuß; sein Brevier war alles, was er mit sich trug. Zu Carthagena angekommen, fand er daselbst nur drei Priester seines Ordens, die inmitten jener reichen Stadt in so großer Armuth lebten, daß sie von Thür zu Thür die Almosen sammeln mußten, mit denen sie ihr Leben fristeten. Drei Jahre lang unterzog sich Sandoval diesem demüthigen Dienste, und freute sich in demselben des Looses der Armen, die er so zärtlich liebte, theilhaftig zu werden. Im Hause verrichtete er mit großer Liebe und Emsigkeit die Geschäfte, die sonst den Laienbrüdern übertragen werden. Als aber endlich diese angekommen, ergab er sich ganz den Werken der Seelsorge, denen er bis dahin nur wenige Zeit hatte widmen können. Er suchte in Carthagena und der Umgegend die Neger auf, unterrichtete, tröstete, ermahnte sie mit unermüdlicher Geduld. Aber er überzeugte sich bald, daß alle seine Bemühungen vergeblich sein müßten, wenn es ihm nicht gelänge, die Neger gleich nach ihrer Ankunft in Carthagena, und ehe sie durch die Gegend hin zerstreut wurden, in der Religion gründlich zu unterweisen, und zum wahrhaft christlichen Lebenswandel anzuleiten. Trotz des Gesetzes nämlich, durch welches der König von Spanien befohlen hatte, die Sklaven nicht eher ihren Gebietern zu übergeben, bis sie gehörig unterrichtet, und getauft seien, wurden zu Carthagena eine Menge ohne hinreichenden Unterricht, nicht wenige auch ohne die Taufe entlassen. Für die Beobachtung eines solchen Gesetzes genügte nämlich weder das Ansehen des Königs, noch auch die Treue und Macht seiner Beamten; es bedurfte vor allem Männer von ausdauerndem Muthe, großmüthiger Selbstverläugnung, zarter und erfinderischer Liebe. Denn es war eine äußerst schwere Aufgabe, diese Neger zu unterweisen, und zu Christen zu bilden. Sie brachten nicht bloß die Sitten roher Barbaren, sondern auch Mißtrauen und Haß gegen die Europäer mit, von denen sie auf der langen Ueberfahrt meistens eine schlechte, nicht selten eine ganz unmenschliche Behandlung erfahren hatten. Sie waren überdies, wie an der Seele mit Lastern, so auch sehr oft am Leibe mit den ekelhaftesten Krankheiten behaftet. Zu dem kam die größte Schwierigkeit, sich ihnen verständlich zu machen. Eine oder die andere Sprache der Neger mochte der Missionär erlernen können; aber in dem Königreich Guinea allein waren gegen dreißig Mundarten üblich, und diese unter einander so verschieden, daß sich die Neger selbst, wenn sie nicht aus derselben Provinz stammten, nur mit großer Schwierigkeit

verstanden. Bei weitem die größere Zahl mußte also mit
Hülfe von Dollmetschern unterrichtet werden.

Doch alle diese Hindernisse konnten weder den Muth,
den Sandoval aus dem Vertrauen auf die Macht Jesu
Christi schöpfte, erschüttern, noch die Geduld, zu der ihn
das Beispiel des Gekreuzigten ermahnte, ermüden. Auf
welche Weise es ihm gelang, jene Hindernisse zu überwäl-
tigen, und eine geraume Zeit hindurch das schwere Apostolat
unter den Negern in Carthagena mit dem glücklichsten Erfolge zu üben, werden wir aus dem Leben des seligen Claver, über welches uns ausführlichere Berichte übrig geblieben
sind, ersehen. Claver wurde ihm im J. 1616, bald nachdem er die Priesterweihe empfangen hatte, zum Gefährten
gegeben, und verehrte sein ganzes Leben hindurch den Pater
Sandoval als seinen Lehrer und Führer in allem, was er
für die Neger unternahm. Sandoval seinerseits fand in
Claver einen Schüler und Nachfolger, dem er bereits nach
einem Jahre die ganze Sorge für die neu ankommenden
Sklaven überlassen zu können glaubte. Er begann also jetzt
wiederum seine Missionen im Innern des Landes, suchte
seine geliebten Neger in allen einzelnen Pflanzungen und
Bergwerken auf, und pflegte mit großer Liebe, was er in
ihnen durch den ersten Unterricht in Carthagena gepflanzt
hatte.

Gebeugt vom Alter, erschöpft von Mühsalen kam er nach
Carthagena zurück, um nach einigen Jahren stillen Wirkens
unter den Einwohnern der Stadt noch in dem Feuerofen
des bittersten Leidens die letzte Läuterung zu erhalten. Eine
Krankheit, die seinen Leib mit Geschwüren bedeckte, und alle
seine Glieder mit heftigen Schmerzen folterte, hielt ihn zwei
volle Jahre ans Bett gefesselt. Die wenigen Jesuiten, welche
bis dahin in Carthagena waren, wurden von allen Seiten

so sehr in Anspruch genommen, daß es ihnen beim besten
Willen unmöglich war, dem Leidenden viele Erleichterung
zu verschaffen. Die meiste Zeit brachte er in schmerzens=
voller Einsamkeit zu. Man fand ihn gewöhnlich in stiller
Ruhe daliegend, die Hände über die Brust gefaltet, die
Augen zum Himmel gerichtet: „Gott sei gelobt! Gott sei
gepriesen!" waren die Worte, mit welchen er unaufhörlich
dem Herrn dankte, daß er es ihm verlieh, jetzt, da er für
seine Ehre nicht mehr arbeiten konnte, ein Opfer der Schmer=
zen darzubringen. Er starb am Weihnachtsfeste in seinem
sechsundsiebenzigsten Lebensjahre. —

IV.

Erster Unterricht und Taufe der Neger.

Die erste und größte Sorge, welche Claver den Negern
zuwendete, war der Unterricht der neuangekommenen. Um
denselben mit Erfolg ertheilen zu können, traf er verschie=
dene Vorkehrungen. Zuerst war er bemüht, für alle die
verschiedenen Mundarten ihrer Sprache Dollmetscher zu fin=
den, die immer bereit wären, ihn zu begleiten. Dann bet=
telte er von Thür zu Thür Liqueure, wohlriechendes Wasser
und jede Art von Erfrischungen, und suchte von denselben
immer einen Vorrath für den Tag bereit zu haben, an
welchem man ihm die Nachricht brächte, daß ein Schiff mit
Afrikanern in den Hafen eingelaufen sei. Der Statthalter
von Carthagena und die angesehensten Beamten pflegten
sich zu beeilen, ihm diese Nachricht geben zu lassen: denn
sie wußten, daß sie ihm keine größere Freude machen konn=
ten. Wirklich leuchtete, sobald man ihm die Kunde mit=
theilte, diese Freude aus seinem ganzen Antlitze; er dankte
denen, die ihn benachrichtigten auf das herzlichste, und

versprach für sie das h. Meßopfer darzubringen; dann sank er auf seine Knie, Gott um seinen Beistand anzuflehen, suchte die Dollmetscher, deren er bedurfte, auf, und eilte mit allem, was zur Spendung der heiligen Sakramente nothwendig war, wie auch mit den erwähnten Erfrischungen beladen, in den Hafen. Welch ein Schauspiel eröffnete sich da den Blicken der Anwesenden! Die armen Neger kamen aus dem Schiffe, in dessen unterem Raume sie dicht auf einander, und nur gar zu oft ohne hinreichende Nahrung und Bedeckung gelegen, mit scheuen Blicken und allen Anzeichen eines tiefen Elendes hervor. Aber wie sie einen Fuß ans Land gesetzt, da stand in dem frommen Priester das Bild der christlichen Liebe und des zärtlichsten Mitleidens vor ihnen. Seine Blicke, seine Mienen redeten zu ihren Herzen, ehe er durch seine Dollmetscher ihnen Muth einsprechen lassen konnte. Einem jedem, der ans Land stieg, reichte er die Hand; die Kranken trug er auf seinen Armen zu den Wagen, die er hatte bereiten lassen, um sie in das Spital zu bringen, und keiner von allen war, der nicht von ihm irgend ein besonderes Zeichen wohlwollender Theilnahme empfing. —

Die Neger betraten das Land mit der Ueberzeugung, daß sie nur darum nach Carthagena gebracht seien, um auf eine schauderhafte Weise erwürgt zu werden. Claver also war bemüht, ihnen sogleich diesen entsetzlichen Gedanken zu benehmen; er ließ sie durch seine Dollmetscher, die meistens Sklaven von ihrer Nation waren, versichern, daß ihre Lage in Carthagena besser sein werde, als jene in ihrer Heimath, und daß sie bestimmt seien, nicht den falschen Göttern geopfert, sondern Diener, ja Kinder des wahren Gottes und Erben einer ewigen Glückseligkeit zu werden. Während die Dollmetscher durch solche Vorstellungen die

Furcht der armen Wilden zu verscheuchen suchten, fuhr der Selige fort, auf alle Weise ihnen seine Liebe und väterliche Fürsorge zu erkennen zu geben, und theilte zu diesem Zwecke zuletzt noch die mitgebrachten Erfrischungen unter sie aus. Nachdem er sich auf solche Art ihres Zutrauens versichert, entließ er sie in die ihnen bestimmten Wohnungen, und eilte zu den Kranken, die man in das Spital gebracht hatte.

So verpestet die Luft in diesem, so ekelhaft die Krankheiten waren, an denen die Neger darnieder lagen, Claver näherte sich ihren Lagerstätten mit freundlich lächelndem Antlitz; wusch ihnen das Gesicht, erquickte sie mit wohlriechendem Wasser, und reichte ihnen die Erfrischungen, welche sie genießen konnten. Alle, die bereits in Lebensgefahr schwebten, unterrichtete er ohne Verzug in den wichtigsten Religionswahrheiten, und ertheilte ihnen das Sakrament der Taufe. Nicht wenige starben gleich nach Empfang desselben, so daß die göttliche Vorsehung ihnen nur das zeitliche Leben gefristet zu haben schien, damit sie für das ewige wiedergeboren würden.

Nachdem Claver die Kranken versorgt hatte, begann er den Unterricht der Uebrigen. Er versammelte sie in einem großem Gebäude oder auch unter freiem Himmel. In der Mitte war eine Art Altar errichtet, auf welchem sich ein großes Gemälde erhob, das irgend eines der wichtigsten Geheimnisse unserer heiligen Religion vorstellte. Claver war bemüht in einem Halbkreise um den Altar Sitze, wie er sie eben finden konnte, zu bereiten. Alle Neger mit den Dollmetschern mußten sich auf dieselben niederlassen. Er allein setzte sich niemals, und bediente sich nicht selten seines Mantels, um den Kränklichen einen bequemeren Sitz zu bereiten. Ehe er den Unterricht begann, kniete er, das Bild des Gekreuzigten auf der Brust, in der Mitte nieder, und betete mit glühendem Angesicht. Alsdann machte er die Runde, und lehrte mit unbeschreiblicher Geduld und Sanftmuth jedem einzelnen zuerst das Kreuzzeichen machen. Auf dieselbe Weise suchte er dann ebenfalls jedem einzelnen einen Glaubenspunkt nach dem andern beizubringen, und hatte Sorge, daß sie nach jedem Artikel, den sie hergesagt, die Tugend des Glaubens erweckten. Man kann sich vorstellen, wie viele Zeit erfordert wurde, diesen Wilden, die, wenn auch von Natur weniger stumpfsinnig, als man oft versichert, doch an einen solchen Unterricht durchaus nicht gewöhnt, und meistens schon im männlichen Alter waren, die nothwendigsten Religionskenntnisse beizubringen. Wenn dies jedoch dem eifrigen Ordensmann mit dem besonderen Beistande Gottes, um den er am Altare, in anhaltendem Gebete und durch die allergrößten Bußwerk flehte, gelungen war, und er sich von der genügenden Vorbereitung jedes einzelnen überzeugt hatte; so bestimmte er einen Tag zur feierlichen Ertheilung der Taufe. Er suchte denselben so festlich als möglich zu machen, damit die Neger durch alles, was sie sahen und hörten, an die Heiligkeit der Religion, in deren Schooß sie aufgenommen wurden, und an die himmlische Kraft des Sakramentes, das sie empfiengen, erinnert würden. Sie mußten, um die Taufe zu empfangen, zu zehn vor ihm niederknieen, und er verrichtete die Ceremonien, deren Bedeutung ihnen erklärt war, mit jener Würde, die seinem Glauben und seiner Andacht entsprach. Nach der Taufe ertheilte er ihnen noch eine rührende Ermahnung, und umarmte sie alle mit väterlicher Liebe. Welche Freude ergoß sich durch die Seele des Seeligen, wenn er dann die Schaar der Wiedergebornen um sich her sah, und die wunderbaren Wege Gottes betrachtete, der diese Neger zu Sklaven der Menschen werden ließ, um sie zu seinen Kindern zu machen. Nicht weniger groß war die Rührung der Neugetauften. Die Gnade Gottes erfüllte ihr Herz mit den nie empfundenen Regungen einer himmlischen Freude, und erleuchtete ihren Sinn über die Wahrheiten, durch deren Erkenntniß sie über sich selbst erhoben wurden. Sie blickten bald zum Himmel empor, wo sie jetzt in dem unendlichen Gott einen liebevollen Vater erkannten, bald schauten sie Claver an, in dem ihnen die Liebe und Barmherzigkeit dieses Gottes kund geworden; und wußten nicht, was sie sagen sollten, bis sie endlich ihre Freude auf die ihnen eigene Weise offenbarten. Sie klatschten in die Hände, warfen sich dem Missionär zu Füßen, jauchzten und frohlockten. —

Claver setzte den Unterricht fort, so lange die Sklaven in Carthagena blieben; wann er aber vernahm, daß ihre Abreise bevorstand, verdoppelte er seinen Eifer. Er besuchte sie öfter, tröstete sie so gut er konnte, und belehrte sie über alles, was sie fern von ihm zu beobachten hätten. Die Fähigeren unterwies er insbesondere und leitete sie an, den Uebrigen die wichtigsten Belehrungen zu wiederholen, und namentlich den Sterbenden beizustehen. Am Tage der Einschiffung fand er sich pünktlich bei ihnen ein, führte sie selbst in den Hafen, umarmte sie mit Zärtlichkeit und gab ihnen den priesterlichen Segen. Dann stand er, wie im tiefen Schmerz versunken, am Ufer, und verließ dasselbe nicht, bis er das Fahrzeug aus den Augen verloren hatte.

Dies war die Sorge, mit der sich unser Seliger der neu ankommenden Sklaven annahm; aber sein Eifer beschränkte sich auf diese nicht. Gar manche Neger lebten in Carthagena, und der Umgegend, die nie getauft, nie unterrichtet worden. Claver gab sich alle nur erdenkliche Mühe, um sie aufzufinden, und mochten sie in ihrem Heidenthum noch so verhärtet sein, oder ihre unchristlich gesinnten Herren dem Unterricht noch so viele Hindernisse entgegensetzen, der Eifer und die geduldige Liebe des frommen Priesters siegten über alles. Gott wollte aber auch auf außerordentlichem Wege zu erkennen geben, wie wohlgefällig ihm das Bemühen seines Dieners war. Er offenbarte ihm sehr häufig die Gefahr, worin sterbende Neger, die nicht getauft waren, schwebten, und gab ihnen auf sein Gebet das schon verlorne Bewußtsein zurück. Aus einer Menge von Beispielen dieser Art, die von Augenzeugen vor dem geistlichen Gericht mit Eidschwur betheuert wurden, führen wir nur einige wenige an. Eine noch heidnische Negerinn lag von allen verlassen, schon mit dem Tode ringend, in einer armen Hütte. Der Selige trat in dieselbe, ohne gerufen, ohne benachrichtigt worden zu sein. Er fand die Kranke ohne Bewegung und ohne Bewußtsein; aber auf sein Gebet kam sie alsbald zu sich, und konnte den nothwendigen Unterricht vernehmen. Kaum hatte sie das h. Sakrament empfangen, so verschied sie. Eine andere Negerin, die über hundert Jahre alt war, und allgemein für eine Christin gehalten wurde, lag schwer krank darnieder. Claver bereitete sie zum h. Bußsakramente vor; aber plötzlich inne haltend, fragte er sie mit bedeutungsvoller Stimme, ob sie getauft sei. Die Kranke wagte nicht zu lügen; sie antwortete mit zitternder Stimme: Nein. Auch sie starb wenige Augenblicke nach dem Empfange der Taufe. In dem Hause einer spanischen Dame erkrankte ein Neger, den man ebenfalls für einen Christen hielt. Die Krankheit machte so rasche Fortschritte, daß er bereits seinem Ende nahe war, als man Claver rief. Er kniet neben dem Sterbenden nieder, und fleht für ihn um Barmherzigkeit. Der Kranke erhält sein volles Bewußtsein wieder, bekennt zum Erstaunen der Umstehenden, daß er die heilige Taufe nie empfangen, empfängt sie und stirbt. Dasselbe Glück war zweien Sklaven spanischer Hauptleute zu Theil. Auch sie lagen in den letzten Zügen, und erhielten das Bewußtsein nur zurück, um von dem Missionär, der für sie gebetet, das Sakrament der Wiedergeburt zu empfangen.

V.

Fernere Seelsorge unter den Negern.

War der Eifer des seligen Peter, die Neger auf den Weg des Heiles zu führen, so groß; so war die Anstrengung, mit der er sie auf demselben zu erhalten suchte, nicht geringer. Täglich suchte er eine Anzahl derselben in ihren Wohnungen auf, unterrichtete, tröstete und ermahnte sie. Oft sah man ihn stundenlang auf öffentlichen Plätzen und Straßen von den reichen Kaufleuten Almosen jeder Art für seine Neger begehren; aber ehe er dieselben unter sie austheilte, mußten sie einen Unterricht über einen Glaubenspunkt oder ein Gebot Gottes anhören. An Sonn= und Feiertagen versammelte er sie, um sie zur h. Messe zu führen. Konnte er selbst den Beichtstuhl nicht verlassen, so schickte er seine Katecheten. In der Kirche hatte er für die Sklaven Bänke und Matten bereiten lassen, und nach dem Gottesdienste wurden allen Greisen und Kränklichen Erfrischungen gereicht. So erbaulich dieser liebevolle Eifer des Missionärs sein mochte; erhoben doch die vornehmen Herren und Damen der Stadt bittere Klagen, daß man sie scheine aus der Kirche verdrängen zu wollen, um sie den Sklaven, deren Nähe sie wegen des üblen Geruches nicht ertragen konnten, einzuräumen. Aber Claver erwiederte ihnen mit aller Freimüthigkeit, daß diese armen Sklaven Christen seien, und als solche gleiche Würde und gleiche Rechte mit ihren Herren hätten; daß er sich als ihren Caplan betrachte, und alle Sorge haben müsse, daß sie ihren religiösen Pflichten Genüge leisteten. Man mußte nachgeben.

Bewundernswerth war seine Standhaftigkeit in der Ausspendung des Bußsakramentes. Die Kirche der Jesuiten war so ärmlich als ihre Wohnung; klein, feucht, mit Insekten angefüllt, und gegen die Stürme ebensowenig, als gegen die Gluth der Sonne geschützt. Clavers Beichtstuhl stand in der Nähe der Thür, und war bis Mittag den Strahlen der Sonne ausgesetzt. Nichtsdestoweniger sah man den Diener Gottes täglich in aller Frühe sich in denselben begeben, und wenigstens bis gegen acht Uhr ausharren. An Sonn- und Feiertagen aber fand er sich darin schon gegen drei Uhr Morgens, und verließ ihn erst gegen Mittag, um die letzte Messe zu lesen. So lange Sklaven um seinen Beichtstuhl standen, ließ er keine andere Beichtende zu: den Herren bemerkte er, daß es für sie ein leichtes wäre, Beichtväter zu finden, und den Damen sagte er mit scherzender Einfalt, sein Beichtstuhl sei für ihre Reifröcke zu enge, nur arme Negerinnen fänden darin Platz. Ließen sich einige dadurch nicht abschrecken, so mußten sie warten, bis alle Neger und Negerinnen gebeichtet hatten.

Mit der größten Sorgfalt wachte der Selige auch außer dem Beichtstuhl auf die Sitten seiner geistlichen Pflegekinder, und ruhete nicht, bis er die Gelegenheiten zur Sünde entfernt, und die bösen Gewohnheiten ausgerottet sah. Die Neger liebten leidenschaftlich den Tanz. Claver wollte sie dieses Vergnügens nicht ganz berauben; aber er schrieb ihnen strenge Regeln des Anstandes und der Sitte vor. Von Zeit zu Zeit wollte er sich selbst überzeugen, ob dieselben beobachtet würden; und wenn er irgend eine Ver-

letzung der Zucht wahrnahm, erhob er in der einen Hand
das Crucifix, in der andern eine Geißel, und jagte die
Tanzenden auseinander. — Ein gewisses Todtenfest aber,
das die Neger der Sitte ihres Landes gemäß, zur Nacht=
zeit mit manchen abergläubischen Gebräuchen und großer
Gefahr zu vielerlei Ausschweifungen feierten, verbot er auf
das strengste, und erwirkte gegen dasselbe kräftige Maßregeln
der geistlichen und weltlichen Behörden. Er duldete nicht,
daß sie unter was immer für einen Vorwand am Sonntage
arbeiteten: denen, die es aus wahrer Noth zu thun pfleg=
ten, verschaffte er Almosen; und hörte nicht auf, allen be=
greiflich zu machen, daß sie nicht zu fürchten hätten, durch
die Treue im Dienste des Herrn in Dürftigkeit zu gera=
then. — Ganz besonders aber entflammten seinen Eifer
die Lästerer und Trunkenbolde. Er begnügte sich nicht,
ihnen den Fehltritt, in den sie gefallen, strenge zu verweisen,
sondern befahl ihnen, im Beisein Anderer den Boden mit
der Zunge zu berühren, und ihnen seinen Fuß auf den
Nacken setzend, sprach er mit großem Nachdruck: „Wer bist
du, Unglückseliger! daß du es wagest, dich gegen den Him=
mel zu erheben, und die göttliche Majestät zu beschimpfen."
So Strenge mit Milde vereinend, und sein ganzes Ver=
fahren der Gemüthsart und den Begriffen der Neger an=
passend, gelang es ihm, über die vielen und großen Hin=
dernisse, welche die christliche Tugend sowohl in den früheren
Gewohnheiten, als auch in der gegenwärtigen Lage der
Sklaven finden mußte, zu siegen.

Aber es war besonders die heilige Fastenzeit, in welcher
Claver unter den schon getauften Negern mit segensreichem
Erfolge wirkte. Während derselben, wie auch in der Ad=
ventszeit, duldete er weder jene Tänze, noch andere öffent=
liche Belustigungen. In der Kirche aber war er bemüht,

alle Vorkehrungen zu treffen, welche den Negern die Uebun=
gen der Andacht und Buße erleichtern konnten. Er ließ,
um sie gegen die Feuchtigkeit zu schützen, den Boden der
Kirche mit Brettern belegen und alle drei Tage reinigen.
Um seinen Beichtstuhl hiengen Rosenkränze und Bußwerk=
zeuge, die er unter die Neger vertheilte. Auf einem Tische
vor demselben lag ein Bilderbuch, in welchem die Geheim=
nisse des Lebens und Leidens Jesu Christi vorgestellt waren;
in der Mitte der Kirche schwebte ein großes Gemälde, das
den Büßenden an die ewigen Strafen der Sünde erinnerte.
Früh vor Tagesanbruch begab sich der Selige in den Beicht=
stuhl und blieb darin acht volle Stunden. Ehe er die
Beichte begann, erklärte er den Negern das Evangelium
des Tages, und schloß mit Uebungen der Reue, die er mit
so bewegter Stimme, mit so tiefer Rührung sprach, daß
die Neger um ihn her in lautes Weinen ausbrachen, und
sich dem Bußsakramente mit einer Sammlung und Zerknir=
schung näherten, durch die sich die Spanier beschämt fühl=
ten. Nachmittags gegen zwei Uhr begab sich Claver von
neuem in die Kirche, um dieselbe Arbeit zu beginnen: denn
diese war die den Negerinnen bestimmte Zeit. Eine so fort=
gesetzte Anstrengung in ganz verdorbener Luft, unter den
peinigenden Stichen der Mosquitos erschöpften den Missio=
när, der noch überdies vom Kopf bis zu den Füßen mit
einem Bußgewand und mehreren Bußgürteln bedeckt war,
nicht selten dergestalt, daß er fast ohnmächtig wurde. Die
einzige Erquickung, die er sich in solchen Augenblicken gönnte,
bestand darin, daß er sich das Gesicht mit einem in Wein
getauchten Tuche rieb. Gegen sechs Uhr Abends, wann die
Kirche geschlossen wurde, führte er noch die Männer unter
einen nahe an der Thüre des Collegiums befindlichen Schop=
pen, und fuhr fort, Beicht zu hören, bis auch diese Thür

geschlossen wurde. Von dort kehrte er dann so erschöpft
zurück, daß man ihn in das Speisezimmer mehr tragen
als führen mußte. In einem Stück groben Brodes und
einigen gebratnen Kartoffeln bestand seine ganze Mahlzeit.
Nach derselben zog er sich in sein Zimmer zurück. Seine
Mitbrüder schlichen ihm zuweilen nach, um ihn in seiner
Einsamkeit zu beobachten. Großer Gott, welch ein Anblick!
Nach so unerhörten Anstrengungen lag Claver in der Mitte
seines Zimmers mehrere Stunden lang auf den Knieen, und
unterbrach sein Gebet, als wäre er der größte Missethäter,
nur durch blutige Geisselungen. —

An den Sonntagen in der Fasten versammelte er die
Neger und Mulatten (Halbmohren) mit einer Schelle in
der Hand, und führte sie unter Gebet und Gesang auf einen
großen Platz. Dort erklärte er irgend eine wichtige Glau=
benslehre, und schloß mit einer ergreifenden Ermahnung
und der Erweckung der Reue. Alsdann führte er sie in die
Kirche, und begann wie an den Wochentagen die Beichte. —
Rührend war bei allem diesen besonders seine Aufmerksam=
keit und Sorgfalt für die Greise und Kranken. Er ließ
sie auf Tragsesseln in die Kirche bringen, führte sie nach
der Beichte oftmals selbst an die Communionbank, und wenn
er sich einige Augenblicke aus der Kirche entfernen konnte,
reichte er ihnen mit eigner Hand das Frühstück, das er für
sie hatte bereiten lassen. —

Manche Herren beklagten sich über die Zeit, welche ihre
Sklaven in der Kirche und beim Unterricht zubrachten; aber
Claver ließ sich durch ihr unchristliches Murren nicht irre
machen, und fand für seine heiligen Bestrebungen bei der
weltlichen und geistlichen Obrigkeit Unterstützung. Andere
hingegen waren so gerührt über seinen Eifer, daß sie ihm
für die Wohlthaten, die er ihren Sklaven erwies, reiche

Geschenke anboten: allein der uneigennützige Ordensmann, welcher für die Armen und Kranken in der ganzen Stadt Almosen sammelte, schlug die Geschenke aus, in denen man eine Art Belohnung seiner Mühen sehen konnte.

VI.
Krankenpflege und Missionen auf dem Lande.

Nach der österlichen Zeit war die erste Sorge des Seligen, die Kranken aufzusuchen, welche die hh. Sakramente nicht in der Kirche hatten empfangen können. Ueberhaupt machte das ganze Jahr hindurch der Besuch der kranken Neger eine seiner Hauptbeschäftigungen aus. Er hatte bestimmte Leute, die ihn von jedem, der erkrankte, sogleich Nachricht geben mußten, und damit er bei der großen Anzahl der Kranken keinen vergäße, hielt er ein genaues Verzeichniß derselben. Der Regel seines Ordens gemäß konnte er keine Besuche ohne einen Begleiter machen. Da nun aber die Brüder, welche den Priestern diesen Dienst zu leisten pflegen, nicht selten gar zu beschäftigt waren, so half ihnen Claver die Hausarbeiten verrichten, um früher mit ihnen ausgehen zu können. Weder die glühendste Hitze, noch Stürme und Regen konnten ihn abhalten, von einer Straße in die andere zu eilen, um den Trost der Religion zu den in ihren Leiden nur gar zu oft ganz verlassenen Sklaven zu tragen. Die meisten derselben lagen entweder in größeren Krankenzimmern dicht neben einander, oder in elenden Hütten, in Dachstuben und finstern Winkeln, die eher einem Kerker als einer Wohnung glichen; und wenngleich manche fromme Christen ihnen gern einige Erleichterung verschafft hätten, so war doch die Nähe dieser Kranken so unausstehlich, daß sie bei ihnen nicht lange verweilen konnten. Der üble Geruch, den die Neger wegen ihrer Unreinlichkeit immer verbreiteten, wurde durch die Natur ihrer Krankheiten in hohem Grade vermehrt. Die meisten waren mit Geschwüren bedeckt, viele litten am Krebs, und selbst die Blattern waren unter ihnen sehr gewöhnlich. Man erinnere sich bei allem diesen an die Hitze und Feuchte des Landstriches, und man wird begreifen, daß mehr als zartes Mitleiden dazu gehörte, bei solchen Kranken auszudauern. Gerade also die Tiefe des Elendes, welche sie der Hülfe am meisten bedürftig machten, verscheuchte diejenigen, welche dieselbe ihnen hätten leisten können. Selbst die Priester mußten sich, wenn sie zwei oder drei mit den heiligen Sakramenten versehen hatten entfernen: nicht weil sie ohne Eifer waren, sondern weil ihre Natur erlag. Nur Claver, dessen Kräfte eine wunderbare Wirkung der Gnade unterstützte, brachte ganze Stunden unter ihnen zu. Er machte ihre Betten, er reinigte ihre Wunden, er leistete ihnen alle Dienste, deren sie bedurften, so ekelhaft sie sein mochten. Oft auch schloß er sie liebevoll in seine Arme, und wie man vom h. Franziskus Xaverius, von der h. Catharina von Siena und einigen andern auserwählten Seelen liest, daß sie, um den natürlichen Widerwillen vollkommen zu überwinden, ihre Lippen auf die Wunden drückten, vor denen sie zurückgeschreckt waren: so war diese großmüthige Selbstüberwindung deren bloße Erwähnung wir kaum ertragen, beim seligen Claver etwas ganz Gewöhnliches. Ein Jesuit, der durch Carthagena kam, um nach Rom zu reisen, wollte sich von der Lage der Neger und von allem, was Claver für sie that, mit eigenen Augen überzeugen. Er bot sich also dem Missionär zum Begleiter an, wenn er die Kranken besuchte. Aber nur kurze Zeit hatte er in jenen Gemächern des Elends verweilt, nur einige Blicke auf den

in dem Bette der Neger beschäftigten Claver geworfen, als
er ohnmächtig niedersank.

Indessen sträubte sich auch in Claver die Natur nicht
selten wider die heldenmüthigen Werke, zu denen ihn die
Gnade antrieb. Eines Tages wurde er zu einem Neger
gerufen, den man wegen des Gestankes seiner Geschwüre
in einen Winkel des Hauses entfernt hatte. Der Herr und
vier andere Spanier beobachteten den Seligen von weitem,
um sich von der Wahrheit dessen, was sie oft gehört, zu
überzeugen. Claver wurde beim ersten Anblick des unglückli=
chen Sklaven, der einer verwesenden Leiche glich, von so
großem Widerwillen ergriffen, daß er zurückschauderte. Aber
schnell faßte er sich, trat bei Seite, und, sich ohne Zeugen
glaubend, warf er sich vor Gott im Gebete nieder, entblößte
seine Schultern, und züchtigte sich für die unwillkürliche
Regung der Natur mit einer heftigen Geisselung. Jetzt
kehrte er zum Kranken zurück, näherte sich ihm auf den
Knieen, küßte alle seine Wunden, und nicht zufrieden, seine
Beichte gehört zu haben, blieb er noch lange Zeit bei ihm,
um ihn zu pflegen und zu trösten. Die Spanier, die ihm
gefolgt waren, standen da außer sich vor Erstaunen und
Ehrfurcht; sie hatten einen Heiligen in seiner Schwäche
gesehen, um seine Größe desto mehr zu bewundern. Und
auch wir haben diesen Zug aus dem Leben unseres Apo=
stels darum nicht verschweigen wollen, damit wir unsre Leser
daran erinnerten, daß die Heiligen Menschen sind. Sie
fühlen das Gewicht „des verweslichen Leibes, der die Seele
niederdrückt," und „das Gesetz in ihren Gliedern, das wi=
der das Gesetz Gottes streitet"; aber sie wissen auch, wo=
durch sie sich „die Gnade Jesu Christi, die von jenem
Leibe des Todes befreit," erwerben können. Gebet und
Abtödtung sind es, welche sie mit der Kraft von oben, die

das Unmögliche möglich macht, ausrüsten. O, daß w davon immer überzeugt wären!

Mehr als alle anderen, nahmen des Missionärs mit leidsvolle Sorgfalt jene Neger in Anspruch, die durch un heilbare Krankheiten für ihre Herren unnütz geworden, un deshalb nur gar zu oft unbarmherzig ihrem Schicksale über lassen waren. In ihrer Pflege ermüdete sein Eifer niemals Drei volle Jahre fuhr er fort, eine Negerin von Angola z besuchen, und mit allem, wessen sie bedurfte, zu versehen. — Einem andern leistete er dieselben Liebesdienste zehn Jahr lang. — In einer elenden Hütte, nahe an den Mauern der Stadt, lag ein armer Greis von aller Welt verlassen Bis zu seinem Tode, d. h. vierzehn Jahre lang, besucht ihn Claver jede Woche, und brachte ihm selbst Lebensmittel und Arzneien. Er bewirkte, daß andere fromme Personen ihn öfter besuchten, ließ seine Hütte ausbessern, und sammelte für ihn Almosen in der ganzen Nachbarschaft.

Dies waren die Anstrengungen, denen sich der selige Peter für das Heil der Neger in Carthagena unterzog, und so groß sie sein mochten, konnte er darüber doch die vielen Sklaven, welche fern von der Stadt in den Pflanzungen und Bergwerken arbeiteten, nicht vergessen. Wenn er nach der österlichen Zeit die Kranken in der Stadt alle besucht, und mit den h. Sakramenten versehen hatte, begann er seine Missionen auf dem Lande. Obschon jene Wohnungen der Neger meistens sehr weit von Carthagena entfernt waren; machte er dennoch alle diese Reisen zu Fuße, von einem Neger, der ihm als Dollmetscher diente, und einen Theil seines Reisegeräthes trug, begleitet. Die Hitze war in jener Jahreszeit bereits für einen Europäer ganz außerordentlich, und in ihr mußte Claver manche steile Berge übersteigen, an Felsen, die mit Dornen ganz bewachsen wa=

:en, emporklettern, Sümpfe und Moräste durchwaten. Nichts
destoweniger pflegte er auch auf diesen Wanderungen bis
gegen Mittag, wo er die h. Messe las, nüchtern zu bleiben:
seine Speise war das Heil der Seelen. In einer Pflan=
zung angekommen, suchte er zuerst die Capelle, oder ein
großes Kreuz, das er in Ermangelung eines Gotteshauses
hatte aufrichten lassen. Alsdann erkundigte er sich sorgfältig
nach allen Kranken, und begann seine Mission mit ihrer
geistlichen und leiblichen Pflege. Gegen Abend, wenn sich
die Sklaven von der Arbeit etwas ausgeruht, versammelte
er sie um sich her, betete mit ihnen, unterrichtete und er=
mahnte sie. Während dieser Predigten wurde er oft von
den Mosquitos so geplagt, daß sein ganzes Gesicht entstellt
und mit Blut überronnen war: und er machte nicht die
geringste Bewegung, sie zu verjagen. — Wenn er die Ne=
ger entlassen hatte, zog er sich in seine Wohnung, das heißt,
in eine der allerschlechtesten Hütten der Sklaven zurück,
brachte mehrere Stunden im Gebete, das immer von
Geißelungen begleitet war, zu, und schlief dann in seinen
Mantel gehüllt auf der nackten Erde. In aller Frühe, ehe
die Neger zur Arbeit geschickt wurden, begab er sich in den
Beichtstuhl, brachte, nachdem er alle, die vorbereitet waren,
angehört, das heil. Meßopfer dar, und lag dann, wenn
keine Kranken zu besuchen waren, in seiner Hütte dem Ge=
bete ob, bis der Abendunterricht begann. Die Spanier, in
deren Besitzungen er diese Missionen hielt, suchten ihn zu
bewegen, wenigstens bei ihnen zu speisen, wenn er nicht bei
ihnen wohnen wolle. Konnte Claver solchen dringenden
Einladungen nicht widerstehen, so genoß er doch auch an
der reichbesetzten Tafel nichts als Brod und in Wasser ge=
kochten Reis, sich mit der Schwäche seines Magens entschul=
digend, und bat, die andern Speisen, die man für ihn

bereitet, den kranken Sklaven zu schicken. — Eine so stren
Enthaltsamkeit unter so großen Anstrengungen erschöpft
seine Kräfte. Als er eines Morgens auf der Reise v
Schwäche niedersank, und auf eine Weile das Bewußtse
verlor; machte ihm sein Begleiter Vorwürfe, und wollte il
bewegen, Nahrung zu sich zu nehmen: „Noch nicht," erwi
derte der Selige, „ich habe heute noch nichts für G
gethan."

Für alle diese Leiden und Mühsalen fand sich der Mi
sionär reichlich entschädigt durch den Segen, den Gott seine
Arbeiten verlieh. Er taufte auf diesen Missionsreisen vie
Neger, die für Christen galten, ohne es zu sein; bewo
verhärtete Sünder zur reumüthigen Buße, versöhnte d
Feinde, verbannte die wilde Ehe, rottete Aergernisse un
Mißbräuche aus, und führte regelmäßige Uebungen de
Andacht ein. In den Pflanzungen, die er besuchte, hör
man statt der Flüche und Lästerungen Gebete und Segens
wünsche, statt frecher Lieder und Gespräche heilige Gesäng
Die Neger und die Spanier betrachteten ihn als einen En
gel des Friedens und als einen Boten des Heils, und da
Vertrauen, das seine Heiligkeit ihnen einflößte, war so groß
daß sie auch in ihren zeitlichen Nöthen ihre Zuflucht zu ihn
nahmen. Gott wollte dies Vertrauen als wohlgegründe
bestätigen. Ein Vulkan, vor dessen Mündung Claver ei
Kreuz gepflanzt, erlosch; auf sein Gebet strömt fruchtbare
Regen auf die verdörrenden Felder; viele Kranken, übe
denen er das Evangelium liest, genesen; mehrere Pflanzun
gen werden vor dem Ueberfall holländischer und englische
Seeräuber in Folge der Vorhersagung Claver's geschützt
Aber vor allem erwies sich Gott gnädig und wunderbar
wenn das Seelenheil der Neger in Gefahr schwebte. Eine
Tages verließ Claver plötzlich das Haus eines Spaniers

bei dem er sich befand, und eilte ohne Führer und Beglei=
ter über Berge und Felder in einen dichten Wald. Erst
später brachte man in Erfahrung, daß tief in jenem Walde
drei Neger von allen vergessen und verlassen unter den
Trümmern ihrer elenden Hütten mit dem Tode rangen, und
nur den Beistand eines Priesters erwarteten, um in Frie=
den zu sterben.

VII.
Die Spitäler Carthagenas.

Bleich, hager und entkräftet kehrte der fromme Prie=
ster von seinen Missionen nach Carthagena zurück! aber er
konnte sich um so weniger eine längere Ruhe gönnen, als
er an so vielen Orten sehnsuchtsvoll erwartet wurde. Es
waren nicht bloß die Sklaven, welche die Wohlthaten seiner
nie rastenden Liebe erfuhren: die Spitäler und Gefäng=
nisse der Stadt, die Zelte der Soldaten, die Hütten der
Armen, die Versammlungsplätze der Kinder, kurz ganz
Carthagena war der Schauplatz einer Thätigkeit, deren
Ausdehnung nur jene ermessen können, welche die Macht
ihrer himmlischen Triebfeder kennen.

Einen seiner ersten Besuche nach seiner Rückkehr machte
Claver in dem Krankenhaus zum h. Sebastian, das von
den barmherzigen Brüdern bedient wurde. Wenn er in
den weiten Krankensaal trat, erheiterten sich alle Gesichter;
ein frohes Willkommen erscholl ihm von allen Seiten her
entgegen, und die in den lauten Freudenruf nicht einstim=
men konnten, winkten mit den Händen. Jede Woche näm=
lich pflegte Claver wenigstens einmal dieses Spital, das
immerfort mit einer großen Anzahl Kranker angefüllt war,
zu besuchen: zur Zeit der Aushebung aber brachte er ganze

Tage in demselben zu. Er half dann den Brüdern b
allen Arbeiten, welche die vielen Kranken, die aus de
Hafen gebracht wurden, nöthig machten; kehrte die Sää
aus, machte die Betten, kleidete die Kranken um, bereite
und brachte ihnen die Speisen; und in allem diesen unter
warf er sich gleich jedem Bruder des Ordens mit der
pünktlichsten Gehorsam den Befehlen des Obern. Wurde
jedoch diese frommen Ordensleute durch seine Demuth er
baut, wie erstaunten sie dann erst, wenn der Selige i
dem beschwerlichen Krankendienste rastlos bis zum Abend
aushielt, ohne die geringste Nahrung zu sich zu nehmen
ja ohne auch nur mit einem Trunk Wassers seine Kräft
zu erfrischen; wenn er unter allen Kranken die ekelhafteste
aufsuchte, und bei ihnen alle jene Werke heldenmüthige
Liebe, die wir oben erwähnt haben, erneuerte; wenn kei
Sünder so verstockt, kein Wüstling, den die Folgen seine
Sünden zum Gegenstand des Abscheus gemacht, so versun
ken war, daß die geduldige Liebe und der glühende Eife
des Missionärs nicht einen Weg zu ihren Herzen gefunden,
und in demselben den Schmerz der Buße mit der Hoff=
nung der Erlösung und des ewigen Lebens geweckt hätte.

Diese Gabe des seligen Claver die Sünder zu bekeh=
ren, war so bekannt, daß man für jeden Unbußfertigen
seine Zuflucht zu ihm nahm. Wenige Worte des from=
men Priesters genügten gewöhnlich, das zu bewirken, was
man nach so vielen vergeblichen Versuchen nicht mehr zu
hoffen wagte, und wenn je sein Zureden kein Gehör fand,
so siegte doch seine Geduld und sein Gebet. Unter denen,
welche im Spitale zum h. Sebastian mit Gott, den sie
lange geflohen, durch ihn versöhnt wurden, waren auch
mehrere Calvinisten, welche den Geist der wahren Kirche
in diesem ihren Diener erkannten, und gerührt in ihren

mütterlichen Schooß zurückkehrten. Einer jedoch hatte mehrere Tage hindurch der Gnade widerstanden, und mit betrübten Herzen verließ ihn einst Claver, um einen andern Kranken zum Empfange der heiligen Sakramente vorzubereiten. Aber auch dieser gab ihm kein Gehör, und war von dem traurigen Zustand seiner Seele um so weniger gerührt, als sein körperliches Leiden noch nicht bedenklich schien. Er nährte in seinem Herzen tödlichen Haß, und keine Vorstellungen konnten ihn bewegen, durch Versöhnung mit seinem Feinde sich die Gnade der Versöhnung mit Gott zu erwerben. Fast spöttelnd sagte er endlich, er wolle auf die Rache verzichten, wenn sich jener Calvinist bekehre. Von diesen Worten getroffen, wirft sich der Selige auf die Kniee, und fleht zu Gott. Nicht lange, und man ruft ihn zu dem Calvinisten, der entschlossen sei, als Katholik zu sterben. Claver wendet sich zu dem unbußfertigen Katholiken, und spricht mit sanfter Stimme: „Siehst du, mein Sohn, daß Gott dein Heil will um jeden Preis? Komm mit mir zu seinen Füßen." Jetzt näherte er sich dem Bette des Calvinisten, der sofort mit tiefer Zerknirschung das Glaubensbekenntniß und seine Beichte ablegte. Der Andere war Zeuge seiner Bekehrung und sank zu Clavers Füßen nieder.

Ein anderes großes Krankenhaus, das vom h. Lazarus seinen Namen hatte, lag außer den Mauern der Stadt. Unser Missionär hatte nicht alsobald Kenntniß von demselben erhalten, als er es auch zu seinem Lieblingsorte machte, den er wenigstens zwei bis drei Mal die Woche besuchte. Es war dies das Spital der Aussätzigen, und alles, was die übrigen Priester und Aerzte von demselben abschreckte, zog Claver zu ihm hin. Der Aussatz, an dem in jener Gegend viele litten, war keine bloße Hautkrankheit; sondern eine Art von Krebs, der ganze Glieder wegfraß, und nicht selten den Leib der Unglücklichen einer athmenden Leiche ähnlich machte. Hier also fand Claver Leidende, die der liebevollen Pflege im höchsten Grade bedurften, hier fand er reichliche Gelegenheit, großmüthige Selbstüberwindung zu üben. Alle Zeit, die er seinen Negern entziehen konnte, schenkte er, wenn nicht ausschließlich, doch vorzugsweise den Kranken des h. Lazarus.

Ein Offizier sah ihn eines Morgens mit fröhlichem Antlitz aus der Stadt eilen, und folgte ihm mit frommer Neugierde nach. Der Selige ging zum Spital der Aussätzigen, und mit welcher Rührung betrachtete der Offizier das Schauspiel, in dem sich ihm die ganze Zartheit und der ganze Heldenmuth der christlichen Liebe offenbarten! Zuerst versammelte der Missionär alle, die nicht bettlägerig waren, in der Kirche, betete in ihrer Mitte kniend mit lauter Stimme, und hielt dann einen Vortrag, worin er sie lehrte, ihre Leiden mit christlicher Ergebung und im Geiste der Buße zu ertragen. Dann hörte er Beichte, und hüllte nicht nur während derselben diejenigen, welchen die Luft zu scharf war, in seinen Mantel ein, sondern ließ sogar die Schwächeren, welche aber zugleich die ekelhaftesten waren, auf seinen Knien sitzen. Nach der Beichte las er die h. Messe, und begab sich sodann in die Krankenzimmer, um dort, wie im Spital zum h. Sebastian, nicht bloß sein priesterliches Amt, sondern auch alle anderen Arbeiten, durch die er den Kranken Erleichterung verschaffen konnte, zu verrichten. Solche Liebeswerke waren aber von um so größerem Werthe, als die Pflege der Kranken in diesem Spital sehr viel zu wünschen übrig ließ. Der unermüdliche Missionär suchte jedem Mangel abzuhelfen. Er sammelte für „die Kranken des h. Lazarus" in der ganzen Stadt nicht nur jene Erfrischungen, die er ihnen bei jedem Besuche selber zutrug, sondern auch Leinwand, Wundfäden, Arzneien, wohlriechende Wasser. Er versah ihre Betten mit dichten Vorhängen, um sie gegen die Mosquitos zu schützen; es gelang ihm sogar, die Kirche des Spitals, die eingefallen war, aus milden Beiträgen wieder aufbauen zu lassen: für die größeren Feiertage suchte er Wohlthäter, die den armen Kranken ein kleines Festessen bereiteten, und sorgte sogar dafür, daß sie während desselben durch Musik erheitert wurden. So milde, so theilnehmend, so erfinderisch war diese Liebe! — Einige der Kranken hatte man in entfernte Zimmer oder Winkel getragen, weil sie selbst den übrigen Aussätzigen unerträglich wurden. Diese waren demnach der Gegenstand der besonderen Zärtlichkeit unseres Seligen. Einer von ihnen lag unter einem neben dem Spital befindlichen Schirmdach, zu dem man auf einer wankenden Leiter emporsteigen mußte. Der fromme Priester, selbst schon ein schwacher, kränklicher Greis, kletterte mehrere Monate hindurch fast täglich zu diesem verlassenen Unglücklichen empor.

VIII.
Bekehrung der Muhamedaner und Irrgläubigen.

Wir haben schon oben des außerordentlichen Erfolges erwähnt, mit dem Claver's Bemühen, verhärtete Sünder zu bekehren, und öffentliche Aergernisse auszurotten, gekrönt wurde. Dieser Erfolg, der oft an's Wunderbare grenzte, zeigte sich jedoch nicht bloß unter den Negern, die er in andere Menschen zu verwandeln schien, und den Einwohnern Carthagena's, unter denen durch ihn die Spielsucht, die Gotteslästerung und unehrbare Kleidung seltner und immer seltner wurden; sondern auch die Türken und Irrgläubigen, welche des Handels wegen in großer Anzahl nach Carthagena kamen, erfuhren zu ihrem Heile die Macht des Wortes, die Gott seinem Diener verliehen.

Sobald Claver vernahm, daß Muhamedaner angekommen, begab er sich in den Hafen, und suchte Gelegenheit, sich mit ihnen zu unterhalten. Mit dem Wohlwollen eines theilnehmenden Freunds erkundigte er sich nach allem, was ihre Person, ihr Schicksal, ihren Aufenthalt in Carthagena betraf; belehrte er sie über die Umstände und Gelegenheiten, deren Kenntniß ihnen nützlich sein konnte, und bot ihnen seine Dienste für jede Art von Gefälligkeiten an. Es ist bekannt, daß die Türken hartnäckiger, als alle andere Ungläubige an ihren Irrthümern festhalten. Die Freuden der Sinne, die von ihrer Religion selber gutgeheißen werden, ersticken das Verlangen nach höheren Gütern, und die stolze Verachtung, mit der sie gewöhnt werden, auf alle Andersgläubige herabzusehen, verschließt ihr Ohr jeder Belehrung. Nichtsdestoweniger vermochte nur eine geringe Zahl von allen denen, die zu Claver's Zeit in Carthagena sich etwas länger aufhielten, der Wahrheit, die aus seinem Leben und Wirken, noch viel kräftiger, als durch seine Worte an ihre Herzen drang, zu widerstehen. Ein Maure war Sklave eines reichen Spaniers, der sich durch liebevolle Ermahnungen und gute Behandlung alle Mühe gab, ihn für die Wahrheit zu gewinnen. Nach vielen vergeblichen Versuchen wandte er sich an den Pater Claver; und eine einzige Unterredung genügte, das Herz des Mauren umzuwandeln. Er empfieng bald nachher die heilige Taufe, und war nun darauf bedacht, das Glück, das ihm zu Theil geworden, auch andern zu verschaffen. Gott führte eine unerwartete Gelegenheit herbei. Auf einem Schiffe, das nicht lange nachher in den Hafen von Carthagena einlief, befand sich der jüngere Bruder des Bekehrten. Dieser eilte voll Freude in seine Arme, und suchte ihm begreiflich zu machen, wie glücklich er durch die Erkenntniß der Wahrheit geworden. Aber der Türk wies die Vorstellungen, welche ihm brüderliche Liebe und Theilnahme machten, mit Verachtung und Zorn zurück, und war lange Zeit nicht zu bewegen, den Priester, der, wie er sagte, seinen Bruder verrathen, zu besuchen. Doch endlich durch alles, was er von den Tugenden und von der Dienstfertigkeit des seligen Claver hörte, angezogen, willigte er eines Tages mehr aus Neugierde als aus Achtung ein, seinen Bruder zu begleiten. Claver empfieng ihn mit seiner gewöhnlichen Freundlichkeit, und unterhielt sich mit ihm von seiner Reise und seinen Geschäften. Nach und nach lenkte er das Gespräch auf seinen Bruder, und die innere Zufriedenheit, die derselbe jetzt verkoste. Die Ruhe und Sanftmuth, mit welcher der fromme Priester redete, und die Ehrfurcht, die ein mit Gott vereinigter Mann allen, die in seine Nähe kommen, einzuflößen pflegt, fesselten den ungestümen Geist des Türken; er hörte alles ruhig an, und wunderte sich selbst über seine Geduld. Claver bemerkte, daß er schon anfieng, erschüttert zu werden, und mit immer wachsender Kraft von dem Glauben an Christus und der Nothwendigkeit der Erlösung redend, hielt er endlich dem Muhamedaner das Bild des Gekreuzigten hin, und befahl ihm im Namen Gottes, denjenigen anzubeten, der für alle gestorben, und dem deßhalb ein Name gegeben, vor dem sich alle Knie beugen. Der Türk kniete tief ergriffen nieder, und versprach, sich in der christlichen Religion unterrichten zu lassen. Er hielt Wort; und nachdem er noch in einigen Versuchungen mit dem Feinde des Heiles siegreich gekämpft, empfieng er mit lebendigem Glauben und herzlicher Frömmigkeit die Taufe.

Aber nicht immer erfreuete sich Claver eines so leichten und schnellen Sieges. Ein armer, aber hartherziger und roher Türk erwiederte die Wohlthaten, die ihm der mitleidige Missionär erwies, mehrere Jahre hindurch mit Spott und Unbilden. Doch des Seligen Sanftmuth und Geduld waren unüberwindlich, und siegten zuletzt über die Verstocktheit des Muhamedaners. — Ein anderer hatte zweiundzwanzig Jahre seinen liebevollen Bemühungen widerstanden, und erst, als er sich von dem frommen Priester auch auf dem Todesbette nicht verlassen sah, öffnete er der Gnade sein Herz. Claver war nämlich überzeugt, daß er in der Ausübung seines heiligen Amtes die Langmuth Gottes, der auch den verhärtetsten Sündern von Zeit zu Zeit seine Gnade immer von neuem anzubieten pflegt, nachahmen müsse, und war weit entfernt, eine Seele zu verurtheilen, der Gott noch Frist zur Bekehrung gab. —

Dreißig Jahre lang hatte er die Hartherzigkeit eines Türken vergeblich bekämpft: da fügte es Gott, daß eben dieser Türk gezwungen wurde, das Amt des Scharfrichters an einem Missethäter zu verrichten, und bei dieser Gelegenheit von Liebeswerken Claver's, die auch wir nicht ganz mit Stillschweigen übergehen können, Zeuge zu sein. Der Missionär nämlich nahm sich mit großem Eifer der Gefangenen an, und ruhete nicht, bis er die Strafen, welche die menschliche Gerechtigkeit über sie verhieng, in Mittel, sie mit Gott zu versöhnen, verwandelt hatte. Er drang in die tiefsten und dunkelsten Keller, und gewann das Zutrauen der Unglücklichen, die in denselben schmachteten, durch dieselben Dienstleistungen, durch welche er die Herzen aller Armen und Kranken an sich fesselte. So gelang es ihm, aus ihren Seelen die finstere Schwermuth und Erbitterung zu verscheuchen, und zugleich mit ihnen die wilden Ausbrüche des Zorns, die Lästerungen, Flüche und Verwünschungen zu verbannen. Gemeinsames Gebet und andere Religionsübungen, Predigt und Empfang der heiligen Sakramente vermehrten und befestigten die guten Gesinnungen, die er ihnen einflößte, und nicht mit Unrecht hielt Claver dafür, daß die eingekerkerten Verbrecher glücklicher seien, als die Weltkinder, die durch den Genuß ihrer Freiheit verleitet werden, in ihren Sünden zu verharren. — Aber mit ganz besonderer Liebe und Sorgfalt nahm er sich der zum Tode Verurtheilten an, und die Früchte dieses seines Eifers waren so offenbar, daß man allgemein dafür hielt, alle, die zu des seligen Peters Zeiten in Carthagena hingerichtet waren, seien als bußfertige Sünder gestorben. Daher pflegte man, sobald ein Urtheil gefällt war, den Missionär zu benachrichtigen. Claver eilte sogleich herbei, umarmte den Unglücklichen, und legte ihm das Cruzifix in die Hände; „Siehe da, sprach er, deine einzige, aber auch deine reiche Hoffnung, deinen Erlöser im Tode!" — Er leitete ihn dann zu einer Beichte über sein ganzes Leben an, und flößte ihm so bußfertige Gesinnungen ein, daß er nicht nur den Tod selber als ein Werk der Genugthuung für seine Sünden betrachtete, sondern sich auch auf denselben durch vieles Gebet und harte Bußwerke vorbereitete. Am Tage der Hinrichtung versammelte er die Gefangenen, las über dem Verurtheilten das Evangelium, brachte das heil. Meßopfer dar, und ließ von den Gefangenen die Litanei der allerseligsten Jungfrau singen. Alsdann redete er sie an, das Cruzifix in der Hand, und kein Auge blieb trocken, während er sprach. Endlich ermahnte er den Verurtheilten, alle um Verzeihung zu bitten, und, wenn er dazu im Stande war, eine kleine Anrede an sie zu halten. Weder auf dem Gange zum Richtplatz, noch auf diesem selber wich er von der Seite des Unglücklichen;

unterhielt in ihm durch Gebete, durch Zureden, durch Erweckung der entsprechenden Tugenden die Gesinnungen, in denen er vor seinem ewigen Richter erscheinen mußte;' und damit er durch den freien Gebrauch seiner Geisteskräfte bis zum letzten Augenblicke in ihnen verharren könne, versah sich Claver mit stärkenden Arzneien, durch die er ihn vor Betäubung und Verwirrung der Sinne schützen könnte. Nicht selten aber fielen auf der Richtstätte, besonders wenn der Henker sein Amt nicht gut verrichtete, schauderhafte Scenen vor; der fromme Priester verlor in ihnen nie die Geistesgegenwart; sie dienten nur dazu, die Größe seiner Liebe im hellsten Lichte zu zeigen.

Jener verstockte Muhamedaner also sah bei der Hinrichtung, zu der man ihn nöthigte, in dem frommen Priester den vollen Glanz der christlichen Tugend; er sah zugleich die wohlthätige Macht des Glaubens, durch den ein reumüthiger Missethäter den Todesstreich ruhiger empfieng, als er ihn zu geben vermochte; und einem solchen Schauspiele konnte sein, wenn auch noch so wildes Herz nicht widerstehen. Noch am selben Tage kam er, sich dem Missionär zu Füßen zu werfen, und er wurde bald darauf in der Domkirche mit großer Feierlichkeit getauft.

Die Gabe, welche Claver von Gott erhalten, auch die Irrgläubigen zur Erkenntniß der Wahrheit zu bringen, hatte sich zuerst in dem Spital zum h. Sebastian offenbart. Eine große Anzahl hatte er daselbst nach und nach mit Gott und seiner Kirche, die sie verlassen, versöhnt; doch ohne uns bei den mannigfaltigen andern Fällen aufzuhalten, theilen wir unsern Lesern nur die eine folgenreiche Bekehrung eines englischen Prälaten mit. Holländische und englische Seeräuber hatten sich der beiden Inseln St. Christoph und St. Catharina bemächtigt, und auf denselben zwei große Nieder-

lassungen ihrer Nation gegründet. Ihre Feindseligkeiten und
Räubereien machten weit und breit das Meer unsicher, und
hielten alle Pflanzstädte des festen Landes in beständiger
Unruhe. Gegen so gefährliche Nachbaren seiner Unterthanen
sandte also der König von Spanien den Admiral Friedrich
von Toledo mit einer wohl gerüsteten Flotte aus. Nach
kurzem Kampfe nahmen die Spanier die Inseln ein, und
führten alle Holländer und Engländer sammt den Sklaven
und Waaren, die sie geraubt, als Gefangene nach Cartha=
gena. Sobald der Selige von ihrer Ankunft gehört, begab
er sich, von einigen anderen Jesuiten begleitet, auf die
Flotte. Die Spanier, die als Wache auf den Schiffen ge=
blieben, empfiengen ihn mit wahrem Jubel, und waren sehr
erfreut, daß er sich mit allen heiligen Geräthen versehen,
um unter ihnen das Meßopfer darzubringen. Waren die
Engländer schon während desselben durch den Anblick des
in Gott versammelten und von heiliger Liebe glühenden
Priesters gerührt worden; so gewannen die Leutseligkeit und
Milde, die er darauf im Gespräche offenbarte, vollends ihre
Herzen. Sie fragten, ob er nicht ihren Prälaten, den Erz=
diakon von London, sehen wollte, und stellten ihm, als er
es freundlich bejahte, einen ehrwürdigen Greis vor. Nach
den ersten Begrüßungen bat der Erzdiakon den Missionär
um eine Unterredung in lateinischer Sprache; Claver wünschte
nichts anders, und besprach sich mit dem von Zweifeln be=
unruhigten Greise, über alle Streitpunkte des Glaubens bis
gegen Abend. Der Engländer war bald von der katholi=
schen Wahrheit überzeugt; aber er hatte Frau und Kinder,
die durch seinen Uebertritt zur wahren Kirche in Armuth
gerathen konnten, und an dieser Klippe scheiterte sein Muth.
Was immer auch Claver sagen mochte, er wollte im Her=
zen katholisch, äußerlich fortfahren die Irrlehre zu bekennen,

und erst auf dem Todesbette sich als Sohn der wahren
Kirche erklären. Schon wollte Claver nicht ohne tiefe Betrübniß sich entfernen, als er sich erinnerte, daß die Kirche
an jenem Tage das Andenken an den Martertod der heiligen Ursula und ihrer Gefährtinnen feierte. Er wandte
sich um, und redete mit dem ganzen Feuer seines Glaubens
von dem Heldenmuth dieser Jungfrauen, die einst, wie so
viele andere eble Britten und manche ihrer Könige, ihrem
Vaterlande den Namen einer Insel der Heiligen verdient
hatten; bis Heinrich VIII., ein unzüchtiger Barbar, es zu
einem Schauplatz wüster Verirrungen und blutiger Gräuel
gemacht. Der tief erschütterte Greis bat den Missionär
unter einem Strome von Thränen, für ihn zu Gott um
Kraft zu flehen, und der Selige verließ ihn nicht ohne frohe
Hoffnung, daß die Gebete Erhörung finden würden. Kaum
waren acht Tage, während welcher Claver mit verdoppelten
Eifer der Andacht und Buße obgelegen, verflossen, als man
ihm die Nachricht brachte, daß der englische Prälat in eine
schwere Krankheit gefallen, und in das Spital zum h. Sebastian getragen worden sei. Claver eilte hin. Sobald der
Kranke seiner ansichtig ward, rief er ihm entgegen: „Kommen Sie, kommen Sie, mein Vater; es ist Zeit, daß ich
zu Gott und zur Kirche meiner Väter zurückkehre!" In
Gegenwart vieler Engländer und Spanier legte er mit lauter
Stimme das Glaubensbekenntniß ab, empfieng mit tiefer
Rührung die heil. Sakramente, und erwartete voll jenes
Trostes, den nur Gott verleiht, seine letzte Stunde. Sie
war nicht mehr fern; aber vor seinem Ende redete er mit
erschütternder Kraft zu den Engländern, die um sein Lager
standen, und empfahl ihnen die Worte, mit denen er vor
der Wahrheit, die er nur zu spät erkannt, an den Pforten
der Ewigkeit Zeugniß ablege, allen ihren und seinen Lands-

leuten zu überbringen. Dieser sein letzter Wille wurde vollstreckt, und die Wirkung war außerordentlich. Auf die Vorstellungen Clavers erlaubte der Admiral sämmtlichen Gefangenen an das Land zu kommen: bis dahin nämlich war das nur den Kranken gestattet worden. Sie kamen und wollten zunächst die Jesuiten sehen, welche sie auf ihren Schiffen mit so vieler Freundlichkeit besucht hatten. In kurzer Zeit waren über sechs Hundert bekehrt, und ganz Carthagena über ein solches Ereigniß in froher Bewegung. Der Admiral, ein eben so frommer Christ, als tapferer Krieger, wies allen Wohnungen in Carthagena an, und nahm sie, damit sie nicht in ihr Vaterland zurückzukehren brauchten, sämmtlich in den Dienst seines Königs. —

IX.

Außerordentliche Gnaden und Wunder.

Die Kürze, deren wir uns glauben befleißigen zu müssen, gestattet uns es nicht, von den einzelnen Tugenden des seligen Claver ausführlicher zu reden; jedoch vertrauen wir, daß dieselben aus der Schilderung, die wir von dem Leben und Wirken des apostolischen Mannes entworfen haben, hinlänglich hervorleuchten. Haben wir doch jenen Glauben erkannt, welcher der Seele die Ewigkeit stets vergegenwärtigt, und nach ihr alle Dinge dieser Welt beurtheilt, jenes Vertrauen auf Gott, das in keinen Schwierigkeiten und keinen Gefahren wanket, jene Liebe, die in rastlosem Streben sich hinopfert, und niemals spricht: Es ist genug! — jene Demuth bei den höchsten Gaben, jene Buße bei der reinsten Unschuld, jene fromme Klugheit bei der aufrichtigsten Einfalt, die Mäßigung in allen Dingen, die Sanftmuth bei allen Beleidigungen und Hemmnissen, der Starkmuth unter den größten Mühsalen, und endlich Ausdauer in allem diesen während einer so langen Reihe von Jahren. Es sind dies die Tugenden, welche die großen Diener Gottes der Verehrung der Gläubigen würdig machen, und welche auch die Kirche im seligen Peter Claver bereits durch ihren feierlichen Ausspruch anerkannt hat.

Wenn also dieser fromme Priester die Tugenden der Heiligen besaß, so kann es uns nicht befremden, daß Gott ihm auch die seltnen Gaben der Heiligen verliehen. Wir werden keine anführen, die wir nicht in den Akten des Processes der Seligsprechung gefunden, und selbst von diesen nur einige wenige. — Zunächst konnte der demüthige Missionär die außerordentlichen Gnaden, die ihm Gott im Gebete erwies, so viele Mühe er sich auch gab, nicht immer den Augen der Menschen verbergen. Am Altare, in der Mitte der Kranken, mit denen er betete, und selbst auf dem Richtplatze, wenn er den Verurtheilten beistand, sah man ihn öfter vom himmlischen Glanze, der Aller Augen blendete, umflossen, und seine Mitbrüder fanden ihn mehr als einmal in seinem Zimmer, den Sinnen entrückt, in der Stellung, in welcher er gebetet, über der Erde schwebend, auch dann von einem sanften Lichte umstrahlt. — Aber auch die Erhaltung seiner körperlichen Kräfte, ja seines Lebens muß man als ein beständiges Wunder betrachten. Denn ohne eine besondere Einwirkung Gottes ist es durchaus unerklärlich, wie ein Mann von gar nicht starkem Körperbau, unter einem so ungesunden Himmelsstrich, nicht ein oder das andere, sondern volle sechs und dreißig Jahre die unsäglichen Anstrengungen, von denen wir geredet haben, ertragen konnte; besonders wenn man bedenkt, daß er die kärgliche Nahrung, die er genoß, gewöhnlich erst nach Sonnenuntergang zu sich nahm, und seinem durch Arbeiten und

Bußwerken ermattetem Leibe kaum drei bis vier Stunden Ruhe auf dem steinernen Boden seines Zimmers gönnte. Während der ersten Jahre, die er in Amerika den Studien obliegend zubrachte, war er so empfindlich gegen die Hitze, daß er oft erkrankte, und nicht über den Hof gehen konnte, ohne sich gegen die Strahlen der Sonne mit einer starken Kopfbedeckung zu schützen. Aber seit er in Carthagena seine apostolischen Arbeiten begonnen, setzte er sich stundenlang der stechendsten Sonnenhitze aus, ohne auch nur unpäßlich zu werden. Nichts schien ihn zu ermüden. Seine Begleiter konnten ihm nicht folgen, und wenn er viele Kranken zu besuchen hatte, mußte er mehrmals des Tages den Begleiter wechseln. Kam er dann des Abends zu Hause, so bat er den Pförtner, während der Nacht keinen andern Priester als ihn zu den Kranken zu rufen. Wenn nun jemand sagen wollte, daß der Eifer seines Geistes die Kräfte des Leibes erhalten und erfrischt hätten; so wird er doch gestehen müssen, daß eben dieser Eifer die Wirkung einer außerordentlichen Gnade war. —

Vielleicht nicht so groß, aber sichtbarer war der übernatürliche Beistand, mit welchem Gott bei vielen Gelegenheiten die Anstrengungen seines Dieners unterstützte. Wie den Zustand der ungetauften, so erkannte er auch sehr oft die Lebensgefahr der übrigen Neger, ohne von ihrem Erkranken Nachricht erhalten zu haben. Einst als er eben mit einem Liebeswerke beschäftigt war, sagte er plötzlich zu seinem Begleiter: „Nur noch ein wenig Geduld; es gilt eine Seele zu retten;" und raschen Schrittes eilte er zur Stadt hinaus. In einer ärmlichen Hütte fanden sie einen bejahrten Neger im Todeskampf. Er beichtete, empfieng die h. Oelung, und starb in den Armen Clavers, der mit seinem Begleiter unter heftigen Regengüssen in die Stadt zurücklehrte. Und eben dieser Begleiter, ein sehr frommer Bruder, betheuerte mit einem Eidschwur, daß er kein Ende finden würde, wenn er alle Fälle dieser Art, von denen er Augenzeuge gewesen, erzählen wollte. — Sehr oft sagte er den Gesunden ihr nahes Ende, den Kranken ihre Genesung, oder den Tag ihres Todes vorher. Es gab überhaupt keine außerordentliche Gnade, die er nicht mit dem lebendigsten Glauben von Gott begehrte, wenn es sich um das Heil der Seelen handelte. Einen Neger von Tolofo fand er in dem traurigsten Zustand. Vom Kopf bis zu den Füßen durch einen schrecklichen Geschwulst entstellt, und mit zahlreichen Geschwüren bedeckt, lag er ohne Sprache und Bewußtsein da. Claver konnte sich überdies mit ihm nur durch die Hülfe eines Dollmetschers unterhalten; aber während er um den Kranken beschäftigt war, um ihn wo möglich zum Bewußtsein zurückzurufen, flohen der Dollmetscher und sein Begleiter aus dem Zimmer, von dem schrecklichen Gestank überwältigt. Claver wirft sich neben dem Kranken auf die Knie nieder, und ruft die Allmacht dessen an, der die Seele, welche er retten wollte, mit seinem Blute erkauft hatte. Er bat hierauf mit lauter Stimme seine beiden Gefährten zurückzukommen; sie folgten und fanden die Luft des Zimmers frisch und angenehm, den Kranken bei voller Besinnung. Claver ertheilte ihm jetzt die heiligen Sakramente, und ermahnte seinen Dollmetscher, den Kranken nicht zu verlassen, weil sein Ende nahe sei.

Ein Haufe von Negern war eines Tages um einen Brunnen beschäftigt. Plötzlich erhob sich ein Ungewitter, und unter furchtbarem Getöse fuhr der Blitz mitten unter die Sklaven herab. Er zerschmetterte das Brunnenrad; ein Neger, der eben die Kette hielt, stürzte in die Tiefe, die übrigen lagen wie entseelt auf dem Boden. Man eilte ringsumher zu ihrer Hülfe herbei, zog jenen, der in den Brunnen gefallen, hervor, und holte in aller Eile einen Arzt; aber alle Mittel und Anstrengungen waren vergeblich; die Unglücklichen blieben ohne Lebenszeichen. Ganz unerwartet trat jetzt Claver in ihre Mitte. Bei dem Anblicke der rings um ihn her liegenden Neger, die er mit wahrhaft väterlicher Zärtlichkeit liebte, brach ihm das Herz; er erhob die Augen, aus denen reichliche Thränen stürzten, zum Himmel, und flehte zum Vater der Barmherzigkeit um das Leben seiner Kinder. Dann bedeckte er jeden einzelnen Neger mit seinem Mantel, und als er den letzten berührt hatte, schlugen alle im selben Augenblick die Augen auf, und erhoben sich gesund und kräftig ohne Schmerzen und Verletzung.

Antonia, eine Sklavin des Spaniers Emmanuel Lopez, die dem Seligen Claver viele Dienste bei der Krankenpflege im Spital zum h. Lazarus leistete, war so gefährlich krank, daß Claver drei Nächte bei ihr wachte, um ihr in der Sterbestunde beizustehen. Aber am Vorabend des Festes des heil. Lazarus trat er an ihr Bett, und sprach ihre Hand ergreifend: „Heute, Antonia, feiern wir die Auferstehung des Lazarus: danke Gott, der dir die Gesundheit schenkt." — Claver entzog sich sogleich den Blicken der Anwesenden; die Kranke aber war vollkommen hergestellt, und so lange sie lebte, trug sie am Feste des heil. Lazarus alles, was sie das ganze Jahr hindurch verdient hatte, in das Spital.

Vincens von Villalobos, ein vornehmer Officier zu Carthagena bezeugt in den Akten des Processes der Seligsprechung folgendes noch viel größere Wunder. Eine seiner Sklavinnen war ohne die heiligen Sakramente empfangen zu haben, gestorben, und schon wurden auf seinen Befehl Anstalten zu ihrer Begräbniß gemacht, als Claver in das Haus trat, und einen kurzen Aufschub begehrte. Er rief

die Sklavin bei ihrem Namen, und kniete dann neben der
Bahre nieder. Kaum hatte er einige Augenblicke gebetet, als
die Negerin anfing sich zu bewegen, und bald darauf zu
reden. Der Selige bat die Umstehenden, die von Erstau=
nen und heiligem Schauder wie gelähmt waren, sich zu ent=
fernen, und unterhielt sich mit der Sklavin. Er entdeckte,
daß sie noch nicht getauft war, und sobald sie das heilige Sa=
krament empfangen hatte, verschied sie zum zweiten Mal. —

X.

**Des h. Claver letzte Krankheit und gottseliges
Ende.**

Claver hatte die Einwohner Carthagena's für die Gna=
den des Jubeljahres 1650 vorbereitet, als man die Kunde
erhielt, daß sich die Pest von einigen benachbarten Inseln
her auf das feste Land zu verbreiten beginne. Weit ent=
fernt, sich durch die Gefahr, der sein Leben ausgesetzt sein
würde, abschrecken zu lassen, fand der unermüdliche Missi=
onär darin einen Beweggrund mehr, seine Missionen unter
dem Landvolk längs der Küste hin zu beschleunigen. Die
Früchte derselben waren außerordentlich; aber da die Pest
fortfuhr, ihre Opfer zu fordern, vermehrte Claver, um die
Geissel Gottes von dem Volke abzuwenden, seine nächtlichen
Gebete, seine Fasten und andere Bußübungen dermaßen,
daß seine erschöpften Lebenskräfte jeden Augenblick ganz zu
erlöschen droheten. Sein Oberer wurde in Kenntniß gesetzt,
und rief ihn nach Carthagena zurück. Claver gehorchte ohne
die geringste Widerrede, und kaum angekommen, wurde er
von einer ansteckenden Krankheit, welche die Stadt verheerte,
ergriffen. Sein Leben schwebte in der größten Gefahr, und
schon hatte er die Sterbesakramente empfangen, als er wider

alles Erwarten genas. Doch mit der Krankheit verschwan=
den nicht alle ihre Folgen: wie sein Vorgänger in dem
apostolischen Werke, der P. Sandoval, sollte auch Claver
in den letzten Jahren seines Lebens durch Leiden seine Ver=
dienste vermehren. Ein beständiges Zittern aller Glieder
beraubte ihn des Gebrauches seiner Hände und Füße, und
man mußte ihn wie ein Kind bedienen. Auch in diesem
Zustande verließ den siebenzigjährigen Greis der Bußeifer
nicht, in dem er gelebt. Er befahl dem Neger, der ihn
ankleidete, ihm seine stacheligen Bußgürtel anzulegen, und
wenn die Stunde gekommen war, in der er nach dem Bei=
spiele des h. Paulus seinen Leib zu züchtigen pflegte, gab
ihm Gott den freien Gebrauch seiner Hände zurück, durch
diese außerordentliche Gnade die fromme Strenge seines
Dieners gegen sich selbst zugleich belohnend und gutheißend.
Alle Tage beichtete er, fast immer unter Vergießung vieler
Thränen; aber duldete nicht, daß der Beichtvater zu ihm
kam, sondern suchte ihn, von jenem Neger unterstützt, in
seinem Zimmer auf. Ebenso ließ er sich jeden Morgen in
die Kirche führen, um, da er die heilige Messe nicht mehr
lesen konnte, wenigstens das Brod des Lebens mit den
Laien zu empfangen.

Aber wie in der Strenge gegen sich selbst, so verharrte
er in der thätigen Liebe zu seinen Nächsten. Nachdem er
die heilige Communion empfangen, mußte man ihn in den
Beichtstuhl geleiten, und er verließ ihn nicht, bis ihm die
Kräfte gänzlich mangelten. Auch den Tag hindurch wollte
er, daß man diejenigen, welche zu beichten wünschten, in
sein Zimmer führe; ja er ließ sich noch oftmals in das
Krankenhaus und in die Hütten der kranken Neger tragen.
Als einst ein Schiff mit Sklaven von einer sehr wilden
Nation ankam, hörte er nicht auf zu bitten, bis man ihn

zu ihren Gezelten trug. Er hatte nicht ohne große Müh
einen Dollmetscher gefunden, und durch ihn eine kurze Religionslehre übersetzen lassen. Mit unbeschreiblicher Liebe bemühte sich der kranke Greis, sie den Negern verständlich zu
machen, und ihren rohen Sinn durch das sanfte Licht de
Wahrheit zu mildern. Er wollte selber alle Kinder taufen
und hatte die Freude, in den Erwachsenen das Verlange
nach derselben Wohlthat erregt zu sehen. Es waren die
die letzten Kinder, die er der Kirche schenkte.

Indessen vermehrten sich seine Leiden auf mancherle
Art. Die Pest hatte mehrere Jesuiten hinweggerafft: die
jenigen, welche verschont geblieben, waren deßhalb mit Ar
beiten überladen, so daß sie die Pflege ihres kranken Mit
bruders fast ganz einigen Negern überlassen mußten. Er
nach längerer Zeit entdeckten sie die üble Behandlung, welch
der verehrte Greis besonders von einem derselben erfahre
und stillschweigend erduldet hatte. Was aber noch viel auf
fallender war, ganz Carthagena, das ihn so lange als sei
nen Apostel verehrt, schien ihn jetzt mit einem Male gan
vergessen zu haben; kaum eine oder die andere fromme Per
son gab ihm noch zuweilen ein Zeichen von Theilnahme
Durch eine solche Verlassenheit von Seiten der Mensche
pflegt Gott theils das Verlangen seiner Diener nach imme
größeren Leiden zu erfüllen, theils auch die letzte Neigun
nach dem Trost der Geschöpfe in ihnen zu vertilgen, dam
sie ganz rein und ganz frei vor seinem Angesicht erschei
nen. — Doch bereitete Gott dem leidenden Greise in ebe
jener Zeit der Trübsal auch ganz besondere Freuden. Eine
seiner Mitbrüder brachte ihm eines Tages das Leben de
Bruders Alphons von Rodriguez, das damals zum er
sten Mal in Druck erschien. Claver wurde auf das Innigst
gerührt, und konnte keine Worte finden, seinen Dank aus

zudrücken. Er nahm das Buch, küßte es voll Inbrunst, und legte es voll Ehrfurcht auf seinen Scheitel und an sein Herz. Es schien dies eine günstige Gelegenheit, ihm einige Geheimnisse zu entlocken, über die er bis dahin immer das tiefste Stillschweigen beobachtet hatte. Man fragte ihn also, ob es wahr sei, daß Alphons ihm seine Sendung als Missionär, und namentlich seine Arbeiten zu Carthagena vorhergesagt. Claver antwortete, daß er ihm alles dieses mehrmals wiederholt habe. Indem er dann aber fortfuhr, von den außerordentlichen Gnaden, mit denen Gott jenen heiligen Greis heimgesucht, zu erzählen, wurde er selbst von der Wirkung der Gnade so tief bewegt, daß er in heilige Entzückung zu gerathen schien. Seine Augen schlossen sich, sein Mund verstummte. —

Kurz vor seinem Ende wurde ihm noch ein anderer Trost durch die Ankunft eines neuen Missionärs zu Theil. Es war dies der Pater Diego von Farigna, bestimmt, statt seiner die Seelsorge unter den Negern auszuüben. Sobald Claver seine Ankunft vernommen, suchte er, auf seinen Stock gestützt, so schnell als möglich, in sein Zimmer zu kommen. Wie erstaunte der neuangekommene Missionär, als er den ehrwürdigen Greis vor sich niedersinken, und, ehe er es verhindern konnte, seine Füße küssen sah! Denn auf diese Weise wollte Claver die Ehrfurcht ausdrücken, die er vor dem Amte hatte, zu dem er seinem Mitbruder Glück wünschte. Größer noch war die Beschämung Farigna's, als er hörte, daß der Greis, welcher ihn also ehrte, kein anderer als der durch seine apostolischen Arbeiten weit und breit berühmte Claver sei. Er warf sich jetzt seinerseits mit tiefer Rührung zu den Füßen dessen nieder, der ihm Lehrer, Vorbild, Vater sein sollte; und die wetteifernde Demuth der beiden Diener Gottes war ein ergreifendes Schauspiel für die Umstehenden.

Nicht lange nachher sagte der Selige einem frommen Ordensgeistlichen und mehreren anderen Personen auf das Bestimmteste sein nahe bevorstehendes Ende vorher. Am 6. September ging er, auf zwei Negern gestützt, noch einmal in die Kirche, um die heil. Communion zu empfangen. Auf sein Zimmer zurückkehrend, sagte er zum Sakristan: Mein Ende ist nahe; — ließ sich in sein Bett legen, und brachte den ganzen Tag in stiller Unterhaltung mit Gott zu. Am Abend wurde er von einem Fieber ergriffen, und am folgenden Morgen fand man ihn bereits ohne Sprache und Besinnung. Sämmtliche Väter und Brüder eilten herbei; man ertheilte ihm die letzte Oelung. Als sich die Nachricht hiervon in der Stadt verbreitete, erwachten plötzlich in allen Einwohnern Carthagena's jene Gefühle der Dankbarkeit, der Liebe und Verehrung, mit denen sie einst dem Manne, den sie nur den Heiligen oder ihren Aposte[l] zu nennen pflegten, ergeben waren. Die Väter konnten es nicht verhindern, daß eine Menge von Personen aus allen Ständen sich in das Zimmer des Sterbenden drängte[.] Sie wollten ihm noch einmal die Hand küssen, noch einma[l] sein Angesicht betrachten. Claver lag da in stiller Ruhe[,] die Augen zum Himmel gerichtet; auf seinem Angesicht sah man den Frieden Gottes, so daß er vielmehr in einer tiefen Schlummer oder in die Betrachtung himmlischer Ding[e] versunken zu sein, als mit dem Tode zu ringen schien. Bi[s] in die späte Nacht dauerte der Zulauf, und jeder trachtet[e] irgend etwas aus dem Zimmer des Sterbenden mit sic[h] fortzutragen, um es als Reliquie zu bewahren. Am fol[-] genden Morgen, den 8. September 1654, gegen zwei Uhr[,] als man ihm eben das Bild des Gekreuzigten vorhielt, un[d] die heiligsten Namen Jesus und Maria anrief, hauchte e[r] sanft seine Seele aus. — In demselben Augenblicke ver[-] wandelte sich sein Antlitz, die Blässe verschwand, statt der Züge und der Farbe des Todes kehrte eine jugendliche Lebensfrische zurück.

Sobald es Tag geworden, kam die ganze Stadt in Bewegung. Der Prior der Augustiner ließ alle Glocken der Kirche läuten, und begab sich mit seiner ganzen Klostergemeinde in die Kirche der Jesuiten, um sogleich das Todtenamt zu halten. Der Statthalter versammelte die Rathsherren von Carthagena, und beschloß mit ihnen, die Begräbnißfeier auf Kosten der Stadt veranstalten zu lassen. Sie sollte am folgenden Tage stattfinden; indessen wurde die Leiche des Seligen in der Kirche ausgesetzt. Die vornehmsten Geistlichen hatten sich um die Ehre gestritten, sie in dieselbe zu tragen, und den ganzen Tag hindurch drängte sich eine dichte Menge aus allen Ständen um die Bahre. Die Klostergemeinden von ihren Obern, die Geistlichkeit von dem Generalvikar, der Adel vom Commandanten des Seewesens geführt, erschienen in der Kirche, um dem Verstorbenen öffentlich und feierlich ihre Ehrfurcht zu beweisen. Alle diese knieten um die Leiche, nicht sowohl, um für den Hingeschiedenen zu beten, als um sich seinem Gebete zu empfehlen. Als aber gegen Abend auch die Neger und Armen herzuströmten, mußte man Gewalt gebrauchen, die Leiche vor Verletzung zu schützen. Auf das feierliche Todtenamt, bei welchem am folgenden Tage die angesehensten Bürger Carthagena's, fast alle mit brennenden Kerzen erschienen, folgten dann mehrere andere, und zuletzt jenes, das die Neger ihrem Vater und Beschützer halten ließen. —

Gott wollte beweisen, wie wohlgefällig ihm der Eifer sei, mit dem man die Tugenden und Verdienste seines Dieners ehrte. Eine Menge Wunder jeder Art verherrlichten die Grabstätte Claver's. Was immer zu seinem Gebrauche gewesen war, seine Stola, sein Mantel, wurden Mittel, Krankheiten zu vertreiben, den Stummen die Sprache, den Tauben das Gehör, den Blinden das Gesicht zurückzugeben. Der Magistrat der Stadt bat das Domkapitel, eine förmliche Untersuchung über das Leben Claver's und diese Wunder anzustellen. Diese Untersuchung begann drei Jahre nach dem Tode des Missionärs, und was in ihr zahlreiche Augenzeugen eidlich versichert, wurde später dem Prozeß der Seligsprechung zu Grunde gelegt. Derselbe ward zwar zu Rom schon im Anfange des vorigen Jahrhunderts eingeleitet, aber, nachdem das Dekret über die Tugenden des Dieners Gottes erlassen war, auf lange Zeit unterbrochen und erst in unsern Tagen beendigt. Peter Claver wurde am 21. September 1851 von Sr. Heiligkeit Pius IX unter die Zahl der Seligen versetzt.

Leben des seligen Johannes Grande.

I.

Erster Beruf zum vollkommenen Leben.

In der Nähe des Städchens Marcena, das nur eine kleine Tagereise weit von dem berühmten Sevilla entfernt ist, lag an der Stelle, wo jetzt die Söhne des h. Franziskus ein Kloster besitzen, einstens eine stille Einsiedelei, nach der h. Eulalia benannt. Dort erschien in der zweiten Hälfte des sechszehnten Jahrhunderts ein Eremit, der für die Bewohner der Umgegend bald ein Gegenstand frommer Aufmerksamkeit ward. Er gieng mit entblößtem Haupte und unbeschuht einher, seinen Leib bedeckte ein Kleid von grober Wolle. Selten erhob er den Blick, und es ruhte auf seinem Angesichte zugleich mit milder Freundlichkeit ein Ernst, der mit seiner Jugend in Widerspruch zu stehen schien. Denn Johannes Grande — so hieß dieser Einsiedler — mochte damals kaum sein zwanzigstes Lebensjahr zurückgelegt haben. Gott hatte ihn zu Großem berufen, und von frühester Kindheit vorbereitet.

Johannes war in Carmona, einer Stadt in Andalusien, am 6. März 1546 geboren, und hatte schon in frühester Kindheit durch eine seltene Unschuld und Frömmigkeit große Erwartungen erregt. Aber noch war an ihn der Ruf des Herrn zu seiner vollkommenen Nachfolge nicht ergangen. — Etwa fünfzehn Jahre alt zog er mit seiner Mutter nach Sevilla, und widmete sich dort ihrem Wunsche gemäß dem Kaufmannsstande. Seinen Vater hatte er um eben diese Zeit verloren. Nachdem er vier Jahre in einem

Handlungshause jener Stadt zugebracht, und sich nicht weniger durch Fleiß und Rechtlichkeit, als durch ein sittsames Betragen und ungeheuchelte Frömmigkeit Liebe und Achtung erworben hatte; kehrte er in seine Vaterstadt zurück, um daselbst ein eigenes Geschäft zu beginnen. Aber immer lauter redete die Stimme Gottes zu seinem Herzen, und flößte ihm eine immer stärkere Begierde ein, von allen Sorgen und Gefahren des irdischen Lebens entfernt, für die Ewigkeit allein zu leben. Ein mächtiger Drang zum Gebete weckte ihn oftmals vom Schlafe, und es schien ihm, da er erwachte, eine Stimme zu vernehmen, die ihm vorwarf, daß er, wie die Jünger im Oelgarten, während Jesus betete und blutigen Schweiß vergoß, der Ruhe pflege. Der Jüngling erkannte, daß er von Gott zu einem ihm allein gewidmeten Leben berufen werde; aber er wußte nicht, auf welche Weise er einem solchen Rufe folgen könne. Nach vielem und inbrünstigem Gebete erhielt er durch ein Traumgesicht den gewünschten Aufschluß: Gottes Wille sei, daß er auf irdischen Erwerb verzichtend, nach Christi und der Apostel Beispiel in äußerster Armuth ihm diene. Wohl war der fromme Johannes sogleich entschlossen, dem Rufe des Himmels zu folgen, aber nicht ohne viele und große Kämpfe gelang es ihm, die Bande, die ihn fest hielten, zu zerreißen. Um so inniger dankte er Gott, als er sich endlich befreit sah, und nachdem er sein kaum begonnenes Geschäft eingestellt, alle seine Habe aber anderen überlassen hatte, als armer und doch so reicher Pilger in die Einsamkeit, wo er Gott und in ihm Alles suchte, wandern konnte.

Johannes hatte seine Jugend in der größten Sittenreinheit zugebracht. Noch ein kleines Kind war er mit besonderer Andacht der reinsten Mutter des Herrn ergeben, und brachte oft ganze Stunden vor ihrem Bilde oder Altare im

Gebete zu. Wie er aber heranwuchs, lag er dieser Andacht auch deßhalb mit großem Eifer ob, weil er hoffte, daß es ihm durch die Fürsprache und den Schutz Maria's gegeben werden würde, die jungfräuliche Reinheit seiner Seele und seines Leibes unversehrt zu bewahren; und es war in der nämlichen Absicht, daß er den h. Johannes und die h. Jungfrau Agnes mit zarter Frömmigkeit verehrte. Sein standhaftes und von so heiligen Wünschen begleitetes Gebet fand vollkommene Erhörung; er ward durch keine Art von Unlauterkeit befleckt. Aber auch vor jeder andern Sünde hatte er einen so großen Abscheu, daß die Furcht, sich in seinem Geschäfte durch Mangel an Wahrhaftigkeit und strenger Redlichkeit zu verfehlen, auf den Entschluß, dasselbe aufzugeben, großen Einfluß hatte. Nichtsdestoweniger war er in seinen Augen ein großer Sünder, und um sich dessen stets zu erinnern, veränderte er bei seinem Austritt aus der Welt seinen Namen. Denn er wollte nicht mehr Johannes Grande, d. h. der Große, sondern Johannes Peccadore, d. h. der Sünder, heißen, und wirklich ist ihm dieser Name während seines ganzen übrigen Lebens geblieben. — Indeß bestand seine Demuth nicht in dem Schalle dieses Wortes, noch in irgend einer bloß äußerlichen Uebung: sie durchdrang seine ganze Seele. Er hielt sich nicht für würdig, sein Auge zu Gott aufzuschlagen, noch auch vor den Menschen, die er alle für besser als sich selbst hielt, zu erscheinen. Er betrachtete nämlich die Fehler, die er, besonders aus Menschenfurcht, mochte begangen haben, in dem Lichte, das ihm nun so reichlich zufloß, und ermaß die Größe derselben nicht nach dem Urtheile und den Gewohnheiten der Menschen, noch auch nach der Leichtigkeit, womit man in dieselben zu fallen pflegt, sondern nach der Größe Gottes, gegen dessen heiligen Willen sie begangen

werden. Zudem verdemüthigte er sich auch wegen jener
Sünden, in die er würde gefallen sein, wenn Gott ihm nicht
mit vieler und unverdienter Gnade zuvorgekommen wäre.

So begann er denn in seiner Einsiedelei ein wahres
Büßerleben. Nicht nur wann er dem Gebete oblag, sondern auch bei vielen anderen Gelegenheiten entquollen seinen
Augen reichliche Thränen, die der bittere Reueschmerz hervorrief. Er trug unter seinem groben Kleide niemals Leinewand, wohl aber schmerzhafte Bußgürtel; schlief auf nackter Erde oder auf Brettern, und zwei bis drei Stunden
vor Sonnenaufgang erhob er sich schon zum Gebete, obschon
er nicht selten dasselbe auch die ganze Nacht hindurch fortsetzte. Nicht bloß die Fasten, sondern auch die Adventszeit
und vom Feste des h. Michael bis zu Allerheiligen nahm
er nur dreimal die Woche wenige und ärmliche Speise zu
sich, und er würde in diesen und vielen andern Bußübungen, von denen wir nicht reden, noch weiter gegangen sein,
wenn sein Gewissensführer nicht seinen frommen Eifer gemäßigt hätte. Obgleich er in seinem spätern Leben, wie
wir sehen werden, mitten unter den Menschen mit vielen
Geschäften und Arbeiten beladen war, so setzte er doch das
strenge Bußleben, das er in seiner Einsiedelei begonnen hatte,
bis zum Tode fort.

Aber ohne Kampf konnte der junge Eremit in dieser
neuen Lebensweise nicht ausdauern. Außer der Schwierigkeit, welche die menschliche Natur einer so harten Behandlung des Leibes immer entgegensetzt, war Johannes durch
die Vorstellung, daß er von den Menschen verspottet und
verachtet werde, gequält. — Seine Einsiedelei war, wie
gesagt, nicht weit von der kleinen Stadt Marcena gelegen;
so oft er also in dieselbe gieng, sei es um die h. Sakramente zu empfangen und dem Gottesdienste beizuwohnen,

sei es auch um das kärgliche Almosen, womit er sein Leben fristete, zu begehren; und so oft die Bewohner der Umgegend zu seiner Einsiedelei gelangten: kam es ihm vor, daß aller Augen auf ihn mit Verwunderung gerichtet seien, und es war ihm eine große Pein, von den Menschen für einen Schwärmer, Frömmler, oder auch für einen Heuchler gehalten zu werden. Es war ein harter Kampf; aber vielleicht war er weniger gefährlich, als jener, in dem so manche erliegen, indem sie dem eitlen Verlangen, durch außerordentliche Uebungen der Frömmigkeit sich vor den Menschen auszuzeichnen, nachgeben, und so der geistlichen Hoffart anheimfallen. Johannes bekämfte seine falsche Scham mit großem Eifer, und flehte mit heißen Thränen zu Gott, ihm beizustehen, daß er ihn vor den Menschen mit Freimuth bekenne, und es nicht scheue, dessentwegen verachtet zu werden, der aus Liebe zu uns dem ganzen Volke zum Spott und Hohn geworden. Er obsiegte, aber erst nach langer Anstrengung. —

II.

Johannes widmet sich der Uebung der Barmherzigkeit.

Als Johannes eines Tages von seiner Einsiedelei in die Stadt gieng, sah er zwei Bettler krank am Wege liegen. Der Anblick dieser in ihrem Elende von allen Verlassenen durchschnitt ihm das Herz, und fühlte sich mächtig angetrieben, aus allen Kräften ihnen beizustehen. Er suchte und fand für sie ein Obdach, und trug sie auf seinen Schultern hin. Dann eilte er in die Stadt, um milde Gaben zu sammeln, und kehrte zurück, um seine Kranken mit aller Liebe und Sorgfalt zu pflegen. Es kamen bald noch andere, die derselben Hülfe bedürftig waren, und Johannes nahm sich ihrer mit gleicher Theilnahme an. — Er fand in dieser Uebung der Barmherzigkeit, durch welche er demjenigen, der unsere Schwächen und Krankheiten auf sich nahm, nachahmen konnte, vielen Trost und eine heilige Freude. Aber auch die Ruhe, mit welcher er bis dahin in seiner Einsamkeit der Betrachtung himmlischer Dinge und der Sorge für seine Seele obgelegen, schien ihm überaus kostbar. Er fürchtete, daß die Nähe der Menschen und der Verkehr mit ihnen, die mancherlei Sorgen und Beschäftigungen, denen er sich in einer solchen Lebensweise unterziehen mußte, der Reinheit seiner Seele gefährlich werden, und ihn des Umgangs mit Gott berauben möchten. Indessen wußte er wohl, daß die Wege, auf welchen Gott seine Diener führt, verschieden sind; daß jene, die Er zur Thätigkeit unter den Menschen beruft, durch seinen Beistand auch inmitten äußerer Beunruhigung den Frieden der Seele und den Geist des Gebetes bewahren können, wie auch diejenigen, welche er in die Einsamkeit führt, in ihrer Abgeschiedenheit nicht aufhören, durch ihr Gebet, ihre Buße und alle guten Werke den Nächsten zum Heile zu leben. Alles kommt nur darauf an, daß wir in der Wahl des Weges, den wir gehen, durch den Geist Gottes geleitet werden. Daher war denn auch Johannes, seitdem diese Zweifel seine Seele beunruhigten, auf nichts so sehr bedacht, als durch heißes Gebet und Uebung frommer Werke sich Licht von oben zu erwerben. Es ward ihm gegeben, und zwar auf solche Weise und in solchem Maaße, daß ihm kein Zweifel übrig blieb, er sei berufen, unter seinen Mitmenschen zur Linderung ihres mannigfaltigen Elends zu wirken.

Statt sich also, wie er gesonnen gewesen war, noch tiefer in die Einsamkeit zu begeben, und, wo möglich, vor der Menschen Augen ganz zu verbergen, begab sich nun Johannes in die volkreiche Stadt Xerez auf der Gränze Andalusiens an der Meeresenge von Gibraltar gelegen. Als er derselben ansichtig wurde, fühlte er seine ganze Seele von tiefem Frieden und süßem Troste erfüllt; er erkannte daß Gott diese Stadt zum Schauplatz seiner Wirksamkeit bestimmt hatte, und zweifelte nicht, daß sein Wirken voll Mühe und Leiden sein werde; aber im Gefühle jenes Friedens schien kein Kampf ihm schwer. Ehe er jedoch seinem neuem Berufe gemäß thätig zu sein begann, gestattete Gott nochmals dem Versucher, sich ihm zu nähern. Johannes ward plötzlich von einer heftigen Traurigkeit und großem Widerwillen an allem, was er unternehmen sollte, befallen; es kam ihm vor, als habe er den Weg verloren, und irre weit von Gott in der Finsterniß umher. Nach langem Gebete eilte er in die Kirche der Franziskaner, und eröffnete einem dieser Väter seinen ganzen Seelenzustand. Derselbe ermahnte ihn, an der Wahrheit des Berufes, den er glaubte von Gott empfangen zu haben, nicht zu zweifeln, und ihm trotz der inneren Pein, die bald vorüber gehen werde, zu folgen. Jedoch rieth er ihm, für jetzt statt der Kranken der Gefangenen sich anzunehmen.

Johannes war folgsam, und ohne Verzug begab er sich in das Gefängniß, um die Aufseher zu bitten, daß es ihm erlaubt sei, die Gefangenen zu besuchen, und ihr Elend durch Gaben, die er für sie sammeln werde, zu mildern. Es ward ihm gestattet, und noch nicht lange hatte er unter diesen Unglücklichen auf jene Weise gewirkt, als er auch schon das Vertrauen der Wärter sich in so hohem Grade erworben hatte, daß er nun nicht mehr bloß nach Wohlgefallen ein- und ausgehen, sondern auch im Gefängnisse selber wohnen durfte, damit er nämlich bei Tag und Nacht, sobald irgend ein Vorfall seine Hülfe forderte, in der Nähe sei. Wie war er nun bemüht, das Tagewerk, das Gott ihm angewiesen, mit Eifer zu vollbringen! Zuerst trachtet er durch Liebe und Theilnahme sich das Zutrauen dieser Unglücklichen, die von der menschlichen Gesellschaft verstoßen ihre Tage in finsterer Traurigkeit verleben, zu gewinnen. Er brachte ihnen oft Erquickungen, und erwirkte nicht selten irgend eine Linderung ihres Looses. So öffnete er sich den Weg zu ihrem Herzen, und die Worte des Trostes und der Hoffnung, die er sprach, fanden Eingang. Er belehrte sie, in der Strafe, die über sie verhängt war, eine barmherzige Fügung Gottes zu erkennen, der sie nämlich in diesem Leben strafe, um ihrer in der Ewigkeit zu schonen; er ermahnte sie, die Zeit, die Gott ihnen gegeben, in sich zu kehren, nicht unbenutzt zu lassen, und durch die Demuth und Geduld, womit sie, seiner Fügung sich unterwerfend, ihr hartes Schicksal ertrügen, seiner Gnade sich wieder würdig zu machen, und so sich den Weg aus dem Kerker in den Himmel zu eröffnen. Bei vielen verfehlten so liebevolle und von Werken der Tugend begleitete Worte ihre Wirkung nicht; aber es gab auch manche verhärtete Seelen, die gegen alle Vorstellungen gleichgültig, durch den frommen Liebeseifer unseres Johannes nur dazu bewogen wurden, daß sie immer größere Unterstützung von ihm, nicht anders, als gebühreten sie ihnen, mit Ungedulb und Frechheit begehrten. Sie lohnten dem gottesfürchtigen Jüngling seine Liebe mit Ausbrüchen roher Leidenschaft, und die sanfte Gelassenheit, die er diesen entgegen setzte, reizte sie zu noch größerem Ungestüm. Nicht selten wurde Johannes an dem Orte, wo ihn nur das Verlangen, wohlzuthun, festhielt, nicht nur beschimpft, sondern auch mit Fäusten geschlagen, und mit Unrath beworfen. Aber weder der Undank dieser Verbrecher, noch die Beschwerden des Dienstes, den er übernommen, noch auch der widerliche Aufenthalt des Ortes, den er zur Wohnung gewählt, besiegten seine Liebe. Ein Blick auf den Heiland, der von dem Volke, unter dem er wohlthuend umhergewandelt, gegeißelt und mit Dornen gekrönt, aus der Stadt geschleppt und an's Kreuz geschlagen wurde, genügte, die Ruhe seiner Seele zu befestigen, und sich des kostbaren Schatzes, der in Mühsalen und Verdemüthigungen verborgen ist, zu erfreuen. Er lag aber auch mitten unter diesen seinen Arbeiten und trotz so vieler beunruhigender Vorfälle dem Gebete mit standhaftem Eifer ob, und war in demselben so gesammelt, daß ihm Stunden wie Augenblicke verflossen.

Drei Jahre hatte der f. Johannes auf solche Weise zugebracht, und es scheint, daß sie die Probezeit waren, in der er für seinen eigentlichen Beruf sollte vorbereitet werden. Sein Leben unter den Gefangenen war eine beständige Uebung der Demuth und Selbstverläugnung, und in diesen Tugenden mußte er wohl gegründet sein, um ohne Gefahr die öffentliche Wirksamkeit, die ihm bestimmt war, beginnen zu können. Nach Verfluß jener drei Jahre wurde er durch ein himmlisches Gesicht aufgefordert, das Gefängniß zu verlassen, und in das Krankenhaus zu gehen, um den Vorstehern desselben seine unentgeltlichen Dienste anzubieten. Johannes gehorchte; aber er hätte keinen unglücklicheren Zeitpunkt für ein solches Vorhaben wählen können.

Denn es war kurze Zeit vorher ein Mensch in Xerez gewesen, der im Namen des h. Johannes von Gott Gaben der Liebe zur Pflege armer Kranken sammelte. Er hatte sich mit vieler Kunst den Schein großer Frömmigkeit gegeben, und der Name jenes Heiligen, dessen Orden eben damals sich auszubreiten begann, war in Xerez, wie

in ganz Spanien in hoher Verehrung. So flossen also
jenem Fremden die milden Gaben reichlich zu. Nachdem
er nun eine bedeutende Summe zusammengebracht, entfloh
er mit derselben, die Kranken der Stadt ohne Unterstützung
lassend. Der Arm der Gerechtigkeit erreichte ihn jedoch,
und er büßte seinen Frevel mit schimpflichem Tode. Ein solches Beispiel von Heuchelei erregte gegen Johannes Anerbieten Verdacht. Mit Schwierigkeit gestattete man ihm, die
Kranken zu bedienen, und für sie Unterstützungen zu sammeln, und mit großem Mißtrauen beobachtete man alle
seine Schritte. Aber der Pöbel der Stadt hatte keine Geduld, sich durch solche Beobachtung erst Gewißheit zu verschaffen. Noch voll Erbitterung über jenen Heuchler brach
er über Johannes ohne weiteres den Stab. Man schrie
ihm auf der Straße nach, und erklärte ihn desselben
Verbrechens und derselben Strafe schuldig. Der Diener
Gottes ließ sich indeß nicht irre machen. Er kannte ja bereits durch lange Erfahrung, wie kostbar die Schmach und
Verfolgung ist, die man in der Nachfolge Christi findet;
und da er in nächtlichem Gebet hierüber noch größere Er-
leuchtung empfieng, erglühte seine Seele vom Verlangen,
mehr und immer mehr Unbilden um Christi willen zu erdulden. Es wurde ihm bald Gelegenheit dazu geboten.
Ein Haufe roher Menschen umzingelte ihn, man weiß nicht
ob auf besondere Veranlassung, oder nur wegen des erwähnten Verdachtes. Sie überschütteten ihn mit Verwünschungen und Schimpfreden, drangen dann auf ihn ein,
und als ergrimmten sie über die ruhige Geduld, mit welcher der fromme Johannes sie ohne allen Widerstand ge-
währen ließ, schlugen sie ihm in's Augesicht, warfen ihn
endlich zu Boden und stampften ihn voll Wuth und Verachtung mit Füßen. Ohne einen Laut der Klage und

ohne ein Zeichen des Zornes ertrug der Seelige die Mißhandlung.

Indessen bewirkte eben der Verdacht, der auf ihn gefallen war, daß seine Tugend von dem besseren Theile der Einwohner der Stadt erkannt ward. Denn je sorgfältiger man ihn beobachtete, desto mehr mußte man sich bald von der Reinheit seiner Absichten und der Aechtheit seiner Frömmigkeit überzeugen. Schon hatte er sich also das Vertrauen vieler und angesehener Bürger erworben, und die Gaben, womit er seinen Kranken Erquickung verschaffte, wurden ihm immer bereitwilliger gewährt. Da brach eine andere Verfolgung, die ihn viel schmerzlicher berührte, aus. Die in dem Krankenhause, worin er sich aufhielt, angestellten Wärter waren keinesweges von jenem Geiste uneigennütziger Liebe, der den frommen Johannes erfüllte, beseelt. Sie vernachläßigten ihren Dienst, behandelten die Kranken mit Härte, und verwendeten nicht immer mit Treue, was zur Pflege derselben bestimmt und ihnen anvertraut war. Johannes machte ihnen zuweilen liebreiche Vorstellungen; aber viel mehr noch als seine Worte war sein Thun und Wirken unter den Kranken eine Strafpredigt, die sie nicht länger ertragen konnten. Sie beschlossen, sich seiner zu entledigen, und es gelang ihnen. Johannes erhielt eines Tages von den Vorstehern des Spitals die unerwartete Weisung, daß ihm der Zutritt in die Krankenzimmer nicht ferner könne gestattet werden. Tiefer als jede andere Kränkung mußte er diese Maßregel empfinden. Sie sonderte ihn von seinen geliebten Kranken, und schien ihn mit einem Male aller Mittel zu berauben, seinem Berufe zu leben. Aber es war nicht so. Gott hatte diese Verfolgung nur zugelassen, um ihm einen viel größeren Wirkungskreis zu eröffnen.

III.

Johannes erhält ein eigenes Spital und tritt in den Orden der barmherzigen Brüder ein.

Mit Bedauern und Unwillen hatte ein großer Theil der Bewohner von Xerez den frommen Johannes aus dem Spitale vertreiben sehen. Die wahren Gründe, weßhalb man ihm zürnte, waren ihnen wohl bekannt, und sie wollten es nicht zugeben, daß die Tugend in ihrer Mitte so schimpflich behandelt und unterdrückt werde. Sie sannen auf Mittel und Wege, dem Diener Gottes zu helfen, daß er sein gesegnetes Wirken fortsetzen könne. Sie hatten aber bereits von seiner außerordentlichen Frömmigkeit, seinem rastlosen und stets durch höheres Licht geleitetem Eifer so viele Beweise, daß sie in ihm einen von Gott zu großen Dingen berufenen Heiligen zu betrachten anfiengen. Darum also wünschten sie ihn in größeren Kreisen thätig zu sehen, und zwei Edelleute glaubten den Reichthum, womit sie Gott gesegnet hatte, nicht besser benutzen zu können, als wenn sie ein neues Krankenhaus gründeten, und die Leitung desselben dem verfolgten Johannes übergäben. Sie setzten ihr frommes Vorhaben unverzüglich in's Werk. Im Jahre 1574 ward das neue Spital gebaut, und mit reichlichen Einkünften versehen, Johannes überwiesen. In der Nähe desselben lag ein großes Pilgerhaus, und auch dieses glaubte man seiner klugen und thätigen Liebe anvertrauen zu müssen. Mit welchem Jubel des Herzens nahm der Diener Gottes seine Wohnung in dem Gebäude, worin er von nun an nach der ganzen Kraft seiner Liebe wohlthun konnte! Es war ein rührendes Schauspiel, von allen Seiten Kranke herbei=

tragen, und alle von Johannes mit freundlicher Eilfertigkeit empfangen zu sehen. Er eilte vom einem zum andern, fragte nach ihren Bedürfnissen, tröstete, ermunterte sie, und gab sich keine Ruhe, bis jedem, wessen er für Leib und Seele bedurfte, zu Theil geworden war. — Aber noch stand er allein, und so wunderbar der Beistand war, womit Gott seine Kräfte unterstützte, so konnte er doch für die Pflege so vieler allein nicht genügen. Er sah sich nach Gefährten um; aber nach solchen, die im Dienste der göttlichen Liebe und, nicht um zeitlichen Gewinn seine Mühen und Sorgen theilen möchten. Auch hierin erhörte Gott sein Flehen. Es schlossen sich ihm mehrere, meistens noch junge Männer, an, die alle vom Verlangen, Johannes reine Tugend nachzuahmen, beseelt waren und von denen sich einige in dieser Nachahmung so sehr auszeichneten, daß ihr Andenken zugleich mit dem ihres Führers und Vaters fortlebte.

Einige Jahre schon hatte Johannes mit diesen seinen Gefährten sein frommes Wirken fortgesetzt, und sie nicht bloß durch sein Beispiel angefeuert, sondern ihren Eifer auch durch weise Einrichtungen geleitet. Indem er aber nun nachdachte, wie man Vorsorge treffen könnte, daß die Anstalten die ihm Gottes Vorsehung anvertraut, nicht nur fortbestünden, sondern auch fortwährend im Geiste christlicher Barmherzigkeit verwaltet würden; schien ihm hierzu der sicherste Weg zu sein, wenn er sich mit seinen Gefährten dem Orden des h. Johannes von Gott, der, wie schon erwähnt wurde, eben damals aufzublühen anfieng, anschlösse. Er fand, wie in dem heiligen Stifter, so auch in der ganzen Einrichtung dieser frommen Gemeinschaft jenen Geist, den er suchte, und den er selbst, ohne es zu wissen, in reichlicher Fülle besaß. Seine Gefährten vernahmen den Ent=

schluß, den er gefaßt, mit Freuden, und im Jahre 1579, achtundzwanzig Jahre nach dem Tode des h. Johanns von Gott, begab er sich mit ihnen nach Granada, um bei den höchsten Vorstehern des Ordens um die Aufnahme nachzusuchen. Sie wurde ihm um so leichter gewährt, als man ihn und seine Genossen als schon erprobte Jünger des Ordens betrachten konnte. So kehrte also Johannes mit dem Kleide und den Regeln der barmherzigen Brüder nach Xerez zurück, und wurde von den Einwohnern desselben mit um so größerer Freude begrüßt, als sie nun hoffen durften, daß er, auch wann einst Gott aus diesem Leben ihn abrufe, unter ihnen fortleben werde.

Johannes und seine Brüder widmeten sich mit neuem Eifer den frommen Werken ihres Berufes. Bevor wir jedoch über diese das Nähere berichten, müssen wir noch eine bedeutende Ausdehnung seiner Wirksamkeit erzählen. Der Erzbischof von Sevilla, zu dessen Sprengel Xerez gehörte, hatte seit einer Reihe von Jahren zugleich mit den Berichten über des frommen Johannes und seiner Gefährten segensreiche Thätigkeit über andere ähnliche Anstalten der Stadt Klagen erhalten, die ihn mit Unwillen und Schmerz erfüllen mußten. Nachdem er manche Mittel versucht hatte, die Aufseher und Diener jener Häuser zur gewissenhaften Erfüllung ihrer Pflichten zu vermögen; beschloß er endlich, da alle seine Bemühungen vergeblich waren, sämmtliche Anstalten dieser Art unter die Leitung des seligen Johannes zu stellen. Er berief ihn also zu sich nach Sevilla. Johannes, der bereits gewohnt war, das Leiden für Gott als sein größtes Glück zu betrachten, folgte diesem Rufe um so bereitwilliger, als ihm im Gebete geoffenbart war, daß er sich auf neue und schwere Kämpfe gefaßt halten müsse.

Zu Sevilla angekommen, ward er von mehreren Edelleuten dringend gebeten, bei ihnen Wohnung zu nehmen; aber er zog es vor, nachdem er zuerst die Kirche besucht und vor dem Hochwürdigen gebetet hatte, bei einem armen Bürger, der ihm ein Zimmer bereitet hatte, einzukehren. Auch dort war seine erste Beschäftigung das Gebet, und ohne seinem ermatteten Leibe irgend eine Erquickung der Ruhe zu gönnen, harrte er in demselben mehrere Stunden aus. — Als er nun vor den Erzbischof kam, und von ihm vernahm, weßhalb er ihn zu sich beschieden, war es ihm sofort einleuchtend, welcher Art die Leiden und Kämpfe, die ihm angekündigt waren, sein würden. Denn die Personen, die theils seiner Leitung unterworfen werden, theils auch ihm und seinen Brüdern in ihrer Amtsführung weichen sollten, waren ihm zu wohl bekannt, als daß er hätte hoffen dürfen, sie würden sich ohne den heftigsten Widerstand dem Willen des Erzbischofs fügen. Es war jedoch nicht die Furcht vor dem, was er zu leiden haben würde, sondern aufrichtige Demuth, die ihn bewog, dem Erzbischofe Gegenvorstellungen zu machen. Er glaubte sich einer so großen Bürde nicht gewachsen, und besorgte, daß das Gute, welches er etwa stiften könne, mit dem Bösen, das jene Maßregel veranlassen würde, in keinem Verhältnisse stehen möchte. Der Prälat wollte ihm nicht Gewalt anthun, und suchte ihn in mehr als einer Unterredung durch Gründe zu überzeugen. Als er aber erkannte, daß die eigentliche Ursache, weßhalb Johannes Widerstand leistete, die geringe Meinung war, die er von sich selber hatte, beschloß er, die Demuth durch die Demuth zu besiegen. Er wußte wohl, daß diese Tugend, wenn immer sie aufrichtig ist, gehorsam macht. Er hörte also auf, Gründe vorzubringen, und erklärte seinen entschiedenen Willen; da neigte Johannes das

Haupt, und übernahm das Amt, das ihm zugedacht war.

Er kehrte nach Xerez zurück; aber die Nachricht von dem, was in Sevilla geschehen, war ihm vorausgeeilt, und hatte die Wirkung hervorgebracht, die er vorausgesehen. Die Menschen, welche in den verschiedenen Häusern, über die er die Aufsicht übernehmen sollte, angestellt waren, beschlossen in ihrem Zorne, kein Mittel unversucht zu lassen, um die Absicht des Erzbischofes zu vereiteln. Sie ersannen Verläumdungen wider den Diener Gottes, und verbreiteten sie durch die ganze Stadt. Diese Verläumdungen waren aber mit solcher Schlauheit ausgedacht, daß sie, wenigstens beim großen Haufen, eben so leicht Glauben finden, als den Ingrimm desselben reizen mußten. Johannes hoffte, durch Sanftmuth und Geduld die Aufregung, in welcher er das Volk fand, zu beschwichtigen. Aber vergebens. Der Sturm ward immer heftiger. Wo er sich blicken ließ, rief man ihm Schimpfreden nach, und die Kinder verfolgten ihn mit Steinwürfen. Es scheint unbegreiflich, wie dies Volk einen Mann, der nun schon eine lange Reihe von Jahren die Wohlthaten seiner Liebe unter ihm verbreitet, der nicht nur seine Kranken verpflegt, und seine Todten begraben, sondern auch vielen seiner Armen, Wittwen und Waisen Obdach, Kleidung, Nahrung verschafft hatte, so verkennen und als seinen gefährlichsten Feind verfolgen konnte. Aber wer weiß nicht, wie oft es Bösewichtern gelingt, das Volk zu bethören, und wie schrecklich des bethörten Leidenschaften sind? Es kam so weit, daß Johannes, um des Lebens sicher zu sein, das Spital fast nicht mehr verlassen durfte.

Er rief in seiner Noth zu Gott, und nachdem er noch eine Zeitlang diese neue Probe der Geduld und Demuth bestanden hatte, ward ihm Hülfe zu Theil. Ein Mensch, der einen Gefährten Johannes, welcher um ein Almosen für die Kranken bat, mit vielen Beschimpfungen aus seinem Hause getrieben hatte, starb, wie der Diener Gottes vorhergesagt hatte, nach drei Tagen eines jähen Todes. Ein anderer, der in das Spital kam, um dem frommen Johannes die größten Unbilden zu sagen, war kaum in sein Haus zurückgekehrt, als er von einem heftigen Fieber befallen wurde. Johannes, obgleich selber krank, raffte sich auf, um ihn zu besuchen; aber der hartherzige Mensch wies nicht nur die milden Reden, womit er ihn zum Vertrauen auf Gottes Barmherzigkeit ermunterte, trotzig ab, sondern wollte auch nicht einmal gestatten, daß Johannes neben seinem Bette für ihn bete. Der Selige entfernte sich tief erschüttert, und sagte zu dem Bruder, der ihn begleitete, daß auch dieser vom Tode unversehens werde hingerafft werden. Am andern Morgen erfüllte sich seine Weissagung. Diese Vorfälle, in welchen man die strafende Hand des Herrn erkannte, und manche andere Umstände, welche die Vorsehung herbeiführte, brachten das Volk zur Besinnung, und Gott, der alles dies nur zur Prüfung seines Dieners zugelassen hatte, bewirkte, daß nun Johannes Unschuld eben so allgemein anerkannt wurde, als die Verläumdung Glauben gefunden hatte.

IV.

Johannes Thätigkeit und hohe Vereinigung mit Gott.

Wie zahlreich und mannigfaltig auch die Geschäfte sein mochten, denen Johannes sich unterziehen mußte, und wie viel sie ihn auch nöthigten, in und außer den Krankenhäusern und ähnlichen Anstalten mit Menschen aus allen Stän=

den zu verkehren; so vermochten sie es doch nicht, ihn im Umgange mit Gott zu stören, oder seinen Eifer in der Uebungen der Frömmigkeit auch nur zu vermindern. Er hatte alle diese Arbeiten nur für Gott unternommen, und daher kehrte er von ihnen ohne Schwierigkeit zur Unterhaltung mit Gott zurück, oder verlor ihn vielmehr während derselben nie aus den Augen. Er setzte seine strengen Bußwerke fort, und brachte, wenngleich von den Anstrengungen des Tages ermattet, mehrere Stunden und zuweilen die ganze Nacht im Gebete zu. Durch die standhafte Abtödtung aller Leidenschaften und diesen fortwährenden Umgang mit Gott gelangte er zu einer solchen Leichtigkeit, sein ganzes Herz zu ihm zu erheben, daß er nur das Gebet zu beginnen brauchte, um auch sogleich in den Gegenstand seiner Liebe ganz versenkt zu werden. Zwar war ihm Gott überall gegenwärtig, und an jedem Orte sah man ihn mit dieser tiefsten Versammlung beten; aber so oft es ihm möglich war, verrichtete er sein Gebet vor dem hochwürdigsten Gute, und seine Andacht zu dem in diesem Geheimnisse uns stets nahen Erlöser war so groß, daß er nur mit Mühe sich von ihm entfernen konnte, oftmals auch von seinen Brüdern wie aus tiefem Schlummer geweckt, ja mit sanfter Gewalt fortgebracht werden mußte.

Aber wenn seine äußeren Beschäftigungen für ihn kein Hinderniß des Umgangs mit Gott waren; so war auch hinwiederum die Andacht kein Hinderniß seines Wirkens für den Nächsten. Wie wir oben die höchste Reinheit des Lebens mit der größten Strenge der Buße in ihm vereinigt sahen; so finden wir nun auch in ihm alle Gaben, ja alle Wunder des beschaulichen Lebens mit der rastlosesten Thätigkeit verbunden. Vom Gebete eilte Johannes an die Betten der Kranken, in die Hütten der Armen, in die Palläste der Reichen: nicht selten auch geschah es, daß er während des Gebetes erkannte, wo seine Hülfe nöthig sei. So vernahm er einst, vor dem Hochwürdigen kniend, den Befehl, in das Krankenzimmer zu eilen, weil seine Kinder — denn so nannte er die Kranken — seiner bedurften. Er eilte hin, und fand einen Kranken ohne Besinnung und in der heftigsten Aufregung. Johannes bezeichnete ihn mit dem h. Kreuzzeichen, und alsbald war der Leidende nicht nur ruhig, sondern auch geheilt. Ein anderer aber lag in den Todesängsten, auf das heftigste zur Verzweiflung versucht. Wenige Worte, die der Diener Gottes zu ihm redete, führten die Ruhe in sein Gemüth zurück, und er starb mit großer Zuversicht, bei Gott Barmherzigkeit zu finden.

Es ist wohl nicht nöthig, den Eifer der Liebe, mit welchem Johannes sich überhaupt dem Dienste der Kranken hingab, zu beschreiben, wie er von Bett zu Bett eilte, um zu sehen, wessen sie bedürften, wie er sie speiste, wie er diesem die Wunden verband, jenem die Arznei eingab, ihre Betten machte und die niedrigsten Dienste ihnen leistete. Aber nicht ohne Erstaunen kann man vernehmen, wie viele andere Werke der Barmherzigkeit er noch zu verrichten im Stande war. Die Armen der Stadt kamen schaarenweise in's Spital, und sie wurden gespeist, oft auch gekleidet. Eine Menge Hausarmen erhielten von Johannes die Unterstützung, welche die Scham sie abhielt, zu begehren. Jungfrauen, deren Sitten in Gefahr waren, Sünderinnen, die sich bekehren wollten, Kinder, die ohne Obdach umherirrten, wurden von ihm nicht nur im Augenblicke höchster Noth unterstützt, sondern auch für immer versorgt. — Einst landeten in Xerez gegen dreihundert spanische Soldaten, welche von Cadix, nachdem die Engländer die Insel mit Sturm genommen hatten, geflüchtet waren, und in den Hafen von

Xerez von Allem entblößt, ermattet und zum Theil krank und verwundet einliefen. Johannes nahm sie alle auf, und fand Mittel, sie alle zu verpflegen. — Aber auch die ganze Bevölkerung der Stadt und Umgegend sollte in ihm einen rettenden Engel in höchster Noth finden. Er war im Jahre 1579 auf eine große Ueberschwemmung eine allgemeine Theuerung erfolgt. Seit man sie vorhergesehen, hatte Johannes eine große Menge Getreides zusammengebracht, und sämmtliche Arme der Stadt in drei Klassen, Männer, Weiber, Kinder, theilend, ließ er ihnen täglich nicht nur Brod, sondern auch andere Lebensmittel reichen. Er setzte diese Spende, — nicht ohne einen göttlichen Beistand, der vielen wunderbar schien, — mehrere Monate fort, und rettete auf diese Weise die volkreiche Stadt von dem vielfachen Elende, das mit einer Hungersnoth pflegt verbunden zu sein. — Immer mehr also verbreitete sich durch ganz Andalusien der Ruf Johannes des Sünders, und man nannte ihn einen zweiten Johannes von Gott.

Aber wie dieser sein Vater, also war auch er noch weit mehr um das Heil der Seele, als um das leibliche Wohl seines Nächsten besorgt: und obschon er es als seinen eigentlichen Beruf ansah, den Seelen dadurch nützlich zu sein, daß er das Elend des Leibes milderte; so unterließ er doch nichts, wodurch er auch unmittelbar zur Belehrung und Besserung seiner Mitmenschen beitragen konnte. Kaum war ein Kranker im Spital angekommen, und hatte die erste Pflege empfangen, so war auch Johannes an seiner Seite, um ihn mit liebevollen Worten zum Empfang der hh. Sakramente vorzubereiten. Er pflegte bei dieser Gelegenheit zu sagen, — was die Erfahrung in allen Anstalten dieser Art bewährt, — erst dann würden die Arzneien auf den Körper heilsam einwirken, wann zuvor die Seele vom himmlischen Arzte geheilt, und mit Gott durch die Gnade des Erlösers versöhnt wäre. Geschah es nun, daß ein Kranker so heilsamen Ermahnungen widerstrebte, so war der fromme Johannes weit entfernt, es bei diesem ersten Zureden bewenden zu lassen. Gott hatte ihm eine natürliche Gabe, an das Herz zu reden, verliehen, und die Fülle der Gnade, die in ihm wohnte, verlieh überdies seinen Worten eine höhere Weihe. Wenn aber irgend eine verhärtete Seele auch dieser Beredsamkeit widerstand, so nahm Johannes seine Zuflucht zum Gebete und zur Buße. Die Augen des Geistes auf den Gekreuzigten richtend, opferte er nach dem Beispiele desselben mit seinen Thränen seine Schmerzen und oft auch sein Blut für das Heil der Sünder auf. Einst kehrte er nach solchem von Bußwerken begleiteten Gebet zu einem Kranken zurück, der hartnäckig alle Ermahnungen zur Bekehrung von sich gewiesen hatte. Jetzt zeigte sich derselbe sofort bereit, in den hh. Sakramenten Versöhnung mit Gott zu suchen, legte mit sichtbaren Zeichen tiefer Reue während mehrerer Stunden seine Beichte ab, und verschied eine Stunde nachher mit solcher Seelenruhe und freudiger Hoffnung, daß die Umstehenden Thränen der Andacht vergossen. — Aehnliche Vorfälle wiederholten sich oft. Daher konnte des s. Johannes Spital als ein Schauplatz der göttlichen Barmherzigkeit betrachtet werden, wo immer von neuem viele Unglückliche Rettung für Leib und Seele fanden.

Aber eben so wenig als seine Mildthätigkeit beschränkte sich dieser sein Seeleneifer auf das Krankenhaus. Mit großer Sorgfalt nahm er sich der armen und vernachlässigten Kinder an. Er sammelte sie um sich her, um ihnen zugleich mit dem Brode des Leibes auch das der Seele zu spenden, und die er nicht selber unterweisen konnte, führte er andern, die ihm in diesem Werke der Liebe beistanden, zu. — Oftmals hatten es schamlose Weiber versucht, den Diener Gottes bald durch List und Schmeichelei, bald auch mit frecher Gewalt zur Sünde zu reizen. Aber niemals war ihnen ihr verbrecherisches Vorhaben gelungen. Dahingegen gefiel es Gott, der ihn in solchen Gefahren beschützte, öfters auch denselben auf wunderbare Weise entriß, seinem Diener gerade zur Bekehrung dieser Unglückseligen eine besondere Gabe zu verleihen. Er war beredter, sie zur Buße, als sie, ihn zur Sünde zu bewegen. Nach einer höchst sonderbaren Sitte pflegten sich an gewissen Tagen des Jahres viele dieser Sünderinnen in einer bestimmten Kirche bei der Predigt einzufinden. Ihr verblendeter und vom Laster verhärteter Sinn öffnete sich selten dem Lichte der Gnade, so sehr auch der Prediger bemüht sein mochte, auf diesen Theil seiner Zuhörer einen besonderen Eindruck zu machen. Da sah man nun aber nach der Predigt den seligen Johannes sich den Elenden nähern; und er redete ihnen mit solcher Kraft vom ewigen Heile, das sie verscherzten, und von der Barmherzigkeit Gottes, der sie zur Buße einlade, daß er fast jedesmal eine bedeutende Anzahl zur Aenderung ihres Lebens bewog. — Er hatte auch die Veranstaltung getroffen, daß an jedem Freitag der Fasten im Vorhofe des Spitals eine Predigt gehalten wurde, zunächst zwar für die Armen, die dort zusammen kamen, dann aber auch für alle, die sich dabei einfinden wollten. Bei solcher Gelegenheit nun unterstützte Johannes die Worte des Predigers mit dem Beispiele der Buße. Im Bußkleid und das Haupt mit Asche bestreut, erschien er vor der versammelten Menge, in der linken das Crucifix, in der Rechten das Bußwerkzeug, womit er sich vor ihren Augen peinigte, emporhaltend, und mit erschütterndem Tone zur Umkehr vom Wege des Lasters, zur Reue und Zerknirschung auffordernd. Einst waren viele dem Laster ergebene Weiber, wohl nur aus Neugier, bei der Predigt zugegen; acht derselben entschlossen sich zur Buße, beharrten in derselben, und wurden von Johannes für ihr ganzes Leben versorgt. — Wohl mögen manche der Mittel, welche der Diener Gottes anwendete, in unserer Zeit nicht gebilligt werden; aber die Wirkungen, die er durch sie hervorbrachte, werden wir doch nicht aufhören, hochzuschätzen: und sollte denn ein Blick auf den Sohn Gottes, der vor den Augen des ganzen Volkes für unsere Sünden wollte gegeißelt werden, uns nicht auch über die Bedeutung und den Werth der äußeren Buße belehren?

Ueber allen diesen Werken hatte Johannes die Gefangenen, unter denen er die Uebung der Barmherzigkeit begonnen hatte, nicht vergessen. Er besuchte sie, milderte ihr hartes Loos durch Erquickungen und Worte des Trostes; aber mit besonderer Sorgfalt war er bemüht, jene, die zum Tode verurtheilt waren, auf den Uebergang in die Ewigkeit vorzubereiten. Seine Bemühungen hatten fast immer den besten Erfolg. Jene Unglücklichen nahmen, von ihm belehrt, den zeitlichen Tod im Geiste der Buße an, um dem ewigen zu entfliehen. Der Selige begleitete sie bis zur Richtstätte, und nahm zugleich mit dem Priester, der ihnen beistand, ihre letzten Seufzer auf.

Wenn Gott das Wohlgefallen, welches er an dem Wirken seines Dieners hatte, schon durch den Segen, den er so reichlich über dasselbe ausgoß, offenbarte; so wollte er überdies auch durch außerordentlichen Beistand, womit er ihn unterstützte, seinen Muth aufrecht halten. Ohne einen solchen Beistand wäre es auch durchaus unbegreiflich, nicht nur wie Johannes so viele Arbeiten hätte übernehmen, und so viele Geschäfte mit Pünktlichkeit besorgen, sondern auch und mehr noch, wie er für die Werke der Liebe, die er übte, hinreichende Mittel hätte finden können. Oftmals ermunterte ihn Gott auch ausdrücklich, auf ihn stets zu vertrauen, und sich nicht zu scheuen, sein Haus mit Kranken zu füllen, wenn sie gleich die Zahl derer, die er aus den Einkünften des Spitals verpflegen konnte, weit überstiegen. Bald nach Eröffnung desselben, als die Einkünfte noch nicht so reichlich waren, fand sich Johannes einst wegen der Menge der Kranken, die er aufgenommen hatte, in der größten Noth. Er flehete in der Nacht zu Gott, und wurde durch einige Worte göttlicher Huld gestärkt. Am Morgen erschien ein Edelmann mit einer Menge Getreide, Oel und Arzneien, und versprach, dem Spitale jedes Jahr diese Unterstützung zukommen zu lassen. — Am Weihnachtstage pflegte Johannes eine größere Spende von Brod und Fleisch an die Armen der Stadt anzuordnen. Nun geschah es eines Jahres, daß von dem Vorrath nur noch so viel übrig war, als er für einige Hausarmen bei Seite zu legen befohlen hatte. Aber es kamen noch andere Arme, und baten um ihren Theil. Man versicherte sie, daß bereits alles verschenkt sei; aber sie ließen nicht nach, sie flehten, sie weinten, sie murrten. Johannes gieng selbst zu ihnen hinaus, um sie zu beruhigen. Vergebens: sie drängten sich um ihn her, und begehrten mit immer größerer Zudringlichkeit, daß er auch ihnen geben lasse. Da erhob der Selige seine Augen zum Himmel, und flehte zum Vater aller Armen aus dem tiefsten Grunde seines Herzens. Plötzlich wandte er sich dann mit heiterem Antlitze zu seinen Ordensbrüdern, und befahl, von dem noch vorhandenen Vorrathe zu spenden, so lange er dauere. Man gab allen, die dort waren, und allen, die noch kamen, und gab ihnen reichlich, und der Vorrath verminderte sich nicht. — Viele ähnliche Ereignisse, in welchen Gott mit seiner Allmacht den Liebeseifer seines

Dieners unterstützte, werden in den Acten des Prozesses der Seligsprechung berichtet.

In denselben sind auch viele andere wunderbare Erscheinungen, welche seine hohe Begnadigung kundthaten, aufgezeichnet. Wie wir schon erwähnten, waren ihm in seinem thätigen Leben die höchsten Gaben des beschaulichen Lebens verliehen. Obgleich nun Johannes sehr bemüht war, was immer Außerordentliches die Gnade in ihm wirkte, vor den Augen der Menschen zu verbergen; so wollte doch Gott, dem es gefällt, die Demüthigen zu erhöhen, nicht, daß ihm dies immer gelinge. Er suchte ihn mit jenen besondern Gnaden nicht selten in Gegenwart vieler Zeugen, zuweilen auch vor dem ganzen Volke heim. Johannes wurde oftmals im Gebete zu einer höheren Anschauung der himmlischen Dinge erhoben, durch diese entzückende Erkenntniß den Sinnen entrückt, und in solchem Zustande verweilte er mitunter mehrere Stunden. Wenn er aber deßhalb denen, welchen wie seine Tugend so auch die Wirkungen der göttlichen Gnade bekannt waren, ein Gegenstand frommer Verehrung wurde; so ließ es doch Gott auch öfters zu, daß diese höchsten Gnadenerweisungen mit der empfindlichsten Verdemüthigung von Seiten der Menschen verbunden waren. Es gab sich in jenem Zustande die mächtige Bewegung seines Herzens durch verschiedene Wirkungen in seinem Leibe kund, oder wenn er nicht nur den Gebrauch der Sinne, sondern auch jede Bewegung verloren hatte, schien er in einer Art von Betäubung zu liegen. Da geschah es nun, daß unwissende oder für alles Göttliche gefühllose Menschen ihn, sobald er zu sich kam, mit Schimpfreden überschütteten. Sie schalten ihn, wie die Juden die Apostel, als der Geist Gottes über sie gekommen war, einen Trunkenbold, oder auch einen Heuchler, Schwärmer, einen Narren, wenn nicht gar einen Besessenen. Er störe die Andacht der Gläubigen und den Gottesdienst, sei den Schwachen zum Anstoß, und Allen ein Aergerniß. — Mit gesenkten Augen nahm der demüthige Johannes diese Vorwürfe und Scheltworte, nicht anders, als gebührten sie ihm, hin; und es war sehr rührend, den so hoch Begnadigten in demselben Augenblicke, da er aus der entzückenden Beschauung und dem Verkehre mit Gott in diese Sinnenwelt zurückkehrte, die Umstehenden, auch wenn sie ihn nicht auf jene Weise schalten, mit Beschämung bitten zu hören, daß sie ihm die Störung, die er durch sein unziemliches Betragen verursacht, verzeihen möchten.

Indessen übernahm zuweilen auch Gott selbst die Vertheidigung seines Dieners. Denn mehr als einmal geschah es vor den Augen derer, die ihn verspotteten, daß, während seine Seele durch göttliche Kraft emporgetragen, und der sichtbaren Welt entrückt wurde, auch sein Leib sich erhob, und Johannes in kniender Stellung über der Erde schwebte, von himmlischem Glanze umflossen. — Eine Dame von hohem Stande, welche die Wohlthätigkeit des Dieners Gottes mit reichen Almosen zu unterstützen pflegte, hatte in wenigen Tagen mehrere ihrer Kinder verloren. Sie zog sich aus der Stadt auf ein nahe gelegenes Landhaus zurück, und ließ Johannes bitten, sie in Begleitung eines andern Ordensmannes, des Paters Figueroa, der ebenfalls im Rufe großer Tugend und hoher Begnadigung stand, zu besuchen. Als nun die beiden frommen Männer unter heiligen Gesprächen sich dem Dorfe, in welchem das Landhaus der Dame gelegen war, genähert hatten; ließen sie sich, um etwas auszuruhen, bei einer Quelle nieder. Sie setzten ihre Unterredung fort, und die Quelle, welche unter ihren Füßen in einem klaren Bache dahinfloß, war ihnen ein Anlaß, von dem Strome der Wonne zu sprechen, womit Gott im Lande des Friedens seine Auserwählten tränkt (Pf. 35, 9). Da ruhten Johannes Augen auf dem hellen Gewässer, und wie sein leuchtender Blick immer mehr, was seine Seele empfand offenbarte, so verstummte allmählig sein Mund. Der Pater Figueroa betrachtete ihn mit tiefer Rührung. Johannes sank auf die Kniee, sein Angesicht erglühte, er ward unbeweglich, und nach und nach einige Spannen von der Erde erhoben. Indessen gelangte die Dame, die ihnen entgegengekommen war, mit ihrer Begleitung zur Quelle, und auch manche Landleute, die kamen, um Wasser zu schöpfen, blieben mit ihr erstaunt vor dem Entzückten stehen. Man entfernte sich nicht, obschon ganze Stunden verflossen, ehe er der Erde und ihnen zurückgegeben ward.

V.
Des seligen Johannes Tod und Begräbniß.

Indessen war die Zeit gekommen, wo Gott seinen Diener von dieser Welt abrufen, und die Krone, für die er mit so großer Ausdauer gekämpft hatte, auf sein Haupt setzen wollte. Es sollte jedoch in seinem Ende noch einmal alles, was sein Leben ausgezeichnet hatte, wunderbar hervortreten: der Eifer seiner Liebe, der keine Schranken kannte, tiefe Verdemüthigung vor den Menschen, und Erhöhung durch die göttliche Huld und Gnade.

Im Jahre 1600 war in Andalusien eine anhaltende Dürre eingetreten, und mit großer Besorgniß sah man von neuem einer allgemeinen Theuerung und Hungersnoth entgegen. Nach vielen andern Andachten und frommen Werken wurde endlich ein öffentlicher Bittgang beschlossen, an dem die ganze Geistlichkeit und alles Volk Theil nehmen sollte. Auch Johannes wohnte demselben seiner Gewohnheit nach bei, und ermahnte durch seine Worte und sein Beispiel die Gläubigen zur Buße. Von dem Bittgang in sein Spital zurückgekehrt begab er sich zum Gebet, und verharrte in demselben ohne alle Unterbrechung zwei Tage und zwei Nächte. Als er endlich aus demselben wie aus einer langen Entzückung in Gegenwart einiger seiner Ordensbrüder erwachte, sprach er, wie gewöhnlich, einige Worte zu seiner Entschuldigung, und zog sich in seine Zelle zurück. Aber einer seiner Brüder, Peter Egipciaco, mit dem er sehr vertraulich zu reden pflegte, folgte ihm, und erzählte, daß, während er gebetet, ein reichlicher Regen gefallen sei. „Ich weiß es," erwiederte Johannes, „Gott hat mich davon in Kenntniß gesetzt. Wir werden Brod in Ueberfluß haben; aber ich weiß nicht, wie viele von denen, die jetzt leben, davon essen werden." Peter verstand, daß ihm sein Vater eine andere Geißel Gottes, die Pest, vorhersagte, und nur gar zu bald ward die Weissagung durch den Erfolg bewährt.

Die Ernte war in jenem Jahre ungewöhnlich gut; aber kaum war sie vollendet, als eine pestartige Krankheit ausbrach, und fast die ganze Provinz entvölkerte. Johannes fand in ihr noch eine außerordentliche Gelegenheit, seinen Liebeseifer zu üben; aber er fand in ihr auch, was er sehnlich gewünscht, die Krone seiner guten Werke. Oftmals hatte er seit einiger Zeit sein bevorstehendes Ende vorausgesagt, und seinen Vertrauten auch manche Umstände seines Todes mitgetheilt. Er gab die Zeit auf das Genaueste an, und setzte eines Tages hinzu, daß er sich von Gott die Gnade erbeten habe, ohne alle Ehren, ja auf schimpfliche Weise begraben zu werden. Und als Peter Egipciaco ihn lächelnd versicherte, er möge beten, so viel es ihm gefalle; so würden doch er und seine Brüder schon Sorge tragen, daß sein Begräbniß ehrenvoll sei: erwiederte ihm Johannes: „Ich aber sage dir, daß du der erste sein wirst, der vor meiner Leiche flieht." Bei einer ähnlichen Gelegenheit bemerkte er, man werde seinen Leichnam, statt ihn zu tragen, mit Stricken hinausschleppen, in die Erde verscharren, und den Boden über ihm mit Füßen stampfen.

Wirklich wollte Gott dem Verlangen seines Dieners nach aller Art von Verdemüthigung auch auf diese Weise genugthun. Als die Pest, die Johannes vorhergesagt hatte, ausgebrochen war, und in der Stadt Bestürzung und Wehklagen von allen Seiten verbreitete, war es nicht anders, als wäre dem barmherzigen Johannes ein weites Feld, auf dem er noch einmal, ehe er aus diesem Leben scheide, die ganze Größe seiner Liebe offenbaren sollte, geöffnet worden. Die Bewohner von Xerez waren seit einer langen Reihe von Jahren gewohnt, sein Wirken unter ihnen mit Bewunderung anzusehen; aber so außerordentlich waren die Anstrengungen, mit welchen er dieses Mal, sich selbst vergessend, auf die mannigfaltigste Weise den Leidenden zu Hülfe kam, daß man ihn, wie von einem neuem Geiste belebt, mit Erstaunen betrachtete. Es sollte ihm aber die Gnade zu Theil werden, seine Liebe als die größte, die jemand haben kann, zu bewähren, indem er für die, welche er liebte, sein Leben hingab (Joh. 15, 3). Er wurde von dem herschenden Uebel ergriffen. Sobald er es wahrnahm, zog er sich in seine Zelle zurück, und seines nahen Todes gewiß, benutzte er die wenigen Tage, die ihm noch übrig waren, mit beispielloser Ruhe, um die Angelegenheiten der Anstalten, die seiner Obhut anvertraut waren, zu ordnen, und sich auf den Uebergang in die Ewigkeit vorzubereiten. Er versammelte auch seine Ordensbrüder, die sämmtlich wie seine geistlichen Söhne zu betrachten waren, um sein Lager, und ermahnte sie zu brüderlicher Eintracht, zu einem unbescholtenen Lebenswandel, und vor allem zur zartesten Liebe gegen die

Kranken und Armen. Auch tröstete er sie über die allgemeine Noth, und versicherte sie, daß dieselbe bald aufhören, und nach ihm kein anderer von ihnen ein Opfer der Seuche werden würde. Aus diesen und andern Umständen schloß man, daß der heilige Mann, nachdem er alle Kräfte zur Linderung des allgemeinen Elends erschöpft hatte, endlich zur Hebung desselben sein Leben aufgeopfert habe, Gott nämlich bittend, daß er ihn als Sühnopfer für sein Volk hinnehmen möchte. Es war am 3 Juni 1600, als Johannes Peccadore, nachdem er noch einmal die hh. Sakramente mit rührender Andacht empfangen hatte, seinen Geist mit größter Ruhe betend aufgab. Wie der h. Johannes von Gott hatte er sich von seinem Lager erhoben, und auf den nackten Boden kniend starb er, das Kreuz mit beiden Armen an sein Herz drückend. — Die Nachricht von seinem Hinscheiden verbreitete sich rasch durch die ganze Stadt, und vermehrte nicht wenig die allgemeine Bestürzung. War er ja wie ein Vater der Armen, der Wittwen und Waisen, und wie ein Schutzengel Aller zur Zeit der Bedrängniß. All überall erzählte man von seiner Liebe und Barmherzigkeit, seinen Tugenden, Gnaden und wunderbaren Werken, und wehklagend wollte man in seinem Tode einen Beweis finden, daß die Zuchtruthe des Herrn schwer auf dem Volke ruhe.

Aber während so die ganze Bevölkerung von Xerez den Tod des seligen Johannes beklagte, und sich in Lobsprüchen auf seine Heiligkeit ergoß; war im Spital, in der Mitte seiner Brüder, die Weissagung, die er von seinem Begräbnisse gemacht hatte, in Erfüllung gegangen. Sei es, daß Schmerz und Bestürzung sie betäubte, oder auch Furcht vor der ansteckenden Krankheit sie ergriffen hatte; die Brüder, welche bei seinem Tode zugegen waren, Peter, sein Vertrauter, zuerst von allen, — zogen sich in ihre Zellen zurück, und keiner dachte daran, seine Leiche mit Ehren beizusetzen. Vier Arbeiter endlich traten in sein Zimmer, und schleppten, wie er es vorhergesagt hatte, den Leichnam mit Stricken aus dem Spital in den Garten, legten ihn dort in eine rasch geöffnete Grube, und traten die Erde über ihm mit Füßen fest.

Es gieng aber auch seine letzte Weissagung in Erfüllung. Die Pest hörte auf, und keiner seiner Brüder ward von ihr hinweggerafft. Nichtsdestoweniger wurde dem Diener Gottes noch immer kein ehrenvolleres Begräbniß zu Theil. Zwar hatten sich seine Ordensbrüder, als der erste Schrecken vorüber war, der Art, wie ihr gemeinsamer Vater begraben worden, mit Schmerz und Beschämung erinnert; doch begnügten sie sich damit, die Leiche wieder aufzugraben, in einen Sarg zu legen, und dann in dieselbe Grube, worin er bis dahin gelegen, zu senken. So blieb die Grabstätte eines so außerordentlichen Mannes ungeehrt, bis die Zeit gekommen war, wo Gott seinen Diener, der sich selbst erniedrigt hatte, erhöhen wollte. Manche der Gnaden, welche die Gläubigen auf die Fürsprache des Hingeschiedenen erhielten, wurden an seinem Grabe und zwar auf sichtbare Weise ertheilt; und indem man schon deßhalb auf den Gedanken kommen mußte, daß Gott ein ehrenvolleres Begräbniß desselben wolle: wurde man darin durch eine übernatürliche Erscheinung, die sich vor den Brüdern des Spitals über dem Grabe oft erneuerte, bestärkt. Nachdem die geistliche Behörde an Ort und Stelle alles auf das Sorgfältigste geprüft hatte, wurde, ein Jahr nach dem Tode des Seligen, die feierliche Uebertragung der Leiche in die Kirche des Spitals zum h. Sebastian beschlossen. Im Beisein der Geistlichkeit und der angesehensten Einwohner der Stadt, ward das Grab geöffnet, der Leib, an dem das Haupt noch ganz unversehrt war, in einen kostbaren Sarg gelegt,

und dann der feierliche Leichenzug vom Garten in die
Kirche geordnet. Die Vornehmsten der Stadt trugen die
Bahre, sämmtliche Ordensstände und alle Weltgeistliche schlos=
sen sich dem Zuge an, und die Menge des Volkes war
unzählbar. In der Kirche wurde der Sarg auf einem
prachtvollen Gerüste ausgesetzt, und nach dem Hochamte und
der Einsegnung der Leiche bestiegen mehrere Redner die
Kanzel, um von den Tugenden und Gaben des Seligen,
zum Preise Gottes, der ihn so hoch erhöht, zu dem zahl=
reichen Volke, das sich in die Kirche gedrängt hatte, zu
reden. Aber ein wegen seiner Frömmigkeit eben so sehr
als wegen seiner Gelehrsamkeit angesehener Priester, Dr.
Randone, welcher viele Jahre lang der geistliche Führer des
Verstorbenen gewesen war, erzählte von den Wundern der
Gnade, was nur ihm bekannt sein konnte. Da begann die
ganze Menge, die ihm zuhörte, in immer größerer Bewe=
gung Thränen der Rührung zu vergießen, und endlich in
Schluchzen und lautes Gebet ihre Empfindungen zu ergie=
ßen. Bald dankten sie Gott, der die Wunder seiner Liebe
unter ihnen erneuert, bald riefen sie Johannes, an dessen
Verherrlichung vor ihm sie nicht zweifeln konnten, um seine
Fürsprache an. — Die Leiche ward endlich beigesetzt, und
von dem Tage an blieb das Grab dessen, der sich den Sün=
der nannte, die Zufluchtsstätte aller Bedrängten. So viele
Gnaden ertheilte Gott an demselben, so lebhaft blieb die
Erinnerung an das Leben und Wirken des Hingeschiedenen,
daß der h. Stuhl, von der Stadt Xerez ersucht, die Veran=
staltung des Prozesses zu seiner Seligsprechung genehmigte.
Derselbe begann zwar schon dreißig Jahre nach Johannes
Tode, aber durch manche Zeitumstände unterbrochen, ist er
erst in unsern Tagen zur Vollendung geführt. Die feier=
liche Seligsprechung erfolgte am 13. November 1853.

Franz, König von Bungo.

Dritte Abtheilung von Brando.

1.

Charakter des Königs. Ankunft und Empfang
des h. Franziskus von Xaver.

Die Inselgruppe, welche wir mit dem gemeinsamen Namen Japan benennen, bildete schon im Alterthum unter der Herrschaft eines Dairi oder Kaisers ein einiges Reich. Im zehnten Jahrhundert jedoch gelang es den Großen, welche den Provinzen vorstanden, sich unabhängig zu machen, so daß von jener Zeit an Japan in viele Fürstenthümer von geringerem und größerem Umfange getheilt war. Als die Portugiesen im Jahre 1542 bis zu jenen Inseln vordrangen, und mit den Japanesern zu verkehren anfiengen, zählte man sechsundsechzig (nach andern achtundsechzig) solcher kleinen Staaten. Ihre Beherrscher, welche sämmtlich den Königstitel führten, waren jedoch fast ohne Unterbrechung in blutige Kriege untereinander verwickelt, weßhalb es geschah daß nicht selten mehrere Fürstenthümer unter einem Zepter vereinigt wurden, bis es gegen Ende des sechzehnten Jahrhunderts dem kühnen Daifusama, auch Fasciba genannt, glückte, sie sich alle zu unterwerfen, und so das japanesische Kaiserreich wieder herzustellen. Zur Zeit aber, von welcher wir reden werden, waren drei Könige zu größerer Macht gelangt, Stobunanga von Voari, der fünfunddreißig, Moidon Amangucci, der dreizehn, und Civan von Bungo, der fünf oder sechs jener Reiche beherrschte. Es ist dieser letzte, mit dessen Leben wir unsere Leser näher bekannt machen wollen.

Unter den verschiedenen religiösen Sekten Japans
jene der sogenannten Gensci besonders unter den Große
und Vornehmen verbreitet. Sie bekennt sich zu der Lehr
welche im Oriente schon in den ältesten Zeiten viele A
hänger hatte, und von den Weltweisen unserer Tage i
mitten der Christenheit erneuert worden ist. Alle Din
entspringen ihr zufolge aus einem Urdinge oder Chaos, d
für sich betrachtet nichts ist, und doch alles werden kan
und lösen sich, wenn sie aufhören zu sein, wieder in dies
Chaos auf*). Weil dies auch von Menschen, und zw
vom ganzen Menschen, der Seele sowohl als dem Leibe z
verstehen ist; so war es eine natürliche Folge, daß die
Gensci, voll Dünkel auf ihr hohes Wissen, die übrige
Menschen, welche um ihr Schicksal nach dem Tode besor
waren, und namentlich die Christen mitleidig belächelter
Ihnen zufolge besteht die wahre Lebensweisheit darin, si
ohne von der Zukunft etwas zu hoffen oder zu fürchter
des Gegenwärtigen zu erfreuen, und alle Tage seines Le
bens in so vielen und feinen Genüssen als möglich zuzu
bringen. Dieser Sekte gehörte auch der junge König vo
Bungo an, und kaum hatte er den Thron bestiegen,
berief er den Bonzen, Murazachi, welcher unter den Gensc
im Rufe großer Gelehrsamkeit stand, an seinen Hof, un
baute für ihn und seine Schüler ein prachtvolles Kloster. I
diesem brachte er fast täglich ganze Stunden zu, um si
in jener Wissenschaft unter Anleitung eines so großen Mei
sters zu vervollkommnen. Er unterließ es aber auch nicht
seine Lebensweise nach dem Unterrichte, den er empfieng

---

*) La setta dé Gensci pruova, che ogni cosa originata da caos, ch' è il nulla in atto e'l tutto in potenza, col finirsi ne medesimo universal principio si risolve e torna a perdersi diventare caos. Bartoli. Giappone. l. 2. n. 26. cf. Asia l. 3. n. 29

nzurichten. Stets darauf bedacht, seine Genüsse zu erhöhen
nd zu mehren, trug er zugleich Sorge durch den Wechsel
em Ueberdruß, welchen sie zu erzeugen pflegen, zuvor zu
mmen. Da war keine Art von Wollust, Ueppigkeit und
Schwelgerei, welcher er sich nicht ergeben hätte.

Wenn wir nicht wüßten, wir sehr auch edle Naturen,
enn sie irregeleitet werden, der Herrschaft niederer Triebe
rfallen; so würden wir es unbegreiflich finden, wie mit
nem so lasterhaften Leben große Vorzüge des Geistes und
erzens vereinigt sein konnten. König Civan liebte und
chte die Wahrheit, und war für ihr Licht, wo immer es
m leuchtete, empfänglich. Ebendeßhalb mußte er auch die
ugend, die er nicht übte, zu würdigen. So geschah es,
aß die Nachrichten, welche über den h. Franziskus von
aver nach Bungo gelangten, in ihm das Verlangen er=
eckten, den außerordentlichen Mann und seine Lehre ken=
n zu lernen. Der Heilige hatte im Jahre 1549 sein
postolisches Wirken in Japan begonnen, und erst im Jahre
551, als er sich anschickte, Japan zu verlassen, ward das
erlangen Civans befriedigt. In keinem der japanesischen
eiche blühte das Christenthum trotz heftiger Befeindungen
scher empor als in Amangucci, das nicht weit von Bungo
tfernt ist. Aber ebendort hatte der h. Franziskus den
ntschluß gefaßt, mit der ersten Gelegenheit nach Indien
rückzuschiffen, um geeignete Missionäre nach Japan zu
nden, sich selbst aber, wo möglich, den Eingang in das
aiserreich China zu eröffnen. Indem er nämlich sich mehr
d mehr überzeugte, wie groß das Ansehen der Chinesen
i allen umliegenden Völkern sei; reifte in seiner großen
eele der Gedanke, dies an Ausdehnung und Bevölkerung
des andere übertreffende Reich für Jesus Christus zu
obern. Sobald er also, im August des Jahres 1551,

vernommen hatte, daß zu Figi, einem Hafen im Königre
Bungo, ein portugiesisches Schiff vor Anker liege, sandte
zwei Japanesen dorthin, um zuverläßige Nachrichten zu
halten, und dem Schiffshauptmann sein Vorhaben, mit
nach Indien zurückzukehren, mitzutheilen. Figi ist nur
Stunde weit von Funai, der Hauptstadt Bungo's, entle
Noch am selben Tage, an welchem die Boten mit
Briefe des h. Franziskus anlangten, setzten daher die ?
tugiesen den König, dessen Wunsch ihnen bekannt war,
der bevorstehenden Ankunft des Heiligen in Kenntniß. C
war darüber so erfreut, daß er der Antwort des Sch
hauptmanns ein Schreiben beilegte, in welchem er dem
Franziskus sein Verlangen, ihn in seinem Staate zu e
fangen, ausdrückte.

Am 15. September empfahl Franziskus die Christ
heit von Amangucci seinen Gefährten, dem P. Torres
dem Bruder Fernandez, und trat seine Reise nach Bu
wie er gewohnt war, zu Fuße an. Sobald die Portugi
von seiner Ankunft in einem naheliegenden Flecken in Ke
niß gesetzt waren, ritten sie ihm, mit ihrem Hauptm
Odoard Gama an der Spitze, festlich geschmückt entge
und bald nachher verkündigte eine Kanonensalve seine
kunft im Hafen von Figi. Die Portugiesen wußten
wohl, wie schwer die Demuth des heiligen Mannes so
Ehrenbezeugungen ertrug; aber je mehr er sich in sei
Erscheinen selbst erniedrigte, desto mehr glaubten sie
ihre Ehrfurcht öffentlich beweisen zu müssen, und dies
deßhalb, damit die Japanesen erkännten, in welchem
sehen er bei ihnen trotz seinem unscheinbaren Aeußeren st
Ein Edelmann, vom König gesandt, um sich zu erkundi
was das Losfeuern der Kanonen bedeute, war nicht w
erstaunt, als ihm Gama den heiligen Missionär vorste

erklärend, daß er mit seiner ganzen Mannschaft die Ankunft dieses Mannes feiere. Der Japanese schaute nämlich nur auf die unbeschuheten Füße, und den abgetragenen Rock des Heiligen, und ward um so mehr verwirrt, als er darin eine Bestätigung dessen zu sehen glaubte, was die Götzenpriester von Amangucci nach Bungo mehr als einmal berichtet hatten. Der europäische Bonze wirke die außerordentlichen Dinge, welche man für Wunder ausgebe, im Bunde mit den Teufeln, und durch Hülfe dieser auch bezaubere er das Volk. Uebrigens sei er ein elender Bettler, mit Lumpen bedeckt, und vom Ungeziefer verzehrt. Sie konnten, um den Prediger des Christenthums beim Volke verächtlich zu machen, nichts Geeigneteres sagen. Denn einer der Irrthümer, worin sie dasselbe halten, ist, daß die Armuth ein Kennzeichen des Hasses der Götter sei, und während Jesus Christus seine Predigt mit dem Ausspruche begann: „Selig die Armen; denn ihrer ist das Himmelreich" — lehren diese Unglückseligen, daß den Armen der Himmel verschlossen ist. Mehr und mehr also staunte der japanesische Edelmann, als ihm die Portugiesen versicherten, daß Franziskus einem hochadeligen, ja königlichem Geschlechte entsprossen, nicht von Geburt und aus Noth, sondern aus freier Wahl und Tugend ein Armer sei.

Er berichtete alsbald seinem König und Herrn, was er gesehen und gehört hatte, und dieser nur noch mehr verlangend, den außerordentlichen Mann kennen zu lernen, sandte einen ihm nahe verwandten Jüngling, von einem Greise, der ebenfalls königlichen Geblütes war, begleitet, mit einem Gefolge von dreißig Edelleuten, um dem h. Franziskus ein Schreiben zu überreichen, durch das er ihn für den folgenden Morgen in seine Residenz einlud.

Die Portugiesen, welche in ihre Handelsgeschäfte nic
so vertieft waren, daß sie es unterlassen hätten, für b
Verbreitung des Glaubens nach Kräften mitzuwirken, b
riethen sich untereinander, in welche Weise der Heilige i
der Residenz und vor dem König erscheinen müsse. Un
nachdem sie einmüthig beschlossen, ihn mit aller nur mög
lichen Feierlichkeit zu begleiten, stellten sie dem Heiligen b
Gründe vor, weßhalb es sich gezieme, daß er an diese
Tage nicht zwar in weltlicher Pracht, aber in priesterliche
Schmucke sich zeige und von ihnen alle Beweise der Hoch
achtung annehme. Wenn er auch hier, wo er von ihne
umgeben sei, im ärmlichen Anzuge und ohne Begleitun
erschiene, würde es den Anschein haben, daß die Boten de
Glaubens bei den Christen selbst in geringer Achtung stün
ben. Und der Lehre des Evangeliums den Weg zu bahnen
sei nichts so nothwendig, als die Japaneser zu überzeugen
daß die Armuth derer, die es verkündigen, freiwillig ist
Davon würden sie sich aber durch die Ehre, die sie ihn
erwiesen, überzeugen. Wenn er hingegen derselben sich wei
gere, so könne das tief eingewurzelte Vorurtheil leicht be
wirken, daß man sich mit Verachtung von ihm wende un
so seine Demuth der heiligen Sache Gottes selbst zu großen
Nachtheile gereiche. Die Gründe waren zu vernünftig
als daß Franziskus, der kein Schwärmer, sondern ein Hei
liger und darum voll Weisheit war, sich nicht hätte ergeber
sollen.

Ohne Säumen wurden somit alle Vorbereitungen zu
einem feierlichen Einzuge in die Residenz getroffen. Es
waren gegen dreißig vornehme Portugiesen auf dem Schiffe
und etwa eben so viele Diener. Alles, was sich an Kostbarkeiten fand, wurde hervorgezogen, um jene wie diese so
reich als möglich zu schmücken. Der Heilige legte einen

Talar von Kamelot an, und darüber ein glänzend weißes Chorhemd nebst einer mit Gold verbrämten Stola. Auf drei reichlich geschmückten Kähnen ruderte man sodann unter fortwährendem Tonspiele, das in Japan unerhört war, der Stadt zu. Nachdem man an's Land gestiegen, ward der Zug also geordnet. An der Spitze gieng in Feieranzug der Hauptmann Gama, ihm folgten zunächst fünf Edelknaben, welche, was zum Dienste des Heiligen bestimmt war, trugen, sodann Franziskus umgeben von mehr als zwanzig vornehmen Portugiesen, und hinter denselben die Dienerschaft. So bewegte sich der Zug von einer unzähligen Volksmenge begleitet, durch die Straßen der Stadt zum königlichen Palaste hin, vor dessen Eingang er von einer Abtheilung der königlichen Truppen empfangen wurde. Als diese sich theilten, um dem Heiligen den Eintritt in den Palast zu eröffnen, knieten zwei der Edelknaben mit ehrfurchtsvollem Anstand vor ihm nieder. Der eine legte ihm Halbschuhe von schwarzem Sammet an, der andere überreichte ihm einen mit Gold gezierten Rohrstock; ein dritter erhob über sein Haupt einen prächtigen Sonnenschirm, die beiden andern, von denen der eine ein heiliges Buch in weißes Gewirk gehüllt, der andere ein Bild der jungfräulichen Mutter trug, giengen ihm zur Seite.

Im Pallaste ward der Heilige, bevor er zu den Gemächern des Königs kam, in drei Säälen von immer vornehmeren Hofleuten, und im letzten vom Bruder des Königs empfangen. Der König selbst aber gieng ihm entgegen, und nachdem er ihn in ehrfurchtsvoller Weise begrüßt, wollte er wider die Hofsitte, daß er ihm zur Seite Platz nehme. Nach den Ehrenbezeugungen der zahlreich versammelten Hofleute begann der Heilige, wie der König wünschte, die wichtigsten Punkte der christlichen Glaubens- und Sittenlehre vorzutragen, und zwar in der Weise, daß die Vernünftigkeit derselben hervorleuchtete. Denn die Erfahrung hatte ihn gelehrt, daß unter den Japanesen, die von hellem und scharfem Verstand und zum Nachdenken geneigt sind, diese Art das Evangelium zu verkündigen, die wirksamste sei. Als er geendigt, brach der König in Worte des höchsten Erstaunens aus: es sei ein Geheimniß der göttlichen Vorsehung, weßhalb sie bis dahin in der Finsterniß, dieser Mann aber im Lichte und der Erkenntniß der Wahrheit lebe. Weil er aber insbesondere hervorhob, wie alles, was Franziskus von Gott und dem Heile der Seelen gesagt, in schönster Uebereinstimmung sei, und den nach Wahrheit verlangenden Geist befriedige, während die Bonzen ihre Lehre nicht vortragen könnten, ohne sich in unauflösliche Widersprüche zu verwickeln, und auf die wichtigsten Fragen durchaus keine beruhigende Antwort zu geben wüßten: konnte sich einer der unter den Hofleuten gegenwärtigen Bonzen nicht halten. Er warf dem König in ungeziemender Heftigkeit vor, daß er ihre Kaste beschimpfe, und obschon ein Ungelehrter, es wage, über Fragen der heiligen Wissenschaft abzusprechen. Mit Ruhe erwiederte Civan, er möge, wenn er etwas zu sagen habe, reden. Der Bonze begann nun, nicht etwa über die Lehre, die er und seine Amtsgenossen verkündigten, sondern über die Heiligkeit ihres Lebenswandels, und ihren vertraulichen Umgang mit den Bewohnern des Himmels zu sprechen; verlor sich aber in eine so ausschweifende Prahlerei, daß die Umstehenden sich des Lachens nicht enthalten konnten. Da entbrannte sein Zorn von neuem, und ergoß sich in Schmähreden wider den König und seine Umgebung. Der König bedeutete seinem Bruder, den fast Rasenden zu entfernen, und setzte dann seine Unterhaltung mit dem h. Franziskus fort. Keiner der übrigen

Götzenpriester, welche gegenwärtig waren, getraute sich, dieselbe von neuem zu stören, und der König entließ den Heiligen, nachdem er, was ebenfalls die Hofsitte sonst nicht gestattete, mit ihm gespeist, voll Ehrfurcht und Hochschätzung sowohl für seine Person als die Religion, die er verkündigte.

II.

Gründung der christlichen Gemeinde in Bungo und Befeindung derselben durch die Bonzen.

Der h. Franziskus benutzte sofort die Freiheit, welche ihm die Gewogenheit des Königs gab, das Wort des Heiles zu predigen. Er that es jedoch mit solchem Eifer, daß die Portugiesen für sein kostbares Leben fürchteten, um so mehr als er seinem Leibe ebenso wenig Speise und Trank als Ruhe und Bequemlichkeit gönnte. Auf die Vorstellungen, die sie ihm deßhalb machten, entgegnete er, seine Nahrung, seine Stärke, sein Leben sei, die Seelen, welche Gott zum Heile berufe, von der Herrschaft des Satans und der ewigen Verdammniß zu befreien. Es bildete sich also bald in Funai eine Gemeinde von Gläubigen, und ein denkwürdiges Ereigniß trug zu ihrer Vermehrung bei.

Ein schon hochbetagter Bonze, der großes Ansehen genoß, wollte mit dem Heiligen eine Unterredung haben, hoffend, daß er glücklicher, als seine Amtsbrüder in der Vertheidigung ihrer Lehre sein werde. Denn schon oftmals hatten diese sich mit Franziskus in Wortstreite eingelassen, und waren stets im Beisein des Volks des Irrthums überführt und beschämt worden. Auch ihm konnte es nicht anders ergehen; doch war es zu seinem Heile. Mit aufrichtiger Demuth ergab er sich der Wahrheit, von der er besiegt wurde. Indessen überlegte er bei sich, daß es nicht genüge, nachdem er so lange den Irrthum öffentlich gelehrt, jetzt demselben nur im Verborgenen zu entsagen. Eines Tages also begab er sich auf den Hauptplatz der Stadt, und einen erhobenen Ort besteigend, rief er das Volk mit Worten, Zeichen und lautem Schluchzen zu sich. Als er eine große Menge um sich her versammelt sah, kniete er nieder, und Arme und Augen zum Himmel erhebend, sprach er unter vielen Thränen und mit weithin vernehmbarer Stimme: „Dir, Jesus Christus, dem einzigen und wahren Sohn Gottes, meinem Heile und meinem Leben, ergebe ich mich besiegt, und bekenne mit Herz und Munde Dich als den ewigen und allmächtigen Gott. Euch aber, die ihr mir zuhört, bitte ich um Vergebung, daß ich so oft als Wahrheit verkündigt habe, wovon ich jetzt erkenne und erkläre, daß es nichts als Fabel und Lüge ist." Die Bewegung der Gemüther, welche dieses Bekenntniß hervorbrachte, war so groß, daß der h. Franziskus, wie er selbst berichtet, an diesem Tage hätte mehrere Hundert taufen können, wenn weise Vorsicht ihn nicht von Eilfertigkeit in Spendung des Sakramentes abgehalten hätte. In Japan, wo die Götzenpriester mit vieler Spitzfindigkeit die christliche Glaubenslehre bekämpften, genügte es nicht, daß die Neubekehrten den Inhalt derselben aufgefaßt, und von ihrer Wahrheit überzeugt waren. Sie mußten hinreichend unterrichtet sein, um nicht durch die Scheingründe der sehr thätigen Gegner zum Wanken oder doch in Verwirrung gebracht zu werden.

Wie also deßhalb der Heilige überhaupt alle, die dem Lichte der Gnade ihr Herz nicht verschlossen, zwar mit unermüdlichem Eifer unterrichtete, aber erst nach vieler und sorgfältiger Prüfung durch die Taufe in die Gemeinschaft der Heiligen aufnahm; so war er auch nicht sowohl bemüht, den König zur Annahme des Glaubens zu drängen, als ihn zu derselben vorzubereiten. Sein Bestreben gieng dahin, ihn von den Lastern, in denen er aufgewachsen war, durch bessere Erkenntniß abzubringen. Und dies war um so nothwendiger, als der König in der Blüthe seines Alters, im drei und zwanzigsten Lebensjahre, stand. Zuvörderst also bewog ihn der Heilige, der widernatürlichen Unzucht, welche die Bonzen für erlaubt, ja für ehrenvoll erklärten, zu entsagen, und die Knaben, die ihm dazu als Werkzeuge dienten, von seinem Hofe zu entfernen. Jene Diener der Lüge hatten auch, wie wir schon bemerkten, die Meinung verbreitet, daß die Armen den Göttern verhaßt und vom Himmelreiche ausgeschlossen seien, woraus sie die unbarmherzige Folgerung zogen, den Armen wohlthun, heiße den Göttern widerstreben. Der König Civan erkannte ohne Schwierigkeit die Wahrheit der entgegengesetzten Lehre des Evangeliums, und begann sofort dem Rathe des Heiligen gemäß gegen die Armen sich mitleidig und freigebig zu erweisen. Seinem Beispiele folgten in diesem und jenem Stücke manche Großen des Reiches. Aber der h. Franziskus mahnte ihn über dies an seine Pflicht, durch weise Gesetze die Sitten seines Volkes zu bessern, und namentlich vermogte er ihn, ein strenges Verbot wider den Kindermord zu erlassen. Denn auch diesen erklärten die Bonzen, um die Wollust zügelloser zu machen, für erlaubt. — Wie müssen wir, an unsere Zeiten denkend, erschaudern, daß um uns her in den Völkern Europa's, die viele Jahrhunderte hindurch die Wohlthaten des Christenthums genossen haben, Staatsmänner und Gelehrte öffentlich über das Loos der Armen und der neugebornen Säuglinge dieselben Grundsätze aufstellen! Nämlich auch ohne Götzenbilder kehren unter ungläubig gewordenen Christen alle Gräuel des Heidenthums wieder.

Mit den ersten Tagen des Novembers war die für die Schiffahrt günstige Zeit gekommen, und die Portugiesen rüsteten sich zur Abreise. Da faßten die Bonzen, welchen der h. Franziskus mit der Ehre eines Siegers heimzukehren schien, nach gepflogenem Rath den Entschluß, sich sowohl an ihm und den Portugiesen als auch an dem Könige zu rächen. Mit der größten Rührigkeit streuten sie wider den Heiligen verläumberische Gerüchte aus, in der Hoffnung, das Volk zu einem Aufstande zu bewegen. Das reichbeladene Schiff der Portugiesen sollte der Plünderung preisgegeben, und verbrannt, alle Portugiesen und zuvörderst der verhaßte Missionär enthauptet, aber auch der König, wo möglich, entthront und mit seiner ganzen Familie ermordet werden. Sie durften um so eher das Gelingen ihres Vorhabens hoffen, als derartige Empörungen in Japan nichts weniger als selten sind, und sich unter den Großen stets kühne Unternehmer finden, die sich an die Spitze des leicht erregbaren Volkes stellen. Dennoch scheiterten ihre Versuche schon im Beginnen: die vor aller Augen darliegenden Thatsachen waren eine so einleuchtende Widerlegung dessen, was sie wider den Heiligen vorbrachten, daß sie ganz und gar keinen Glauben fanden. So versuchten sie denn ein anderes Mittel.

In einem nicht sehr weit entlegenen Kloster lebte ein berühmter Bonze mit Namen Fucarandono. Diesen luden sie ein, nach Funai zu kommen, um durch seine Gelehrsamkeit den gemeinsamen Gegner zu Schande zu machen. Fucarandono erschien, und die Bonzen von Funai baten den König zu gestatten, daß er in seiner und des Hofes Gegenwart mit dem europäischen Bonzen, wie sie den Heiligen nannten, eine Unterredung habe. So groß war der Ruf dieses Götzenpriesters und so gefürchtet seine Gewandheit in gelehrten Wortstreiten, daß der König Bedenken trug, seine Einwilligung zu geben. Denn er konnte sich nicht entschließen, einen Mann, dem er mit Liebe und Ehrfurcht ergeben war, der Gefahr einer öffentlichen Beschämung auszusetzen. Aber der h. Franziskus bat dringend, daß er den Bonzen vorlasse, und ihm alle Freiheit zu reden gewähre. Die Lehre des Christenthums sei nicht von Menschen ersonnen, sondern von Gott geoffenbart, und darum für sie von keiner menschlichen Gelehrsamkeit zu fürchten.

So erschien denn der gefürchtete Bonze, und brachte vor, was ihm sein Stolz und seine Verschmitztheit eingaben. Da es ihm aber nicht anders als den übrigen, die sich mit Franziskus in derartige Unterredungen eingelassen hatten, ergieng, und nicht bloß der König, sondern auch die Umstehenden, obwohl noch Heiden, den Antworten und Beweisgründen des Heiligen lauten Beifall zollten; ergrimmte er, und schüttete den immer wachsenden Zorn wider den König sowohl als wider die übrigen Zuhörer in einer Fluth von Schimpfreden aus, nicht eher endend, bis er mit Schmach und Drohung schwererer Strafe aus dem Palast geworfen wurde.

Nun geriethen alle Götzenpriester Funai's in heftige Bewegung, und griffen, sich zu rächen, zum äußersten Mittel. Sie verschlossen alle Tempel und Klöster, sich weigernd, Opfer darzubringen und Weihgeschenke anzunehmen. Nicht sie allein, die Götter selbst seien durch die dem großen Fucarandono angethane Schmach verletzt, die Stadt und das ganze Land befleckt, und vom rächenden Zorn des Himmels bedroht. Das Volk, welches an seinem Aberglauben hieng, kam in Aufregung, und der König hielt es für nöthig, die ernstesten Maßregeln zu treffen. Dennoch glaubten die Portugiesen sich nicht gesichert, und beschlossen ihre Abreife zu beschleunigen. Aber der h. Franziskus erklärte, daß er in diesen Tagen der Gefahr seine Neubekehrten nicht verlassen, nicht gleich dem Miethling bei Annäherung des Wolfes fliehen dürfe. Nachdem die Portugiesen sich vergeblich bemüht hatten, ihn zu bereden; begaben sie sich auf ihr Schiff, entschlossen, unversäumt die Anker zu lichten. Aber als sie sich auf ihrem Fahrzeug ohne den Heiligen sahen, konnten sie es dennoch nicht über sich bringen, ihn zurückzulassen. Nach einer Berathung kamen sie überein, daß im Namen aller einer von ihnen in die Stadt zurückkehre, und alles aufbiete, Franziskus zu bewegen, daß er ihnen folge, und sein so kostbares Leben in Sicherheit bringe. Oboard Gama übernahm selbst diese Gesandschaft.

Er fand den Heiligen nach langem Suchen in einer kleinen Hütte von acht Neubekehrten umgeben, die beschlossen hatten, ihm nicht von der Seite zu weichen, würden sie gleich mit ihm zum Tode geführt. Gama setzte mit Wärme alle Gründe auseinander, welche die Wuth der einflußreichen Götzenpriester, die Aufregung des Volkes, die Verlassenheit, in welcher der Heilige zurückbleiben würde, an die Hand gaben. Aber vergebens: der muthvolle Bothe des Evangeliums war unbeweglich. „Wenn Ihr, Hauptmann, sagte er unter anderm, verpflichtet seid, die Reisenden, welche ihr aufgenommen habt, in Sicherheit zu bringen, wie sollte ich nicht verpflichtet sein, bei meinen Bekehrten zu bleiben, bereit für den Gott und Heiland, welcher, um mir das Leben zu geben, das seinige am Kreuze geopfert hat, zu sterben? O daß ich so glückselig wäre, für Christus den Tod zu erdulden! Ich bin der Gnade, die Ihr ein Unglück nennt, nicht würdig; aber ich will mich derselben nicht noch unwürdiger machen, durch meine Flucht den Gläubigen zum Aergerniß werdend. Oder habe ich ihnen nicht die

Lehre des Herrn vorgetragen, daß wir für den Glauben bereit sein müssen, Blut und Leben hinzugeben? Werden sie es thun, wenn sie mich selbst feige entfliehen sehen?" Der Schiffshauptmann ward durch die Rede des heiligen Mannes so ergriffen, daß er den festen Entschluß faßte, bei ihm auszuharren. Er kehrte auf sein Schiff zurück, und, nachdem er der versammelten Mannschaft die Antwort des Heiligen überbracht hatte, erklärte er sich also: er sei durch den Vertrag mit ihnen gebunden, sie auf den sichersten Wegen nach Indien zurückzuführen; um dieser seiner Pflicht nicht zu fehlen, überlasse er ihnen das Schiff mit allem, was darin sei; sie möchten heimkehren, er werde bei Franziskus bleiben, sein Schicksal zu theilen. Einmüthig antworteten die Portugiesen, daß sie seinem Beispiel folgen und den Heiligen nicht verlassen würden. Zu großer Freude der Christen, und zu noch größerem Erstaunen der ganzen Bevölkerung kehrten sie sofort nach Funai zurück. Die hochherzige Gesinnung des Apostels hatte gesiegt, und bewirkte nun, was man von allen noch so kräftigen Maßregeln des Königs nicht erwarten zu können glaubte. Die Japaneser, welche vor allen anderen jene Tugenden schätzen, worin sich Muth und Verachtung des Todes offenbart, wußten das Benehmen der Portugiesen zu würdigen. Zugleich aber war dasselbe für sie eine neue und schlagende Widerlegung dessen, was die Bonzen wider Franziskus ausstreuten. Denn ein Mann, den seine Landsleute so hoch schätzten, daß sie seinetwegen sich der äußersten Gefahr preis gaben, konnte ein verächtlicher Bettler, die Armuth, in der er lebte, mußte freiwillig, und daher seine Tugend eine ganz außerordentliche sein.

Obwohl ebenso beschämt, als erbittert über diese neue Niederlage, wollten die Bonzen dennoch den Kampf von

neuem versuchen. Sie baten den König, daß Fucarandon
nochmals mit Franziskus öffentliche Unterredungen hab‹
Es wurde ihnen, jedoch nur unter gewissen Bedingunger
gewährt, und eine von diesen war, daß es, wenn die Um
stehenden dem Heiligen den Sieg zuerkenneten, in Zukun‹
jedem frei stehe, Christ zu werden, den Bonzen aber streng
verboten sei, die Christen zu beunruhigen. Es fanden nu
mehrere Tage hindurch in Gegenwart des Königs, seine
Hofes und der Portugiesen längere Unterredungen statt, un
durch die oft fein erdachten und überraschenden Einwer
dungen des Bonzen und seiner Gefährten wurde dem ‹
Franziskus Gelegenheit geboten, die christlichen Wahrheite
mehr und mehr zu erörtern und in jenem Lichte zu zeigen
durch welches sie jeden offenen und empfänglichen Geist ti
ergreifen. So geschah es, daß jede Unterredung ein neu‹
Sieg des Heiligen oder vielmehr der Sache war, die ‹
vertrat: nach der letzten aber begleitete ihn zum höchste
Erstaunen des Volkes der König bis zu seiner Wohnung.

Am folgenden Tag, den 20. November 1551, nah‹
Franziskus Abschied vom König, der seine letzten Ermal
nungen mit Thränen anhörte, und schiffte sich von einige
Japanesern begleitet mit den Portugiesen ein. Einer dies‹
seiner Begleiter war ein Abgesandter des Königs von Bung
an den Vizekönig von Indien, der um andere Missionä‹
bitten sollte. —

III.

Fernere Verbreitung des Christenthums im Königreiche Bungo.

So sehr der König Civan die Lehre des Christenthums be
wunderte, und so zufrieden er war, daß sie in seinen Staate

verbreitet würde; kam er doch erst nach vielen Jahren zu dem Entschlusse, selbst Christ zu werden. Bei ihm lag, wie gesagt, das Hinderniß einzig und allein in seinem von den bösen Lüsten beherrschten Herzen. Er gestand seiner Umgebung, daß er, so oft der Pater Franziskus vor ihn hintrete, in tiefster Seele erschüttert werde. Denn er erkenne ɔ dem Angesicht des heiligen Mannes wie in einem Spiegel das widerliche Bild seines lasterhaften Lebens, und werde davon mit solchem Schauder erfüllt, daß er ihn nicht ohne den Gedanken an Besserung anschauen könne. Wirklich enthielt er sich auch, wie wir schon erzählten, von jener Zeit an der häßlichsten Ausschweifung, und suchte die Sitten seines Volkes durch geeignete Gesetze zu bessern; aber zu jener vollkommnen Reinheit, welche das Christenthum seinen Bekennern zur Pflicht macht, fühlte er die nöthige Geisteskraft nicht. So geschah es, daß in ihm die christliche Religion lange Zeit einen Beschützer, ja einen sehr thätigen Beförderer hatte, ohne daß er selbst ihrer Wohlthaten theilhaftig ward.

Bevor ein Jahr verflossen war, langten die Missionäre, welche der h. Franziskus von Indien aus sendete, in Bungo an. Der König empfieng sie mit Aeußerungen der größten Freude, und ließ nicht lange nachher in seinem ganzen Reiche öffentlich verkündigen, daß es allen seinen Unterthanen frei stehe, sich zur christlichen Religion zu bekennen, keinem aber, wessen Standes oder Ranges er sein möge, gestattet sei, die Christen oder die Missionäre, die er unter seinen besonderen Schutz stellte, zu befeinden. Er ermunterte dann die Missionäre, in Funai eine Kirche zu bauen, und wies ihnen bald nachher ein ihm gehöriges Gebäude von großem Umfange zu diesem Zwecke an.

Die Bonzen ließen nicht nach, das nun rasch aufblü
hende Christenthum wenigstens durch Verläumbungen z
bekämpfen. Unter anderm warfen sie den Bekennern de
selben vor, daß sie zu der neuen Religion nicht aus Ueber
zeugung, sondern aus Geiz, um nämlich ihnen und de
Göttern die üblichen Gaben nicht mehr darbringen zu mü
sen, übergegangen seien. Die Christen beschlossen, die
Verläumbung durch die That zu widerlegen. Sie führte
den frommen Gebrauch ein, jeden Monat eine bestimm
Spende, die größer war als jene, welche die Bonzen z
empfangen pflegten, in der Kirche niederzulegen. Diese Opfe
gaben wurden jedoch nur zur Unterstützung der Arme
verwendet. Die Gläubigen versammelten dieselben an g
wissen Tagen, um sie zu speisen, und bedienten sie dab
mit demuthsvoller Liebe. — Die Japanesen bewahren, w
alle Orientalen, die größte Theilnahme für ihre Verstorb
nen, und feiern das Andenken an dieselben an einem Ta
im Jahre dadurch, daß sie ein reiches und großes Gastma
bereiten. Die Götzenpriester nämlich versichern sie, daß
diesem Tage die abgeschiedenen Seelen sich versammeln, u
aus jenen Speisen die feine und unsichtbare Substanz
genießen. Was übrig bleibt, gehört, wie sich von selbst v
steht, den Bonzen. Damit also die Liebe, welche die Ch
sten zu den Hingeschiedenen hegen, offenkundig werde, sorgt
die Missionäre dafür, daß bei der Begräbniß alle Gebräuc
der Kirche, und zwar ohne Unterschied der Reichen u
Armen, mit vieler Feierlichkeit beobachtet würden.
Feier des Allerseelentages aber wurde während des ganz
Monats November fortgesetzt: außer dem Seelenamt tägli
Predigt, öffentliches Gebet, und Spenden an die Armen.

Je mehr die Christen durch diese Werke der Frömmigk
und ihren unbescholtenen Wandel in der allgemeinen A

tung stiegen, desto verzweifelter war der Haß und der Zorn
der heidnischen Priester: ihre Beschuldigungen fanden keinen
Glauben mehr. So ersannen sie denn eine andere List.
Sie begannen zu lehren, daß, wie sie jetzt nach näherer
Prüfung erkannt hätten, zwischen ihrer Religion und jener
der Christen am Ende kein wesentlicher Unterschied bestehe:
es seien fast nur die gottesdienstlichen Gebräuche verschieden.
Aber alsbald erhoben sich die Missionäre, und belehrten
das Volk, auch auf den öffentlichen Plätzen, eines Bessern.
Einer derselben aber, Pater Gago, verfaßte eine Schrift, in
welcher er den Gegensatz zwischen dem japanesischen Aber=
glauben und der christlichen Lehre in helles Licht setzte. Der
König vernahm davon, und wollte, daß das Buch ihm und
seinem Hofe vorgelesen würde. Alsdann ließ er Abschriften
davon verfertigen, um es zu verbreiten, und sandte dem
P. Gago seine Handschrift mit dem königlichen Siegel, als
einem urkundlichen Zeichen der Bestätigung zurück.

Ganz besonders wirksam für die Verbreitung des Glau=
bens war ferner die Einrichtung eines doppelten Spitals,
für die Aussätzigen nämlich, die in Japan ebenso verlassen
als verachtet sind, und für die Findlinge. Denn wie in
China, also herrscht auch in Japan der abscheuliche Gebrauch,
die Säuglinge, welche die Eltern nicht ernähren können
oder wollen, auszusetzen, und wohl mochte dieser Gebrauch,
seitdem der König ein strenges Gesetz wider den Kindermord
erlassen hatte, noch häufiger geworden sein. Die Missionäre
fanden zur Errichtung und Unterhaltung dieser Anstalten
christlicher Mildthätigkeit große Unterstützung bei einem rei=
chen Portugiesen, und sammelten Almosen unter den Gläu=
bigen. Aber auch der König wollte sich durch Beisteuer
an diesem Liebeswerk betheiligen, und erließ eine Verord=
nung, durch welche er unter schweren Strafen nicht nur

wie früher verbot, die Säuglinge zu ermorden, sondern auch dieselben auszusetzen: man solle sie den Vätern übergeben. —

Mit dem größten Erstaunen betrachteten die Japanese dieses Werk der Liebe, und den standhaften Eifer, womit es fortgesetzt und erweitert wurde. Der Ruf davon drang in die fernsten Gegenden, und bis von Meako, der Hauptstadt des Kaiserreiches, kamen sogar Bonzen und Edelleute um sich von der Wahrheit dessen, was sie vernommen hatten durch den Augenschein zu überzeugen. Manche derselben kehrten als Christen zurück, um so mehr, als sie in Funo nicht bloß das Schauspiel christlicher Tugend, sondern auch Wunder der göttlichen Allmacht vor Augen hatten. In und außer dem Spitale wurden viele Kranke, oft auch Verkrüppelte augenblicklich, bald durch den Empfang der Taufe bald durch das Kreuzzeichen oder Weihwasser geheilt, und nicht bloß durch die Missionäre, sondern auch durch viele der Neubekehrten gefiel es Gott, diese Wunder zu wirken.

Auch der König erfuhr in mehr als einer Gelegenheit den außerordentlichen Schutz Gottes und die Wirksamkeit des Gebetes der Christen. Schon im Jahre 1553, wenige Monate nach der Ankunft der neuen Missionäre, brach in Funai eine Empörung wider den König aus. Drei der mächtigsten Großen, die in der Hauptstadt selber wohnten, hatten sich zu seinem Untergange verschworen, und einen sehr großen Theil des Adels und Volks für sich gewonnen. Der im Geheimen vorbereitete Aufruhr brach unversehens und gewaltsam aus. Schon war die ganze Stadt in Verwirrung, und der Palast des Königs mit Edelleuten und Bewaffneten angefüllt, deren Gesinnung sehr zweideutig war. Dennoch gelang es dem Bruder Fernandez in das Gemach des Königs zu bringen. Er sprach ihm vom Schutze Gottes und ermunterte ihn, auf diesen all sein Vertrauen zu setzen die Missionäre, wie die Gläubigen würden für ihn beten. Der König erwiederte, daß er in der That nur noch auf dieses Gebet vertraue: seine Lage sei äußerst bedenklich, und jede Maßregel unsicher, da er nicht wisse, an wen er sich auch nur in seinem eignen Palast mit Zuversicht wenden dürfe. — Die Missionäre durchwachten die Nacht im Gebete, und am folgenden Morgen erklärten sich gegen alles Erwarten Volk und Adel einmüthig für den König. Dichte Haufen von Bewaffneten schaarten sich zu seiner Vertheidigung um den Palast, andere drangen in das Stadtviertel ein, wo die Anführer der Rebellen wohnten. Dieselben wurden ergriffen, und verurtheilt, in ihren Häusern verbrannt zu werden. Noch denselben Tag ward das Urtheil vollzogen. Es erhob sich aber ein starker Wind, und die auflodernden Flammen ergriffen die in der Nähe liegenden Wohnungen. Dreihundert Häuser wurden eingeäschert, nur eines blieb in der Mitte der Feuersbrunst unversehrt. Es war das Haus eines eifrigen Christen, in welchem die Missionäre, da sie damals noch einer Kirche ermangelten, die heiligen Gefäße und Priestergewande aufbewahrten.

Im Jahre 1556 brach eine noch größere Empörung aus. Dreizehn Große des Reiches standen an der Spitze derselben, und zogen mit bewaffneten Haufen wider die Hauptstadt. Es kam zu einem Treffen, in welchem gegen sieben Tausend der Streitenden auf dem Kampfplatz blieben; aber der König errang einen vollständigen Sieg, und alle jene Häupter des Aufruhrs, die nicht in der Schlacht gefallen waren, wurden gefangen und zum Tode geführt. Dennoch war das Land in so großer Aufregung, daß der König sich mit seinem Hofe nach Usuchi, einer Stadt im Gebirge, mit einer Festung, zurückzog.

Um diese Zeit langte der in der Geschichte der Missionen berühmte Pater Nugnez, welcher damals sämmtlichen Missionen der Gesellschaft Jesu in Indien und Japan vorstand, mit dem Portugiesen Feran Mendez, den der Vicekönig von Indien zu seinem Gesandten an den König von Bungo ernannt hatte, in Funai an. Mendez begab sich zum König auf das Gebirge, um ihm die Briefe und Geschenke seines Herrn zu überreichen; als aber der König von ihm die Ankunft des P. Nugnez vernommen, begab er sich sofort in die Hauptstadt, um ihn dort zu empfangen. P. Nugnez wurde von den Portugiesen in derselben feierlichen Weise, wie einst der h. Franziskus von Xaver zum Palast des Königs geleitet, und von diesem mit gleichen Ehrenerweisungen empfangen. Der König betheuerte, daß dieser Tag zu den glückseligsten seines Lebens gehöre, weil er im P. Nugnez den h. Franziskus, der ihm theuer sei wie seine eigne Person, von neuem zu empfangen meinte. Nugnez aber lenkte das Gespräch bald auf die Angelegenheit, die ihm mehr als jede andere am Herzen lag. Er redete dem König von seinem dem h. Franziskus mündlich und dem Vicekönig von Indien schriftlich gegebenen Versprechen, Christ zu werden. Dem Lichte, das Gott ihm verliehen, folgend, und dankbar für den Schutz des Himmels, den er wiederholt erfahren, möge er nicht länger zögern, sein eignes Heil in Sicherheit zu bringen, und die ihm unterworfenen Völkerschaften eben dazu durch sein Beispiel zu vermögen. Aber der König entgegnete, daß gerade die Rücksicht auf die Missionäre und die Gläubigen ihm diesen Schritt zur Zeit unmöglich mache. Noch sei das Land in großer Gährung. Gar leicht also würden die unzufriedenen Großen, von den Bonzen mächtig unterstützt, seine Bekehrung zum Christenthum als Vorwand gebrauchen können das Feuer der Empörung wieder anzufachen. Seine Niederlage würde auch die der Christenheit sein. Sobald Gott ihm in seinem Reiche Friede und Sicherheit gebe, werde er nicht säumen, seinem Versprechen nachzukommen.

Aber die in nächster Zukunft folgenden Ereignisse lieferten den Beweis, daß dieser Entschluß des Königs Civan entweder nicht aufrichtig oder nicht fest war. Noch zur Zeit, als der h. Franziskus in Bungo verweilte, war in Amangucci eine Empörung ausgebrochen, in Folge welcher der überwältigte König sich selbst entleibt hatte. Die sich eine Zeitlang bekämpfenden Partheien vereinigten sich endlich, dem Bruder des Königs von Bungo die Krone anzubieten. Derselbe war ein muthvoller und reichbegabter Mann. Allein auch ihm gelang es nicht, die unruhigen Großen seines Reiches zu bändigen. Bald nach der Abreise des P. Nugnez, der die übrigen Missionen Japans besuchen wollte, kam nach Bungo die Nachricht, daß einer der mächtigsten Edelleute Amangucci's mit zahlreichen Truppen die Hauptstadt überrumpelt, den König ermordet und sich zu seinem Nachfolger habe ausrufen lassen. Civan brachte ein Heer von fünfzigtausend tüchtigen Streitern auf die Beine, rückte in Amangucci ein, schlug die Rebellen, und seine Siege verfolgend, eroberte er außer Amangucci noch andere Reiche, so daß er, weil diese wie jene, die er schon besaß, zu den größeren gehörten, von nun an als der mächtigste König Japans geachtet und gefürchtet war.

Nach Funai heimgekehrt überhäufte er die Missionäre mit Beweisen seines Wohlwollens und seiner größten Hochachtung, und unterstützte ihre Bemühungen so, daß in seinen Reichen bald viele christliche Kirchen und Schulen erbaut, und immer neue Missionen gegründet wurden. Er selbst aber blieb, der Gnade widerstrebend, Heide.

III.

Bekehrung eines königlichen Prinzen und vieler Adeligen.

So zahlreich auch die Christen bereits in den Staaten Civans und besonders in Funai waren, zählte man doch unter ihnen nur sehr wenige Edelleute. Nach dem Beispiele des Königs begnügte sich der Adel seines Hofes, Hochschätzung der christlichen Religion an den Tag zu legen; von dem Bekenntniß derselben jedoch, ließ auch er sich durch den Hang zu einem wollüstigen Leben abhalten. Dadurch geschah es, daß die christliche Religion als die Religion der Armen und Geringen, denen sie ja auch ihre Wohlthaten mit Vorzug zuwende, angesehen ward. Mochte es also auch in den höheren Ständen manche geben, welche ihre Sitten zu bessern geneigt waren; so wurden doch diese durch ihren Ehrgeiz verhindert, dem Zuge der Gnade und ihrer Ueberzeugung zu folgen. Schon waren seit der Gründung der Mission mehr als zwanzig Jahre verflossen, als Gott ein Ereigniß herbeiführte, das dieses große Hemmniß ihres Fortschrittes beseitigte.

Es ist Sitte der Fürsten Japans, nur den erstgebornen ihrer Söhne am Hofe erziehen zu lassen, die übrigen aber den Bonzen zu übergeben, damit sie früh an das Leben derselben gewöhnt, entweder in die Kaste sich aufnehmen lassen, oder doch weniger fähig seien, wider den Erstgebornen, wenn er zur Herrschaft gelangt, Empörungen anzuzetteln. Auch des Königs von Bungo zweiter Sohn lebte also in einem Kloster der Bonzen. Es hatte aber der Vater ihn ein und das andere Mal mit sich geführt, als er die Missionäre besuchte, und bei ihnen speisete. Der verständige und von Natur gutgeartete Knabe ward durch das, was er sah und hörte, eingenommen, und stellte, um sich zu unterrichten, gar manche Fragen. In das Kloster zurückgekehrt, verglich er das Leben der christlichen Priester mit jenem der Bonzen, und dachte viel über die Lehren nach, die er empfangen hatte. Als er nun einst, — er hatte damals vierzehn Jahr, — von neuem seinen Vater zu den Missionären begleitet hatte, weigerte er sich, zu den Bonzen zurückzukehren, und keine Vorstellungen, so dringend sie waren, vermochten ihn von diesem Entschluß abzubringen: strengere Mittel aber wenden die Vornehmen in Japan wider ihre Kinder nicht an. Der Knabe blieb also am Hofe, und gefragt, welche Lebensweise er denn nun erwählen wolle, bat er, daß man ihn Christ werden lasse. Der Vater war höchst zufrieden; vielleicht auch deßhalb, weil er überzeugt sein durfte, daß die christliche Religion ihn mehr noch als die Erziehung, welche er von den Bonzen erhalten hätte, von jeder Unternehmung wider seinen älteren Bruder abhalten würde. Er setzte den Pater Cabral, welcher den Missionären in Funai vorstand, in Kenntniß, und bat ihn, seinen Sohn zu unterrichten.

Kaum war der Entschluß des jungen Prinzen und die Einwilligung des Vaters ruchbar geworden, als mehrere der angesehensten Edelleute, was sie seit lange im Herzen bargen, offenbarten. Sie begehrten dem Unterricht, welcher dem Sohne des Königs ertheilt wurde, beiwohnen zu dürfen. Nach Vollendung desselben empfiengen sie zugleich mit dem Prinzen, am 21. Dezember des Jahres 1575, mit großer Festlichkeit die Taufe. Der König wohnte mit dem ganzen Hofstaat der Feier knieend und mit entblößtem Haupte bei, und erhob sich nach Vollendung derselben, um seinen Sohn, der den Namen Sebastian erhalten hatte, und alle übrigen Getauften zu umarmen. — Von nun an begehrten gar viele Männer und Frauen, die den höheren und höchsten Ständen angehörten, unterrichtet und getauft zu werden. Auch wurde in Funai eine Anstalt errichtet, in welcher gegen zwanzig junge Adelige weiteren Unterricht in der Religion und Anleitung zur Uebung derselben erhielten, zugleich aber auch als Gehülfe der Missionäre zur Ausbreitung des Glaubens thätig waren.

Aber wenn die Sache des Christenthums durch die Bekehrung des jungen Prinzen so sehr gefördert wurde; so hatte sie hingegen in der Mutter desselben, der Königinn, eine ebenso erbitterte als mächtige Feindin. Dieselbe hatte im engsten Bunde mit den Bonzen von Anfang an alles gethan, um den König nicht bloß von der Beschützung der Christen abzuhalten, sondern auch zu ihrer Verfolgung anzureizen. Die Gläubigen pflegten sie, um ihren Charakter zu bezeichnen, Jezabel zu nennen, und unter keinem andern Namen wird ihrer in der Geschichte der Missionen gedacht. Diese Jezabel also gerieth durch die Bekehrung ihres Sohnes und die segensreichen Folgen derselben in äußerste Wuth; sie durfte aber um so eher hoffen, die Pläne, welche dieselbe ihr eingab, durchsetzen zu können, als der König um diese Zeit bereits nach einer in Japan herrschenden Sitte die Regierung seinem erstgebornen Sohne übergeben hatte.

Die nächste Gelegenheit, wider die Christen zu wüthen, bot ihr die Standhaftigkeit, womit ein junger Edelmann, der Christ geworden war, sich weigerte, ihrer Tochter aus dem Kloster der Bonzen etwas zu holen, dessen sie sich zu abergläubischen Verrichtungen bedienen wollte. Der junge Adelige gehörte zum Gefolge der Prinzessin, und in Japan wird jeder hartnäckige Ungehorsam solcher Untergebenen mit dem Tode bestraft. Was immer aber Eltern, Verwandte und Freunde sagen mochten, Stephan, so hieß dieser Jüngling, blieb unbeweglich: er werde lieber sterben, als durch eine Dienstleistung dieser Art sich an der Abgötterei betheiligen. Indeß kam der junge König, der abwesend gewesen war, zurück, und von seiner Mutter und ihrem Bruder bestürmt, sprach er über Stephan das Todesurtheil aus, ja er schwur, wider die Christen des ganzen Reiches ein strenges Gesetz zu erlassen. — Stephan ließ sich nicht erschüttern. Täglich besuchte er die Väter, um sich durch Unterhaltung mit ihnen und durch das gemeinsame Gebet zu stärken, und am Abend vor dem Tage, an welchem das Todesurtheil an ihm vollstreckt werden sollte, begab er sich in die Kirche, um die Nacht im Gebete zu durchwachen und am frühen Morgen die heiligen Sakramente zu empfangen. In Japan nämlich wird kein Adeliger, wessen immer er angeklagt sein mag, eingekerkert: so sehr rechnet man auf das Ehrgefühl, welches die Angeklagten von der Flucht abhalten werde.

Nicht Stephan allein aber bereitete sich vor, für den Glauben sein Blut zu vergießen. Es war bereits bekannt, daß seine Hinrichtung nur der Anfang einer sich weit erstreckenden Verfolgung sein sollte; und so hatten denn die Missionäre das rührende Schauspiel, gar viele Christen und insbesondere junge Adeligen sich herbeidrängen zu sehen, die zugleich mit Stephan für den Kampf, der ihnen bevorzustehen schien, im Gebete Kraft suchten. Aber bei Anbruch des, wie man glaubte, verhängnißvollen Tages, fühlte sich der P. Cabral zu einem Schritte bewogen, der das drohende Ungewitter verscheuchte. Er begab sich an den Hof, und redete in Gegenwart des alten Königs, der Königin und ihres regierenden Sohnes mit großer Kraft zu Gunsten der

Christen. Der König Civan, welcher, wie es scheint, nicht alle Anschläge der Jezabel gekannt hatte, zeigte sich tief bewegt, und an alles, was er seit fünfundzwanzig Jahren für die Ausbreitung des Glaubens gethan hatte, erinnernd, erklärte er mit Nachdruck, daß er nie aufhören werde, sich den Christen günstig zu erweisen. Habe er ja seinen eignen Sohn deßhalb selbst zur Taufe geleitet, damit alle erkenneten, wie sehr er verlange, sein ganzes Reich zum Christenthume bekehrt zu sehen. Der junge König hörte mit Beschämung zu, gieng in sich, und nahm das wider Stephan gefällte Urtheil zurück: die Königin aber, so ergrimmt sie war, mußte sich darein ergeben, die christliche Religion, wie vorher, geachtet und geschützt zu sehen.

Doch währte es nicht lange, bis sie eine neue Gelegenheit fand, ihren Haß zu kühlen. Es lebte am Hofe zu Bungo ihr Bruder, Cicacata genannt, in welchem sie einen Gesinnungsgenossen hatte. Derselbe war unter allen Großen der reichste und mächtigste. Er verwaltete drei der Reiche, die dem König unterworfen waren, und stand dem ganzen Kriegsheere vor. Da er kinderlos war, hatte er den Sohn eines kaiserlichen Rathsherrn in Meako an Kindes Statt angenommen. Derselbe war nun bereits erwachsen, und mit einer Tochter des Königs von Bungo verlobt. Aber auch ihm ward die Gnade zu Theil, die Wahrheit des Christenthums zu erkennen, und offen erklärte er seinen Entschluß, dasselbe anzunehmen. Nachdem Cicacata und die Königin vergebens sich bemüht hatten, ihn durch Vorstellungen, Bitten, Drohungen wankend zu machen, griffen sie zu gewaltsamen Maßregeln. Sie nahmen ihm jede Gelegenheit mit den Missionären zu verkehren, und ließen ihn in seinen Gemächern wie einen Gefangenen bewachen. Als auch dies nicht fruchtete, sandten sie ihn weit von Usuchi in ein anderes dem König von Bungo unterworfenes Reich, auch dort ihn mit strenger Wache umgebend, damit kein Christ sich ihm nähere. Nach mehreren Monaten hofften sie ihren Zweck erreicht zu haben, riefen ihn zurück, und bereiteten ihm einen glänzenden Empfang. Aber der erste Gebrauch, den der Jüngling von der ihm wiedergeschenkten Freiheit machte, war, die Missionäre aufzusuchen. Diese hatten aus weisen Gründen die Ertheilung der Taufe aufgeschoben, jetzt aber, die Standhaftigkeit des jungen Fürsten betrachtend, gewährten sie ihm seine oft wiederholte Bitte, und tauften ihn zugleich mit drei Edelleuten seines Gefolges.

Nun kannte der Zorn der Königin und des stolzen Cicacata keine Gränzen mehr. Von Drohungen und strenger Bewachung kam es zu grausamen Mißhandlungen, und als nichts den Muth Simons, — denn so war er in der Taufe genannt worden — zu beugen vermochte, beschlossen sie, durch offene Gewalt sich an den Missionären und Christen zu rächen. In Einverständniß mit einigen Bonzen, die sich, wie sie, in die Staatsgeschäfte mischten, erließen sie förmliche Beschlüsse, denen zufolge die Kirche der Christen ausgeplündert und in Brand gesteckt, die Missionäre und sämmtliche Christen hingerichtet werden sollten. Der junge König, von Natur schwach und wankelmüthig, getraute sich nicht, dem mächtigen Cicacata und der Jezabel zu widerstehen; sein Vater aber, der ihm die Regierung ganz überlassen hatte, war ohne Macht. Obschon er also erklärte, daß er sich in die Kirche der Christen stellen, und sie mit seinem Schwerte vertheidigen, und sein jüngerer Sohn, Sebastian, betheuerte, daß sein Loos kein anderes als jenes der Missionäre sein werde: so standen doch die zum Untergange der Christenheit Verbündeten von ihrem Vorhaben nicht ab.

Jeden Tag erwartete man den Ausbruch der blutigen Verfolgung, aber diese Erwartung brachte eine ganz andere Wirkung, als man glauben sollte, hervor. Der h. Franziskus hatte vorhergesehen, daß in Japan den Gläubigen keine Tugend so nothwendig sein würde, als die Geistesstärke der Blutzeugen; und seiner Weisung gemäß waren die Missionäre stets darauf bedacht, dieselbe den Neubekehrten sowohl durch Unterricht, als durch die Beispiele der Martyrer, ganz vorzüglich aber durch die stete Hinweisung auf den leidenden und sterbenden Heiland einzuflößen: mit welchem Erfolge, erkannte man bei dieser Gelegenheit. Nicht bloß zur Zeit des Gottesdienstes, sondern zu allen Stunden des Tages, und nicht selten sogar der Nacht, war die Kirche und das Haus der Missionäre von Christen aller Stände erfüllt, die sich durch Gebet und heilige Gespräche auf den Martertod vorbereiteten. Die Missionäre wollten die kostbarsten Kirchengeräthe in Sicherheit bringen; aber alle Christen, an welche sie sich wandten, baten unter Thränen, sie andern anzuvertrauen; denn sie glaubten darin, daß man sie bei ihnen hinterlegte, ein Zeichen erkennen zu müssen, daß sie von der Zahl der Blutzeugen ausgeschlossen wären. Und so sah man sich genöthigt die heiligen Gefäße einem Heiden, auf dessen Ehrlichkeit man Vertrauen setzte, zu übergeben. Als sich das Gerücht verbreitet hatte, daß in einer der beiden nächst folgenden Nächte das Blutbad beginnen würde, und deßhalb in der Kirche mehr Christen als gewöhnlich versammelt waren, hörte man gegen Mitternacht an die Pforte der Kirche klopfen. Man öffnete: es waren nicht die Schergen des Verfolgers, sondern eine Anzahl der vornehmsten Damen mit ihren Töchtern, die dringend baten, sich denen, die in der Kirche den Martertod erwarteten, anschließen zu dürfen. Mit jeder Stunde kamen ibere Frauen, alle in hochzeitlichem Gewande, nicht anders als wenn sie zu einem Freudenfeste eilten. Aber was noch größeres Staunen erregen muß, selbst von den umliegenden und ziemlich weit entfernten Städten kamen sehr viele Christen nach Usuchi, um dort den Preis ihres Glaubens, Tod oder Verbannung um Christi willen zu finden.

Dieser fromme Heldenmuth machte auf die Ungläubigen en tiefsten Eindruck, und so diente, was zur Ausrottung des Glaubens ersonnen war, zu seiner Erhöhung und Verbreitung. Denn man bewunderte und pries nicht bloß die Christen, sondern gar viele lernten von ihrem Beispiele, die zeitlichen Güter im Vergleich mit den ewigen gering zu schätzen, und erkannten die Göttlichkeit der christlichen Religion aus ihren Früchten. Die Missionäre und ihre Katecheten waren nie mehr mit dem Unterricht von Heiden, welche die Taufe begehrten, als eben in diesen Tagen beschäftigt.

Indessen streckte Gott, der für jetzt nur diese fromme Vorbereitung auf das Marterthum wollte, seine züchtigende Hand wider die Urheberin der Verfolgung aus. Die Königin gerieth, und zwar gerade zur Zeit als die Christen am Vorabend des Pfingstfestes zum Gebete vereinigt waren, in eine Art von Raserei, welche man für eine besonders unter den Heiden nicht seltene Wirkung der höllischen Geister hielt. Die Bonzen versuchten umsonst ihr zu helfen, und weil sie die Sache auch nicht geheim zu halten vermochten, sagten sie, die Leiden der Königin seien einer Krankheit zuzuschreiben, und riefen zu ihrer Heilung Aerzte herbei. Aber diese erklärten nach angestellter Untersuchung, daß hier ihre Kunst nicht ausreiche: die Königin sei in der Macht der Teufel. Nun wurde den Göttern geopfert, und jede Art von abergläubischen Gebräuchen angewendet. Doch alles umsonst. Da endlich gab die Unglückselige den Bitten ihres Gemahls und Sohnes Gehör, und versprach, von ihren Anschlägen wider die Christen zu lassen. Alsbald ward sie geheilt, oder vielmehr befreit: — aber darum nicht im Grund ihres Herzens bekehrt.

Aus Furcht vor den Leiden, die sie getroffen, stand sie zwar von der allgemeinen Verfolgung ab, konnte es aber nicht über sich gewinnen, dem jungen Simon seinen Widerstand zu verzeihen. Von ihr aufgereizt erklärte ihn Cicacata des Kindesrechtes, daß er ihm gegeben, verlustig, enterbte und verstieß ihn. — Doch das böswillige Weib ahnete nicht, welches Schicksal ihr selbst bevorstand. Kurze Zeit nach der Verstoßung des edlen Simon erschien vor ihr ein Edelmann, vom König Civan gesandt, der ihr von diesem den Befehl überbrachte, ohne Säumen den Pallast zu verlassen, und sich fürderhin weder mehr Königin noch Gattin Civans zu nennen: denn sie sei es nicht mehr. — Der König pflegte, was er unternahm, reiflich und im Stillen zu überlegen; so langsam er deßhalb war, sich zu einer Maßregel zu entschließen, so unerschütterlich fest war er in Vollstreckung derselben. Weder das Jammern der verstoßenen Jezabel, noch die Vorstellungen und Bitten ihrer Freunde vermochten etwas über ihn, und um ihr jede Hoffnung zu nehmen, berief er eine Wittwe von hohem Stande, deren Tochter er seinem Sohne Sebastian zur Gemahlin bestimmt hatte, an den Hof, um sich mit ihr zu vermählen. Doch stellte er die Bedingung, daß Mutter und Tochter vorher in der christlichen Religion unterrichtet und getauft würden. Eben deßhalb aber gab er zugleich sein königliches Wort, daß diese seine Ehe dem christlichen Gesetze gemäß unauflöslich sein werde.

V.

Bekehrung des Königs. Sein Starkmuth in schweren Prüfungen.

Es waren nun seit dem Erscheinen des h. Franziskus Xaverius am Hofe von Bungo siebenundzwanzig Jahre verflossen, und somit der König Civan bereits in sein fünfzigstes Lebensjahr getreten. Er hatte, wie wir gesehen haben, in all der Zeit nie aufgehört, die christliche Religion hochzuschätzen, und ihre Verbreitung zu begünstigen; aber es zugleich immer nicht bloß versäumt, sondern auch vermieden, in derselben näher unterwiesen zu werden. Jetzt aber wollte er dem Unterricht, welchen der Bruder Johann, ein Japanese, jenen beiden Damen ertheilte, beiwohnen. Die Missionäre hatten nicht sobald hievon Nachricht erhalten, als sie mit den Christen ihre Gebete und Bußübungen verdoppelten, um dem Könige, ihrem größten Wohlthäter, die Gnade der so lange ersehnten Bekehrung zu erwirken. Indeß ward der Unterricht fortgesetzt und beendigt, die beiden Damen empfiengen die Taufe, und König Civan gab durch keine Aeußerung zu verstehen, daß er zu einem Entschlusse gekommen sei. Nichtsdestoweniger hatte das Gebet der Christen Erhörung gefunden. Ihre Hoffnung war schon sehr gesunken, als der König eines Tages den Bruder Johann zu sich rief, und ihm über alles, was in ihm vorgegangen, Rechenschaft gab. Er habe in den vergangenen Jahren viel über die verschiedenen Religionen nachgedacht, und zu erkennen geglaubt, daß unter den japanesischen jene, zu der er sich von Jugend auf bekannt, die vernünftigste sei. Aber eben sie stehe auch mit der christlichen im vollsten Widerspruch, vorzüglich deßhalb, weil sie vorschreibe, kein anderes

Leben als das gegenwärtige zu verlangen und zu hoff[en]. Die entgegengesetzte Lehre des Christenthums habe ihm lan[ge] Zeit so unglaublich geschienen, daß er gezweifelt, ob a[uch] nur die Missionäre, da sie so weise Männer seien, diese[lbe] für wahr hielten, und nicht vielmehr nur deßhalb verkü[n]= digten, um durch die Erwartung einer ewigen Vergeltun[g] nach dem Tode, das Volk wirksamer zu einem tugendhaft[en] Leben zu bewegen. Dann habe er doch wie an andern an sich selbst beobachtet, daß die Anhänger der Sekte d[er] Gensci, je länger sie die Lehre derselben befolgen, des[to] tiefer sinken, während umgekehrt in den Christen imm[er] mehr Edelmuth und Geistesgröße hervorleuchte. Und som[it] habe er nicht umhingekonnt, die Lehre, welche den Menschen veredele, für die wahre zu halten. Dennoch habe er, vo[n] den Banden seiner Lüste gefesselt, von Tag zu Tag ver[=]schoben, einen Entschluß zu fassen, bis endlich der Unter[=] richt, den er angehört, sowohl seine Ueberzeugung gereift als auch sein Herz umgewandelt habe. Von allem jedoch was er vernommen, habe nichts einen so tiefen und über= wältigenden Eindruck auf ihn gemacht, als das bittere Leiden und Sterben, dem der Sohn Gottes in seiner Menschheit sich aus unbegreiflicher Liebe für uns unterworfen. Ihm sich ganz zu ergeben, sei er jetzt fest entschlossen.

Er beauftragte sodann den Bruder, dem P. Cabral, der abwesend war, alles zu berichten, und ihn in seinem Namen zu bitten, daß er komme, ihm die Taufe zu er= theilen. — Sofort begann nun auch der König seinen Glau= ben offen zu bekennen. In einer Versammlung von Edel= leuten erschien er mit dem unter den dortigen Christen gewöhnlichen Zeichen ihrer Religion, dem Rosenkranz, und als man ihn staunend anblickte, erklärte er laut, daß er, wenngleich noch nicht getauft, im Herzen bereits Christ sei, nd nur bedaure, es erst jetzt zu sein. Um ebenso öffentlich eine Verwerfung der Abgötterei an den Tag zu legen, ließ er zwei Götzen, die er bis dahin in seinen Gemächern verehrt hatte, vor den Augen des Volkes beschmutzen, entstellen, und in's Meer versenken.

Mit großem Eifer bereitete er sich sodann auf den Empfang des Sakraments der Wiedergeburt vor. An bestimmten Stunden des Tages erlernte er die gebräuchlichen Gebete, am Morgen, Mittag und Abend verehrte er die Geheimnisse unserer Erlösung, die drei Theile des Rosenkranzes betend, und jeden Freitag und Samstag übte er strenge Fasten. Am 28. August endlich, dem Tage, an welchem die Kirche das Fest des h. Augustin feiert, empfieng der König Civan im Jahre 1578 die h. Taufe, und ward in derselben seinem Wunsche gemäß Franz genannt; denn unauslöschlich war in seiner Seele das Bild des Heiligen, durch den er die erste Kunde vom Heile erhalten hatte.

Es ist leicht begreiflich, welchen Eindruck dies Ereigniß nicht bloß in Bungo, sondern in ganz Japan machte. Zwar waren schon mehrere Könige, und einige fast mit allen ihren Unterthanen zum Christenthum übergegangen, aber keiner, der an Macht und Ruhm mit dem Könige von Bungo hätte verglichen werden können. Dazu kam, daß er nicht nur im Rufe eines tapfern Kriegers und klugen Herrschers, sondern auch eines Gelehrten und Weisen stand. Jetzt schien also der christlichen Religion der Sieg in Japan gesichert; und nicht bloß viele Große und Edelmänner, sondern auch sein ältester Sohn, dem er die Regierung übergeben hatte, entschlossen sich sofort, seinem Beispiele zu folgen.

Je größer der Kampf, den er mit sich geführt, und je aufrichtiger der Entschluß war, durch den er in demselben gesiegt hatte; desto reichlicher ergoß sich nun auch in seine Seele das

Licht der Gnade und die himmlische Lebenskraft, die es m[it]
sich bringt. Franz war im vollsten Sinne wiedergeboren; se[in]
ganzes Innere umgewandelt. Er war nicht weniger geg[en]
die Lüste und Laster, denen er gefröhnt, als gegen all[en]
heidnischen Irrthum und Aberglauben mit Abscheu erfül[lt]
und seufzte ohne Unterlaß über die Blindheit und das Ele[nd]
derer, die um ihn her fortfuhren, den Götzen zu diene[n.]
Sowohl die Umgebung dieser als auch der eitle Prunk d[es]
Hofes ward ihm unerträglich, und er beschloß, in Fiung[a,]
einem seiner Königreiche, wo der Glaube große Fortschrit[te]
machte, ein Collegium für zwölf Väter der Gesellscha[ft]
Jesu, um dasselbe aber eine Stadt zu bauen, in der nu[r]
Christen leben dürften. Er säumte nicht, seinen Plan in'[s]
Werk zu setzen. Schon im Monat Oktober schiffte er sic[h,]
vom P. Cabral, dem Bruder Johannes und dreihunder[t]
eifrigen Christen begleitet, nach Fiunga ein.

Während er daselbst mit dem Bau der neuen Stad[t]
und zuvörderst einer Kirche beschäftigt war, legte in Bung[o]
auch sein erstgeborner Sohn großen Eifer für den Glauben
an den Tag. Da ihm die Regierungsgeschäfte keine Zeit
am Tage übrig ließen, unterredete er sich mit einem der
Missionäre, dem Pater Froes, in den Abendstunden, und
zuweilen die ganze Nacht hindurch. Und nicht bloß mit
Worten erklärte er öffentlich seinen Entschluß, Christ zu wer=
ben. Denn er ließ viele Bilder und Tempel der Götzen
zerstören und Klöster der Bonzen schließen. Eines dieser
letztern, das sein Vater jenem seinem Lehrer Murazachi hatte
mit königlichem Aufwande bauen lassen, bestimmte er
den Missionären, und entwarf Pläne zu andern Anstalten,
die in Funai und Usachi zum Besten der Christen errichtet
werden sollten. Er selbst wünschte binnen kürzester Frist
zugleich mit seiner Gemahlin die Taufe zu empfangen; aber

P. Froes fand es für beſſer, dieſelbe für beide aufzuſchieben. Leider lehrte die nächſte Zukunft, daß der Miſſionär ſehr weiſe gehandelt.

Bungo war in jener Zeit mit dem König von Satzuma in Krieg verwickelt, und Cicacata belagerte mit einem Heere von 40,000 Mann der auserleſenſten Truppen einen feſten Platz im Königreich Fiunga, das nur zur Hälfte dem König von Bungo unterworfen war. Einige glückliche Erfolge hatten ihn ſorglos gemacht: ſo geſchah es, daß er vom Feinde überrumpelt, und von mehreren Seiten angegriffen, gänzlich geſchlagen wurde. Die Hälfte der Truppen blieben auf dem Kampfplatze, die übrigen zerſtreuten ſich in ungeordneter Flucht. Das Gerücht vergrößerte die Niederlage, und alsbald erhoben ſich, wie das in Japan gewöhnlich iſt, auch in den andern Reichen die Großen, um die Herrſchaft an ſich zu reißen. Der kühnſte und mächtigſte war ein gewiſſer Rioſogi, der ſich an ihre Spitze ſtellte, und im Bunde mit dem König von Satzuma alle mit Bungo vereinigten Staaten in Aufruhr brachte. Der junge König von Bungo war ſolchen Schwierigkeiten nicht gewachſen. In kurzer Friſt waren fünf Reiche theils abgefallen theils vom Feinde erobert, und nur Bungo noch ſeinem König unterworfen. Von allen Seiten erhoben ſich nun die Bonzen und übrigen Anhänger des Heidenthums, und die unglücklichen Ereigniſſe der Rache der Landesgötter zuſchreibend, drangen ſie in den Herrſcher, jetzt endlich in ſich zu gehen, und der vaterländiſchen Religion ihre Ehre zurückzuſtellen. Der junge König, ſchwach und wankelmüthig, widerſtand der Verſuchung nicht; er ſchwur in Gegenwart ſeines Hofes bei den Göttern, daß die Bonzen und ſonſtigen Götzenprieſter wieder in ſeiner Gnade ſeien, und alle Freiheit genießen ſollten, wie vorhin die Feſte der Götter zu feiern,

ihnen Tempel und Altäre zu errichten, ihre Bildniſſe
Verehrung aufzuſtellen. Doch ließ er die Miſſionäre öft
verſichern, daß er alles dieſes nur unter dem Dran
der äußeren Umſtände thue, in ſeinem Innern aber b
Glauben und den Vorſatz bewahre, ihn ſobald es oh
Gefahr des Reiches geſchehen könne, wieder öffentlich
bekennen.

Ganz anders benahm ſich Franziskus, ſein Vater. De
ſelbe hatte, wie geſagt, vor allen Wahrheiten des Evang
liums ganz vorzüglich jene betrachtet, daß die wahren Ki
der Gottes ihr Erbe nicht in dieſem Leben, das vorüber
eilt, ſondern in der Ewigkeit ſuchen. Der Entſchluß Chri
zu werden war deßhalb in ihm zugleich ein Entſchluß, den
Herzen und der Geſinnung nach allem zu entſagen, und j
nach den Fügungen Gottes ſich jedes irdiſchen Gutes willi
zu entäußern. Und wohl hatte Gott, der nach ſeinen uner
forſchlichen Rathſchlüſſen, in Japan kein im langen Friede
blühendes, ſondern in faſt ununterbrochenen Verfolgunge
kämpfendes Chriſtenthum wollte, Gott ſelbſt hatte wie i
dieſem Könige, ſo in den Neubekehrten überhaupt durc
ſeine mächtige Gnade jenen Geiſt der Entſagung und eine
Muth, der über alle Schickſale dieſes Lebens erhebt, geweckt
Franz war aus Fiunga, das nun ganz in der Macht de
Feindes war, mit ſeiner Familie in aller Eile auf höch
beſchwerlichen Wegen über das Gebirge nach Uſuchi zurü
gekehrt. Dort erhielt er von Woche zu Woche die Nach
richten von den Fortſchritten des Feindes in Fiunga, vo
den Aufſtänden der Großen, von dem Abfalle eines Reiche
nach dem andern, mußte die bitterſten Vorwürfe der Bonze
und Adeligen hören, ja wo immer er ſich öffentlich zeigte
den Hohn und Spott des gemeinen Volkes ertragen. Abe
nichts erſchütterte ſeine Standhaftigkeit.

Einige Zeit nach seiner Ankunft in Usuchi kehrte dorthin auf andern Wegen auch der P. Cabral zurück. Der König gieng ihm entgegen, und im Beisein vieler Hofleute vor ihm niederknieend, betheuerte er mit fester Stimme, daß er Christ sei, wie vorher, und das Unglück, welches über ihn, sein Reich und seine Familie gekommen, den Glauben in ihm nicht vermindere, sondern vielmehr das Verlangen entzünde, Gott durch Ertragung jedes Leides immer vollkommner zu dienen. Alsdann eröffnete er dem P. Cabral in vertraulicher Unterredung, daß er in dieser Weise öffentlich geredet, um seine Beharrlichkeit kundzugeben; in seinem Herzen aber die in Fiunga erlittene Niederlage vielmehr als ein freudiges Ereigniß betrachte. Es seien dort gerade die mächtigsten und unversöhnlichsten Feinde des Glaubens gefallen, welche wenn sie gesiegt hätten, dem Christenthum viel mehr, als die Feinde seines Thrones geschadet haben würden. Der Verlust seiner Reiche schmerze ihn nicht, wenn nur die christliche Religion verbreitet werde. Daher möchten jetzt die Missionäre alles aufbieten, die Gunst der Fürsten, die den größten Theil seiner Staaten unter sich getheilt hatten, zu gewinnen, und sich davon nur ja nicht durch die Betrachtung abhalten lassen, daß dieselben seine Feinde seien. Er selbst werde sie, wofern sie dem Christenthum freien Eintritt in ihre Staaten gewährten, auch wenn sie wieder ihn den Krieg fortsetzten, nicht als Feinde, sondern als Brüder ansehen.

Eine so standhafte Treue und hochherzige Gesinnung zog über den Neubekehrten die Fülle des himmlischen Segens herab. König Franz ward im Umgange mit Gott für alle Verluste reichlich entschädigt, und überschwänglich getröstet. Inmitten der äußeren Drangsale, des Spottes und der Verhöhnung jauchzte in seinem Herzen der Friede Christi auf, der allen Sinn übersteigt. — Er lag jedoch dem Gebete nicht bloß in der Einsamkeit ob, sondern wohnte auch mit allen Gläubigen dem Gottesdienste in der Kirche bei. Nachdem er in der Weihnacht dieses Jahres die Matutin und drei heilige Messen angehört, und mit der Königin Julia sich dem Tische des Herrn genähert hatte: sah man ihn eine geraume Zeit auf seinem Angesichte liegen, betend und viele Thränen vergießend. Dann erhob er sich, und erneuerte mit lauter Stimme vor der ganzen Gemeinde die Gelübde, durch die er sich schon in Fiunga Gott verpflichtet hatte. Das erste war, die eheliche Keuschheit unverbrüchlich zu beobachten; das zweite, nicht nur die Gebote Gottes und der Kirche zu halten, sondern auch den Missionären in allem, was sie ihm zum Wohl seiner Seele vorschreiben würden, zu gehorsamen; das dritte, lieber das Leben, geschweige alle königliche Macht und Würde zu verlieren, als vom Glauben zu lassen. — Und so fest war der Glaube in ihm gewurzelt, daß er seinem Gelübde beifügte, was er öfters zu sagen pflegte: wenn ganz Japan und die Missionäre, ja wenn, wofern dies geschehen könnte, der Pabst selbst vom Glauben abfielen, verspreche er dennoch in demselben zu leben und zu sterben.

Es wurde ihm bald mehr als eine Gelegenheit geboten zu beweisen, wie ernstlich dieser sein Wille war. Seitdem Cicacata von dem unglücklichen Feldzug zur Residenz zurück gekommen war, hörte er nicht auf, was nur er verschuldet hatte, den Christen zur Last zu legen, und von seinem eignen Haß ebensowohl als von der rachsüchtigen Jezabell getrieben, auf strenge Maßregeln wider sie zu bringen. Es gelang ihm zwar nicht, seine Verfolgungspläne durchzusetzen, aber dies hinderte nicht, daß wenn nicht sämmtliche Christen, doch die Missionäre oft mit dem Tode bedrohet waren. Mehrere der Nächte also, in welchen man fürchtete, daß sie von Meuchlern überfallen würden, brachte König Franz bei ihnen zu, fest entschlossen, ja wünschend ihr Schicksal zu theilen, und er that es mit um so größerer Gefahr seines Lebens, als die Feinde der Christen wider ihn als den Urheber alles Uebels ganz vorzüglich ergrimmt waren.

Den größten Kummer jedoch verursachte ihm sein Sohn, der regierende König. Derselbe ließ sich zwar nicht bewegen, etwas wider die Missionäre oder die Christen zu unternehmen; aber er war übrigens zu dem Leben eines Heiden zurückgekehrt, und bereits so tief gesunken, daß er selbst wieder den Götzen opferte, und durch Zauberei von ihnen Hülfe suchte. Der König Franz ward darüber mit so bitterm Schmerz erfüllt, daß er schwer erkrankte. Sein Sohn kam mit der Königin ihn zu besuchen, aber nur durch die dringenden Vorstellungen der Missionäre ließ sich der Kranke bewegen, ihn vorzulassen. Und wie von prophetischem Lichte erleuchtet, sagte er, die Sünde seines Sohnes sei so groß, daß mit ihm das Reich Bungo endigen, und seine Familie, die seit einem halben Jahrtausend herrschte, elend zu Grund gehen werde. — Indessen sollte durch ihn selbst noch einmal ein besserer Zustand und dies zum großen Vortheil der Christenheit in Japan herbeigeführt werden. —

VI.

Der König Franz übernimmt von neuem die Regierung.

Sowohl durch die Kriege nach außen als auch durch Unruhen und Partheiungen im Innern war die Lage des Reiches von Tag zu Tag bedenklicher geworden. Die Großen berathschlagten, und kamen zu dem einmüthigen Beschluß, daß keine Rettung zu hoffen sei, wenn nicht der König Franz die Zügel der Regierung wieder in die Hand nehme. Er ward darum angegangen, aber nur durch das Ansehen der Missionäre ließ er sich bestimmen, auf drei Jahre seiner ihm so werth gewordenen Zurückgezogenheit zu entsagen, und auch dies unter der Bedingung, daß er zwar die Anordnungen treffe, seinem Sohne aber die Ausführung überlassen bleibe. Er begann damit, die schlechten Rathgeber, welche den Prinzen zu vielen falschen Schritten verleitet hatten, vom Hofe zu entfernen. Viel schwieriger war es, die Häupter der Partheien, und mächtig gewordenen Ruhestörer zu bändigen; aber Gott stand ihm darin auch in außerordentlicher Weise bei. Eine große Flotte, die gegen Funai gerüstet war, wurde, als sie dem Ufer nahe war, von einem sich plötzlich erhebenden Orkan zurückgeworfen und fast gänzlich vernichtet. — Ein Rebell umlagerte mit seinen siegreichen Truppen die Stadt, in der sich der König befand, und dieser sah keine Möglichkeit weder sich zu vertheidigen, noch durch die Flucht dem sichern Tod zu entrinnen. Da vereinigte er die Missionäre und so viele Christen er konnte um sich, und lag mit ihnen dem Gebete ob. Sein Glaube siegte. Wie einst die Assyrier, welche Jerusalem belagerten, so überfiel auch diese Empörer ein plötzlicher Schrecken: wie von unsichtbarer Macht gejagt, eilten sie in verworrener Flucht davon, ohne zu wissen warum. Rasch bewaffnete sich die Bevölkerung, und eine große Menge der Rebellen und mit ihr der Anführer Giotetto, der bitterste Feind der Christen, wurden niedergehauen.

Auf nichts war nun der König so bedacht, als die wiederhergestellte Ruhe und Ordnung zur Ausbreitung des Christenthums zu benutzen, und Gott ließ ihn dafür in dem

Pater Valignani eine unerwartete und außerordentliche
Unterstützung finden. Derselbe hatte vom General=Obern
der Gesellschaft Jesu die Sendung, als sein Stellvertreter
die Missionen in Indien und Japan zu besuchen, und war
bald in dieser Eigenschaft eines Visitators bald als Vorsteher
einer Provinz während voller siebenundzwanzig Jahre für
die Missionen thätig, mit solchem Eifer und solcher Umsicht,
daß, den h. Franziskus von Xaver ausgenommen, kein An=
derer Oberer sich größere Verdienste um dieselben erwarb.
Er war im Sommer des Jahres 1579 in Japan gelandet,
als eben die Wirren in Bungo den höchsten Grad erreicht
hatten. Genöthigt deßhalb in dem benachbarten Reiche Arima
zu verweilen, wendete er diesem, das ebenfalls in der größten
Gefahr schwebte, alle seine Sorge zu. Das Christenthum
war in Arima schon sehr verbreitet, und der König selbst
hatte die Taufe empfangen. Als er aber zwei Monate nach=
her starb, und eben jener Riosogi, welcher so viel Unheil über
Bungo gebracht hatte, auch Arima angriff; ermangelten die
Bonzen nicht, den jungen König, der zum Christenthum
geneigt war, in dem Tod seines Vaters und den Gefahren
des Reiches Strafen der verachteten Landesgötter sehen zu
lassen. Ihre Vorstellungen waren nicht ohne Erfolg. Nichts=
destoweniger gelang es dem Pater Valignani, die Befürch=
tungen des Königs zu zerstreuen. Er folgte dem Beispiele
seines Vaters, empfieng die Taufe, und ward in ihr Pro=
tasius genannt. Kaum ein Monat war, seit er getauft
worden, verflossen, als er bereits durch einen ebenso ehren=
vollen als vortheilhaften Friedensvertrag Thron und Reich
gesichert sah. Aufgemuntert vom P. Valignani und von
den Portugiesen mit Waffen, Kriegsgeräth und bedeutenden
Geldsummen unterstützt, hatten nämlich die Christen ein
wohl gerüstetes Heer auf die Beine gebracht, das dem Feinde

obwohl nicht durch seine Zahl, aber desto mehr durch die Tapferkeit und die heilige Begeisterung, womit es unter der Fahne des Kreuzes focht, Schrecken einjagte. Und weil auch wider Riosogi um dieselbe Zeit Empörungen ausbrachen, gieng er bereitwillig auf die Friedensbedingungen ein, die der Pater Valignani vorschlug. Dieser ward, selbst von den Heiden, als Vater des Königs und Wiederhersteller des Reiches gepriesen, der König aber in der Liebe zum Glauben und im Vertrauen auf Gott so gestärkt, daß er sich durch ein Gelübde verpflichtete, nicht zu ruhen, bis in seinen Staaten der Götzendienst gänzlich ausgerottet wäre. Er übergab die größten und schönsten Tempel der Heiden den Missionären, damit sie zum Dienste des wahren Gottes eingeweihet würden, und ließ die übrigen zerstören. Viele Glaubensboten wurden aus den benachbarten Ländern herbei gerufen, und die Bekehrungen waren in allen Ständen, auch unter den Adeligen und Bonzen so zahlreich, daß nach nicht vielen Jahren der König sich am Ziele seiner Wünsche sah: jede Spur von Abgötterei war in seinem Reiche vertilgt.

Einige Monate nach der Herstellung des Friedens in Arima schiffte sich der Pater Valignani nach Bungo, wohin sein Ruf ihm vorangegangen war, ein, und ward vom König Franz nicht anders wie ein Gesandter Gottes mit unbeschreiblicher Freude empfangen. Aber auch für ihn war es kein geringer Trost, in diesem König einen Neubekehrten, der in kurzer Frist so große Fortschritte auf der Bahn des Heils gemacht hatte, und einen erfahrnen und einsichtsvollen Herrscher zu finden. Sie berathschlagten sich über die Veranstaltungen, die zu treffen seien, um den Glauben auch in Bungo mehr zu befestigen und zu verbreiten. Ihre erste Sorge war, eine größere Anzahl von Missionären herbei zu rufen. Alsdann wurden zwei Er=

ziehungshäuser für die Jugend des Adels errichtet; in jedem derselben erhielten schon damals vierzig, später gegen hundert Jünglinge eine ihrem Stande entsprechende Erziehung. In Usuchi ward ein Noviziat, in Funai ein Collegium für die Gesellschaft Jesu gegründet; an mehreren Orten wurden Kranken= und Armenhäuser erbaut, überall in den christlichen Gemeinden fromme Vereine und Bruderschaften eingeführt, und für die Verbreitung geeigneter Bücher in japanesischer Sprache durch die damals außer Europa noch unbekannte Presse gesorgt. — Obschon durch die Unfälle des vorhergehenden Jahres und die fortdauernden Kriege der Staatsschatz erschöpft war; fand der König dennoch Mittel nicht nur zur Gründung jener Anstalten, sondern auch zur Erbauung von Kirchen. Um die Ausgaben für jene, die er in Usuchi von den berühmtesten Künstlern Japans aufführen ließ, zu bestreiten, verkaufte er die seltensten Kostbarkeiten seines Palastes. —

Mit demselben Eifer, womit er für die Anbetung des wahren Gottes thätig war, zerstörte er überall die Bilder und Tempel der falschen Götter und die Wohnungen ihrer Priester. In einer Gegend, die er im Kriege dem Tyrannen Riosogi genommen, lag ein weit und breit berühmter Berg. Auf dem Gipfel desselben prunkte ein Tempel mit einem Götzen von Riesengröße; ringsum war bis zur Ebene eine Menge von kleinen und großen Wohnungen der Bonzen erbaut. Franz ließ alle diese Gebäude sammt dem Tempel und dem Götzenbild an einem Tage verbrennen.

VII.

Letzte Lebensjahre des Königs Franz.

Nachdem der König Franz die Regierung seinem Sohne wieder ganz übergeben hatte, zog er sich auf einen einsamen Landsitz zurück. Sein Sohn hatte ihm einen nicht weit von Usuchi gelegenen Flecken, Sucumi genannt, geschenkt. Sobald er von demselben Besitz genommen, ließ er alle Bilder und Tempel der Götzen, nebst den Wohnungen der Bonzen verbrennen, und berief einige Missionäre, um die Einwohner, etwa zwei tausend an der Zahl, zu unterrichten und zu taufen. Er erbaute eine kleine Kirche nebst einer Wohnung für die Missionäre, und lebte nun fern vom Geräusche und Prunke der großen Welt in ununterbrochenen Uebungen der christlichen Frömmigkeit und Tugend. Obwohl von Sorgen, Leiden und Krankheiten sehr geschwächt, behandelte er dennoch seinen Leib mit der größten Strenge, fastete oft, geißelte sich bis auf's Blut, und unternahm, von einem der Missionäre begleitet, viele Wallfahrten nach den zur öffentlichen Verehrung aufgerichteten Kreuzbildern. Täglich betete er mit der Königin und seinem ganzen Hause einen der drei Theile des Rosenkranzes, die andern beiden für sich allein. Mit ganz besonderem Eifer jedoch ergab er sich dem betrachtenden Gebet. Er hatte für dasselbe eine bestimmte Zeit festgesetzt, und um sie gut zu verwenden, suchte er bei den Missionären immer neue Unterweisung. Er hatte nämlich eine solche schon früher und besonders in den geistlichen Uebungen des h. Ignatius empfangen. Denn diesen lag er öfters, und zwar von allen Zerstreuungen nicht bloß des Hofes sondern auch des Familienlebens fern, in dem Noviziat zu Usuchi ob.

Diese ernste und ununterbrochene Pflege des innern Lebens war jedoch stets von den Werken der christlichen Barmherzigkeit, die zu ihren schönsten Früchten gehören, begleitet. Hatte er schon als Heide, der Ermahnung des h. Franziskus folgend, gegen die Armen sich mildthätig und gütig erwiesen; so war er jetzt, da er in ihnen seinen Heiland Jesus Christus betrachtete, von der zartesten Liebe und Theilnahme für sie durchdrungen, und auf ihre Unterstützung und Pflege um so mehr bedacht, als ihr Elend durch die allgemeine Verheerung des Staates gesteigert war.

So wie er sich aber früher weder durch das vielbewegte Hofleben noch durch die Regierungsgeschäfte vom Gebete und den übrigen Werken der Gottseligkeit abhalten ließ: also hörte er auch jetzt in seiner Einsamkeit nicht auf, für das Wachsthum und Gedeihen des Reiches Christi auf Erden thätig zu sein. Vielmehr blieb dies stets die große Angelegenheit seines Herzens. Er selbst gestand, daß die Sorge und der Eifer für sie ihn des Nachts nach kurzem Schlaf weckten, und ganze Stunden gefesselt hielten. Er durchgieng dann im Geiste alle Reiche Japans, um zu sehen, wo und auf welche Weise neue Bekehrungen erwirkt, oder schon gegründete Gemeinden erweitert, und in der Frömmigkeit gefördert werden könnten. Die Missionäre, welche ausgesendet wurden, begleitete er nicht bloß mit seinen Segenswünschen, sondern unterrichtete sie auch sorgfältig über alles, was sie an jedem Orte zu beobachten hatten. Er schrieb an die Könige, Fürsten und alle einflußreichen Männer, und verwendete sein ganzes Ansehen, um den Missionären Schutz und gute Aufnahme zu verschaffen. Ueberdies versäumte er keine Gelegenheit, auch durch seinen persönlichen Einfluß, durch Belehrung und Ermahnung Seelen für Christus zu gewinnen. So gab es denn kaum irgend eine Unternehmung von Bedeutung, an der er nicht thätigen Antheil genommen. „Wenn ich, sagt Bartoli, die Gegenden aufzählen, die Könige, Prinzen und Großen einzeln nennen wollte, welche durch die Betriebsamkeit seines Eifers für die Kirche gewonnen wurden; so müßte ich fast alles wiederholen, was ich bis hieher (über die Missionen in Japan) geschrieben habe. Die Väter, welche von dorther Berichte einsenden, bezeugen alle einstimmig, daß die japanesische Christenheit niemand so viel als dem König Franz verdanke."

So wie es deßhalb für ihn nichts so Erfreuliches gab, als die glücklichen Erfolge zu vernehmen, mit welchen das Wort des Heiles verkündigt, und das Christenthum von Stadt zu Stadt, von Reich zu Reich verbreitet wurde; also erfüllte ihn auch nichts mit so bittrem Schmerze, als die Verluste, welche die Sache Christi, sei es durch die Bosheit der Heiden, sei es durch die Schwäche oder den Wankelmuth abtrünniger Christen erlitt. Er würde es leichter ertragen haben, daß sein erstgeborner Sohn, nachdem er sich wieder selbst überlassen war, von neuem durch schlechte Rathgeber und namentlich durch Cicacata sich leiten ließ, wenn daraus nur Nachtheile und Gefahren für die zeitliche Herrschaft erwachsen wären. Was er beweinte, war die Verblendung des jungen Fürsten, waren die traurigen Folgen für die Christenheit. Dennoch trank er auch diesen herben Kelch mit demuthsvoller Ergebung in die Fügungen Gottes Ueberhaupt erglänzte in ihm keine Tugend so sehr als die christliche Geduld. Wir haben gesehen, mit welchem Starkmuth er gleich nach seiner Bekehrung den Verlust aller Macht und alles Glanzes und selbst den Spott und Hohn nicht nur der Großen sondern auch des Pöbels ertrug ja wie er, kaum durch die Taufe ein Glied Christi geworden, sich glücklich schätzte, dem Haupte durch Leiden gleichförmig zu werden. Es hörten aber diese Leiden in den folgenden Jahren niemals auf. Obwohl es ihm gelang, wenigstens das eine Reich Bungo zu behaupten, und in ihm die christliche Religion zu verbreiten; so geschah dies doch nur unter fortwährenden Kämpfen und schmerzensreichen Beunruhigungen. Jetzt aber, da er sich wieder von der Regierung zurückgezogen hatte, mußte er die Gefahren des Reiches wachsen, und seinen eignen Sohn sich den Fortschritten des Christenthums widersetzen sehen. Die größte Prüfung aber stand ihm für das letzte Jahr seines Lebens bevor.

Der junge König ward endlich zu einem Verfolger der Christen, und um diese selbe Zeit, im Jahre 1586, fiel, auch dies Mal durch die Unvorsichtigkeit Cicacata's, das Reich Bungo in die Hände seines größten Feindes. Jener wilde Verfolger der christlichen Fürsten, Riosogi, hatte sich mit dem König von Satzuma verfeindet, und dadurch diesen verhindert, seine Eroberungspläne wider Bungo zu verfolgen. Aber er brach auch das mit dem König von Arima geschlossene Friedensbündniß, ward von diesem auf's Haupt geschlagen, und ließ sein Leben auf dem Schlachtfeld. Alsbald erhob sich nun der König von Satzuma, und erneuerte den Krieg mit Bungo. Cicacata, vom jungen König begleitet, zog mit den Truppen in eine Gegend, für die wenig oder gar nichts zu fürchten war, und ließ die feindliche Heeresmacht von anderer Seite ungehindert in Bungo einrücken. Verwüstung durch Feuer und Schwert folgte ihrem Zuge; in wenigen Wochen war das ganze Reich eingenommen, und die Hauptstadt Funai eingeäschert. Die Christen, welche der Wuth des Verfolgers entkamen, flüchteten mit den Missionären in die Wälder und Gebirge, und das Heer

Satzuma's erschien vor Usuchi. Auch diese Stadt ward sofort ein Raub der Flammen, nur die auf dem Berge liegende Festung war noch nicht in der Gewalt des Feindes. In sie hatte sich der König Franz mit seinen zwei Töchtern vielen Adeligen und einigen Missionären geflüchtet. Wider den Andrang des Feindes ließ sich die Festung vertheidigen; aber bei fortgesetzter Belagerung würde der Hunger genöthigt haben, sie zu übergeben. Auch in dieser äußersten Noth und allgemeinen Bestürzung verlor der König Franz die Ruhe und Gegenwart des Geistes keinen Augenblick: ja er zeigte sich den Seinen stets mit heiterem Antlitz, nicht anders als wenn nur sein Leben in keiner Gefahr schwebte, und es sich nicht um sein Reich und seine Familie handelte.

Diese Standhaftigkeit im höchsten Unglück und diese vollkommene Losschälung von allem Irdischen verdienten den Trost, den Gott ihm bereitet hatte. Die ältere seiner beiden Töchter war noch Heidin; aber eben in diesen Tagen des Elendes und der Gefahr ward sie erleuchtet, und verlangte die Taufe. Ihrem Beispiele folgten zwei Verwandte des Königs, ein junger Fürst, und sein schon bejahrter Großvater, der bis dahin zu den bittersten Feinden des Christenthums gezählt wurde. Aber sein ganzes Haus sollte er zum Christenthum bekehrt, und überdies aus der Macht seiner Feinde gerettet sehen.

Während die Truppen von Satzuma gegen Funai zogen und nach Zerstörung desselben Usuchi belagerten, hatte sich der junge König von Bungo an den Kaiser Cambacudona gewendet, seinen Schutz anrufend. Dieser mächtige Herrscher, welcher mit dem Plane umgieng, sich ganz Japan zu unterwerfen, war sehr zufrieden, daß ihm Gelegenheit geboten wurde, an diesen Kriegen sich zu betheiligen. Er ließ ein Heer von 70,000 Mann, das noch von einer großen

Flotte unterstützt war, gegen die Gränzen von Bungo rücken. Aber der Anführer desselben war ein eifriger Christ, und erklärte dem jungen König, daß er keinen Schwertstreich zu Gunsten eines Feindes und Verfolgers der Christen thun werde. Sei es, daß der König unter der Zuchtruthe Gottes bereits in sich gegangen war, sei es daß er, um Hülfe und Rettung zu finden, heuchelte; er begehrte einen Missionär, der ihn zur Taufe vorbereite. Mit Freuden ward er ihm geschickt, und er empfieng das Sakrament, und in ihm den Namen, dem leider sein Leben nicht entsprach, Constantin. — Alsbald rückten die kaiserlichen Truppen in Bungo ein, und das Heer des Königs von Satzuma hob nicht bloß die Belagerung von Usuchi auf, sondern zog sich eilends und nicht ohne große Verluste aus dem ganzen Reiche zurück.

Der Kaiser vertheilte nun die Staaten, welche der König von Satzuma erobert hatte, unter die Fürsten, die er begünstigte. Dem König Constantin ward sein Erbland Bungo zurückgestellt, und auch dem König Franz, den der Kaiser hochschätzte, ein benachbartes Reich angetragen. Allein dieser, der nur noch für das Reich Jesu Christi lebte, verzichtete auf jede Herrschaft und Würde dieser Welt.

Es war aber auch der Zeitpunkt bereits nahe, in welchem er dem irdischen Leben entrückt werden sollte. Zu den vielen Drangsalen, welche über das Reich Bungo gekommen waren, gesellte sich zuletzt auch noch ein pestartiges Fieber, das in kurzer Zeit viele Tausende hinraffte. Auch der König Franz ward von demselben ergriffen; weil jedoch die Macht des Uebels schon gebrochen schien, ließ er sich von Usuchi, wo er sich noch aufhielt, nach Sucumi tragen. Wider Erwarten brach erst dort die Krankheit mit aller Heftigkeit aus, und machte dem Leben des vielgeprüften Königs binnen drei Tagen ein Ende. Der Kranke sah diesem gefaßt entgegen. Er duldete nicht, daß man ihm von anderm als von Gott und den ewigen Dingen redete. Mit heiterem Antlitze lag er da, von Zeit zu Zeit die zitternden Hände erhebend, um seinem Schöpfer und Erlöser zu danken, daß er ihn und alle seine Kinder zur Erkenntniß des Heiles geführt, und ihm gewährt habe, um was er so inbrünstig gefleht, das Reich Bungo einem christlichen Fürsten zu hinterlassen. Also getröstet starb der König Franz am 14 Juni des Jahres 1587. Es waren seit seiner Bekehrung noch nicht volle neun Jahre verflossen, aber diese so reich an Uebung heldenmüthiger Tugend, daß man auch von ihm sagen durfte: In Bälde vollendet hat er viele Zeit gelebt. (Weish. 4, 13.)

Einige Züge aus dem Leben japanesischer Frauen.

I.
Maria und Catharina.

Maria und Catharina, deren in den Berichten der Missionäre mit vielem Lobe gedacht wird, gehörten der Christenheit von Amangucci an, und waren beide vom h. Franziskus unterrichtet und getauft worden.

Maria betrachtete mit frommer Bewunderung die Armuth, in welcher der Heilige lebte, und der Geist Gottes trieb sie an, dieselbe nachzuahmen. Sie verkaufte ihr väterliches Erbe, vertheilte den Erlös unter die Armen, und fristete ihre Tage mit Wasser und Brod, das sie von Thür zu Thür sich erbettelte. Von Morgen bis Abend lag sie fast ununterbrochen dem Gebete ob, und ward in demselben wundersam getröstet, obwohl es nur in Hersagung des Vaterunser und englischen Grußes bestand. — Als sie nach mehreren Jahren die Ankunft des P. Cabral und des Bruders Johann in Amangucci vernahm, begab sie sich dorthin, um den Predigten beizuwohnen. In ihre Vaterstadt zurückgekehrt suchte sie nicht bloß die Erkenntniß Gottes unter dem Volke zu verbreiten, sondern ließ sich sogar in Unterredungen mit den Bonzen ein, und vier derselben, von ihr überführt und unterrichtet, folgten ihr nach Amangucci, um die Taufe zu empfangen.

Catharina war in dem nur eine Stunde von Amangucci entfernten Dorfe Miano wohnhaft, und hatte zur Zeit als der P. Cabral über sie berichtete, bereits mehr als achtzig Jahre. Der Eifer des Glaubens und die Verehrung des gekreuzigten Heilandes waren in ihr so groß, daß sie auch als die Stadt zerstört, und das Kreuz von den Bonzen verbrannt war, dennoch alle Sonn- und Feiertage zu der Stätte, wo es aufgepflanzt gewesen war, pilgerte, und daselbst unter vielen Thränen betend verweilte. — Lange vor Anbruch des Tages erhob sie sich, um der Unterhaltung mit Gott und den Heiligen ganze Stunden zu widmen, und wenn sie nach Beendigung ihrer Andacht zuweilen vom Schlafe überwältigt wurde, rechnete sie es sich zur Schuld an. Denn es schien ihr, daß die bloße Erinnerung, mit Gott geredet zu haben, die Seele ganz erfüllen, und allen Schlaf verscheuchen müßte. — Seitdem aber die Stadt wieder erbaut, und die Mission in ihr wieder hergestellt war, ermangelte sie nicht, auch in der strengsten Winterzeit, bevor es Tag wurde, sich dorthin zu begeben, um dem h. Meßopfer beizuwohnen; und der P. Cabral gesteht, daß er sich sehr beschämt fühlte, wenn er in aller Frühe an der Thüre der Kapelle die betagte Catharina fand, die zitternd vor Frost unter freiem Himmel wartete, bis die Kapelle eröffnet wurde. Und weil sie der Weg von Miano nach Amangucci durch Wälder führte, in denen viele Wölfe hauseten, redete man ihr mit Besorgniß von der Gefahr, der sie sich auf einem solchen Wege allein und zur Nachtzeit aussetzte. Aber sie entgegnete lächelnd: „Wer zur h. Messe geht, dem können die Teufel der Hölle kein Leid anthun, um wie viel weniger die wilden Thiere?" — Ihr Lebenswandel machte sie nicht nur den Christen, sondern auch den Ungläubigen ehrwürdig: darum hörte man ihr gern zu, wenn sie von den Geheimnissen des Glaubens redete, und es gelang ihr, nach und nach gegen hundertundfünfzig ihrer Landsleute zur Erkenntniß der Wahrheit zu führen.

II.

Grazia, Königin von Tango.

Es war bis zum Jahre 1583, in welches die Bekehrung dieser Königin fällt, dem Tyrannen Taifusama bereits gelungen, den größeren Theil Japans sich zu unterwerfen. Er vertheilte die Reiche, die er eroberte, unter die Fürsten, wie es ihm gut dünkte; ließ diesen zwar den Königstittel, behandelte sie aber als seine Vasallen. Um sie stets unter seinen Augen zu haben, wollte er, daß sie in der Stadt Ozaca, die er sich zur Residenz gewählt hatte, ihren Wohnsitz nähmen. Dort also lebte auch mit ihrem Gemahle die junge Königin von Tango. Sie gehörte zu eben jener Sekte der Gensci, von der wir im Leben des Königs von Bungo geredet haben; und weil sie sehr ausgezeichnete Gaben des Geistes besaß, so hatten die Bonzen sie in alle ihre Geheimnisse eingeweiht. Doch scheint es, daß ihr Herz noch nicht verderbt war: denn die christliche Wahrheit erkennen, und sie mit ganzer Seele umfassen, war für sie eines und dasselbe. Ihr königlicher Gemahl selbst war, ohne es zu wissen und zu wollen, das Werkzeug, dessen sich hiezu die erbarmungsvolle Liebe Gottes bediente. Befreundet mit Justus Ucondono, einem eifrigen Christen von hohem Range, ließ er sich von diesem die Lehren des Christenthums gern erklären; aber war nie dahin zu bringen, daß er sich, um vollständiger belehrt zu werden, an die Missionäre wende. Indessen was er in den Unterredungen mit Justus aufgefaßt hatte, das theilte er der Königin mit, und diese machte es zum Gegenstande ernsten Nachdenkens. Alsbald erhob sich in ihrer Seele ein beunruhigender Kampf; und sie verlangte sehnlichst mit den Missionären sich zu unterhalten, um Auflösung der Zweifel, die sie beängstigten, und fernere Unterweisung zu finden. Aber wie dahin gelangen? Der König gestattete aus lächerlicher Eifersucht weder, daß irgend ein Mann sich ihr nähere, noch auch nur, daß sie außer dem Palaste sich sehen ließe. Dennoch fand sie eine Gelegenheit, seine Wachsamkeit zu täuschen.

Es ist Sitte in Japan, daß an einem Tage des Jahres die Frauen, in ihre Mäntel verhüllt, alle Tempel der Götter besuchen. Der Königin war dies zwar von ihrem Gemahle nicht gestattet; aber sie legte den Mantel einer ihrer Hofdamen an, und mischte sich unter diese. Sechs derselben hatte sie ihr Vorhaben anvertraut, und von ihnen begleitet, begab sie sich in die Kirche der Christen. Sie ließ den Missionären sagen, daß sieben Damen von Stand gekommen seien, um einigen Unterricht über die christliche Religion zu empfangen. Man sendete den Bruder Vincenz, einen Japanesen, und dieser begann, wie gewöhnlich, von der Grundlehre aller wahren Religion, daß nur ein Gott ist, der alle Dinge erschaffen hat. Nicht wenig erstaunte der Bruder, als die Königin, (die sich jedoch als solche nicht zu erkennen gab,) ihre Zweifel und Einwendungen vorbrachte. Denn so viel Wissen und Scharfsinn hatte er selbst in den Bonzen, mit denen er oft gestritten, nicht gefunden. Bis zum Abende dauerte die Unterhaltung. Am andern Morgen kehrte eine der Hofdamen zurück, eröffnete dem Bruder, mit wem er geredet hatte, und übergab ihm ein Papier, auf welchem die Königin fernere Fragen und Zweifel aufgezeichnet hatte. Sie erhielt hierauf schriftliche Antwort, und diese Weise des Unterrichts wurde fortgesetzt, bis die Königin und mit ihr die vertrauteren ihrer Damen über alle Glaubenspunkte vollkommen beruhigt waren. Nun ward in ihr Tag für Tag das Verlangen, die Taufe zu empfangen, glühender; besonders da sie so viele, denen diese Gnade zu Theil geworden war, beständig vor Augen hatte. Denn siebenzehn Damen aus ihrer Umgebung waren nach und nach von den Missionären unterrichtet und getauft worden. Nachdem sie vergebens Mittel und Wege gesucht hatte, zu diesem Ende sich im Geheimen zur Kirche der Christen zu begeben, faßte sie einen höchst seltsamen Entschluß. Ihre Damen sollten sie um Mitternacht in einem großen Korbe aus dem Fenster des Palastes an Stricken herablassen, ein vertrauter Christ sie in diesem Korbe zur Kirche, und nachdem sie getauft worden, zum Palast zurück tragen. Nachdem alles vorbereitet war, ließ sie die Missionäre in Kenntniß setzen, erhielt aber von diesen zu ihrem größten Kummer die Antwort, daß es ihr nicht gestattet sei, sich selbst und mit ihr die ganze christliche Gemeinde ohne Noth in die äußerste Gefahr zu bringen. Gott sehe mit Wohlgefallen ihr frommes Verlangen, und werde zur Zeit, die er bestimmt habe, eine Gelegenheit herbeiführen, dasselbe ohne Verletzung des Anstandes, und der Regel einer weisen Vorsicht zu befriedigen.

Die eifrige Catechumenin mußte sich ergeben; wie ernstlich aber ihr Wille, wie aufrichtig ihre Bekehrung war, bewies die Lebensweise, die sie von nun standhaft beobachtete. Dem Gebete und der frommen Lesung widmete sie theils allein theils in Gegenwart ihrer Damen täglich eine bestimmte Zeit, spendete reichliches Almosen, und war nicht ohne glücklichen Erfolg bemüht, alle, die mit ihr in Berührung kamen, von der Wahrheit des Christenthums zu überzeugen. Am meisten jedoch gab sich ihre innere Umwandlung in ihrem veränderten Benehmen zu erkennen. Während sie früher oft an Verstimmung des Gemüthes litt, und tagelang sich einer heftigen Traurigkeit hingab, dabei aber nicht nur sich selbst, sondern auch ihrer Umgebung zur Last war, und bei der geringsten Gelegenheit in unmäßigen Zorn entbrannte; war sie jetzt gleichmüthig, heiter, sanft und leutselig gegen jedermann.

Indessen nahm die große und, obwohl nicht ohne Unterbrechungen, lange dauernde Verfolgung unter dem erwähnten Kaiser Taifusama ihren Anfang. Derselbe hatte sich bis dahin den Christen vielmehr günstig gezeigt; aber von einem Bonzen, der ihm zur Befriedigung seiner thierischen Leidenschaft als Kuppler viele Dienste leistete, mit großer Schlauheit aufgereizt, erließ er ein Verbannungsurtheil wider die Missionäre. Diese also mußten Ozaca, die Residenz, verlassen, um sich in andere Gegenden oder auch in Wälder und Einöden zurückzuziehen. Die Königin vernahm es mit dem größten Schmerz und Schrecken, und sandte zu den Vätern, sie beschwörend, jetzt wenigstens ihr zu gestatten, daß sie, um die Taufe zu erhalten, in der von ihr früher vorgeschlagenen Weise zur Kirche komme. Allein die Missionäre entsprachen ihrem Wunsche in anderer Weise. Sie unterrichteten die vornehmste ihrer Damen, Maria, in den heiligen Gebräuchen, mit welchen das Sakrament der Taufe gespendet wird, und beauftragten sie, dasselbe der Königin zu ertheilen. Sie that es in Gegenwart aller übrigen Hofdamen, welche, wie sie, bereits Christinnen waren. Die Königin welche in der Taufe den Namen Grazia d. i. Gnade empfing, vergoß mit ihren Gefährtinnen reichliche Freudenthränen, und alle wurden von solchem Eifer erfüllt, daß sie Gott sich als Opfer weiheten, und eidlich verpflichteten, Blut und Leben für den Glauben bereitwillig hinzugeben, und wofern die Verfolgung nachließ, nicht zu ruhen, bis sie das ganze Reich Tango zur Taufe geführt hätten.

Maria kehrte, um über alles Bericht zu erstatten, in die Kirche zurück. Ihre Seele war voll himmlischen Trostes, nicht nur weil ihrer geliebten Königin die hohe Gnade der Taufe zu Theil geworden, sondern auch weil Gott sie zum Werkzeuge gewählt, ihr dieselbe zu spenden. Es schien ihr, daß sie von nun an, wie zu einer überirdischen Würde erhoben, Gott allein angehören müsse. Daher knieete sie vor den zahlreich versammelten Christen nieder, weihete in feierlichem Gelübde dem Heilande ihre jungfräuliche Reinheit, und schnitt sich zum Zeichen ihres neuen Standes das Haupthaar ab. Maria stand in der ersten Blüthe ihres Alters, und war von königlichem Geschlecht; umsomehr also wurden alle Umstehenden durch das unerwartete Schauspiel gerührt. —

Die Königin sowohl als ihre Damen hatten bald reichliche Gelegenheit, die Treue und Standhaftigkeit, welche sie Gott gelobt hatten, zu bewähren. Von einer Reise nach Ozaca zurückkehrend erfuhr der König, was in seiner Abwesenheit vorgegangen, und entbrannte in heftigen Zorn, der während einer langen Reihe von Jahren nicht nachließ. Die meisten der Damen, welche die Königin umgaben, entfernte, die übrigen mißhandelte er, und zwar nicht mit bloßen Worten. Und weil Grazia durch keine Vorwürfe und Drohungen zu bewegen war, zum verlassenen Götzendienste zurückzukehren, quälte er auch sie durch Kränkungen jeder Art, durch Beschimpfungen und selbst durch körperliche Mißhandlung. Die Königin duldete alles mit der größten Gelassenheit, und weit entfernt, vom Glauben zu lassen, fand sie darin allein ihren Trost, andere zu demselben zu führen. Zu diesen gehörten mehrere Edelleute des Hofes, mit denen sie Mittel fand, im Geheimen zu verkehren: und die durch das Beispiel ihrer Tugenden noch mehr als durch ihre Worte

gewonnen wurden. Auch ihre Kinder, zwei Knaben und
zwei Mädchen, unterrichtete und taufte sie, wohl wissend,
daß sie dadurch den König mehr und mehr wider sich auf=
reizen würde. In der That kannte endlich der Ingrimm
desselben keine Gränzen mehr. Durch die rohesten Unbilden
und Quälereien nicht befriedigt, stürzte er öfters mit gezück=
tem Dolche auf die fromme Dulderin, so daß diese ihre
Tage nicht bloß in ununterbrochenen Leiden, sondern auch in
steter Erwartung eines gewaltsamen Todes verlebte. Drei=
zehn volle Jahre dauerte dieses langsame Marterthum, und
ohne Zweifel wäre die zarte Frau demselben früher erlegen,
wenn sie der Balsam des göttlichen Trostes nicht gestärkt
hätte. Grazia starb im Monat August des Jahres 1600,
in einem Alter von sieben und dreißig Jahren.

Jetzt endlich kam der König, wie aus einem Zustand
der Raserei erwachend, zu sich selbst, und fieng an den
Verlust, den er erlitten, schmerzlich zu empfinden. Die Mis=
sionäre, welche indeß nach Ozaca zurückgekommen waren,
ordneten eine Todesfeier an, wie sie der Stand und die
seltne Tugend der Königin erheischte, und der König, weit
entfernt, darob zu erzürnen, fand sich vielmehr geehrt, und
traf die Anordnung, daß dieselbe Feier jedes Jahr von
neuem begangen werde. Er sandte zu dem Ende im fol=
genden Jahre dem P. Organtino, welcher der Mission vor=
stand, eine bedeutende Summe Geldes, und wohnte mit
mehr als tausend Edelleuten dem Gottesdienste bei. Nach
Beendigung desselben hielt einer der Missionäre eine lange
Rede, in welcher er die Gründe für die Unsterblichkeit der
Seele entwickelte; dann aber von den Tugenden der
Königin Grazia, und dem ewigen Lohne, dessen sie im Him=
mel genieße, in so geeigneter Weise sprach, daß der König
in Thränen zerfloß, und sämmtliche Zuhörer mit ihm tief

ergriffen wurden. Als sie glaubten, daß alles beendigt sei, öffnete sich das Thor der Kirche, und eine große Anzahl von Armen trat, wohl geordnet in doppelter Reihe, ein, Gebete für die ewige Ruhe der Königin sprechend. Ein Diener des Altars gieng ihnen entgegen, auf einem Teller das Geld tragend, welches der König geschickt hatte, und er vertheilte unter die Armen die ganze Summe. Da wandte sich der König zu seinen Begleitern, und die christliche Uneigennützigkeit mit dem Geize der Bonzen, die statt den Armen je ein Almosen zu spenden, sich jedes Opfer und Gebet mit schwerem Gelde bezahlen ließen, vergleichend, erklärte er, daß er mit Freuden sie alle die christliche Religion annehmen sehen würde; daß von dieser Stunde an seine Staaten den Missionären offen stünden, und sie mit voller Freiheit alle seine Unterthanen zum Glauben an Christus führen möchten. Und er hielt sein Versprechen. Der Kaiser hatte ihm um jene Zeit bereits statt des sehr kleinen Reiches Tango das viel größere Bugen und einen Theil von Bungo übergeben. In diesem wie in jenem breitete sich nicht ohne seine kräftige Mitwirkung die christliche Religion mit allen ihren Segnungen aus.

III.

Tekla, Tochter, und Massenzia Enkelin des Königs Franz von Bungo.

Tekla war die erstgeborne Tochter des Königs Franz, und mit dem ebenfalls zum Christenthum bekehrten Fürsten Justus vermählt. Gott wollte in ihr der Christenheit von Japan ein Muster heldenmüthiger Geduld, Sanftmuth und Liebe geben. Ihr Gemahl ward bald nach ihrer Verbindung im ganzen Leibe mit Aussatz bedeckt. Es herrscht, wie wir oben schon bemerkten, in Japan die grausame Sitte, solche Kranke ihrem Schicksale zu überlassen, seien sie auch die nächsten Anverwandten. Tekla weit entfernt dieser Sitte, obschon sie dazu von ihren Freunden und Verwandten aufgefordert wurde, zu folgen, wich nicht von der Seite ihres Gatten, und pflegte ihn mit eigner Hand.

Nach nicht langer Zeit ward ihr Bruder, der König Constantin, seines Reiches beraubt, und wie er, mußte auch Justus in die Verbannung gehen. Tekla verließ ihn nicht, und irrte mit ihm umher, alles Ungemach der beschwerlichen Reisen, der Verlassenheit, ja der bittersten Armuth ertragend. Es gelang den Verbannten endlich, sich in die ganz christliche Stadt Nangasachi zu flüchten, in welcher die Portugiesen mit Bewilligung des Kaisers sich niedergelassen hatten, und auch die Königin Julia mit andern Verwandten des Königs Franz bereits, ohne allen fürstlichen Aufwand, in stiller Zurückgezogenheit lebten.

Fand nun Tekla hier nicht zwar den Ueberfluß, in welchem sie aufgewachsen war, aber doch Unterstützung, welche die Noth abwehrte; so hörte sie deßhalb nicht auf, noch lange Zeit hindurch die bittersten Leiden zu erdulden. Justus war zwar ein aufrichtiger Christ; aber zu schwach, um das Kreuz, das Gott ihm auferlegt hatte, mit Ergebung zu tragen. Wie von Anfang an und während jenes unstäten Lebens in der Fremde, also zeigte er sich auch in Nangasachi ungeduldig, mürrisch und nichts weniger als dankbar für die liebevolle Pflege seiner tugendhaften Gattin. Er fuhr sie mit barschen Worten an, nicht anders als trüge sie die Schuld seines Leidens und Elendes, sie, die mit wahrhaft heldenmüthiger Liebe alles aufbot, dasselbe zu lindern. Tekla ließ deßhalb von dieser Liebe nicht nach, und setzte den Unbilden, die ihr zugefügt wurden, nur Still=

schweigen oder sanfte Ermahnungen zur Geduld entgegen. Gott aber hörte auf ihr Flehen und sah mit Wohlgefallen auf die Opfer, womit sie es begleitete, hernieder.

Justus wurde mit noch andern Krankheiten heimgesucht, und Tekla verdoppelte die Sorgfalt, mit der sie ihn pflegte. Da endlich begann der Kranke ihre ausdauernde Treue und Liebe zu würdigen, und mit Rührung zu betrachten; bald war auch sein Gemüth den Worten, womit sie ihn tröstete und zur Geduld ermahnte, geöffnet. Der bis dahin das geringere Leiden nicht zu ertragen gewußt hatte, ergab sich jetzt in das größere, und ergab sich bald mit so vollkommner Geduld, daß er Gott für dasselbe dankte. Er empfieng oftmals die h. Sakramente, und spendete einen großen Theil des Tages dem Gebete oder erbaulichen Gesprächen mit seiner frommen Gattin. Und so große Fortschritte machte er jetzt in der Schule des Leidens, daß Gott vor seinem Ende ihn und mit ihm die tugendhafte Tekla in außerordentlicher Weise trösten wollte. Die Mutter des Herrn erschien ihm von Engeln umgeben, und versicherte ihn seines ewigen Heiles. Bald nachher verschied er, sanft entschlummernd.

War Tekla das Bild einer wahrhaft christlichen Gattin, so erglänzte in ihrer Nichte Massenzia der ganze Schmuck christlicher Jungfräulichkeit. In frühester Kindheit getauft, bewahrte sie ihre Unschuld unbefleckt bis zum Tode. Als sie das zwölfte Jahr erreicht hatte, in welchem Alter man die Mädchen in Japan zu verheirathen pflegt; bat sie die Missionäre und ihre Großmutter, die Königin Julia oft und inständig, daß man ihr gestatte, das Gelübde beständiger Jungfräulichkeit abzulegen. Nach längerer Zögerung gewährte man ihr die Bitte, und von nun an betrachtete sich Massenzia als eine Person, die Gott allein und ganz angehöre. Außer ihrem Zimmer sah man sie kaum anderwärts als in der Kirche. Denn weltliche Dinge zu sehen und von andern als göttlichen zu reden, war ihr peinlich. Fast alle ihre Zeit war also zwischen Gebet und frommer Lesung getheilt. Außer dem öffentlichen Gottesdienste verrichtete sie regelmäßig theils bei Tage theils in der Nacht drei Betrachtungen, und ihre Seele ward in denselben von den heiligen Wahrheiten in dem Maße durchdrungen, als sie durch jene Zurückgezogenheit von eitlen Zerstreuungen und durch unaufhörliche Abtödtung des Fleisches sich von den Banden des Leibes mehr und mehr befreite. Den stachlichten Bußgürtel legte sie fast niemals ab, und geißelt täglich ihren jungfräulichen Leib. Die ganze Fasten- und Adventszeit nahm sie nur einmal des Tags ein wenig Reis und Wasser zu sich. In derselben Weise fastete sie drei Tage vor und drei Tage nach jedem Feste der Muttergottes; auf die Feier der Himmelfahrt derselben aber bereitete sie sich durch ein dreißigtägiges Fasten vor. Denn dieser Tag wurde von den japanesischen Christen auch deßhalb hoch gefeiert, weil an ihm der h. Franziskus von Xaver in Japan gelandet war. — Massenzia war der Jungfrau der Jungfrauen mit solcher Liebe ergeben, daß sie ihr Bild nicht anschauen konnte, ohne daß ihr Antlitz erglühete, und Thränen ihren Augen entquollen. Ueberhaupt gab sich die tiefe Empfindung, womit alles Heilige sie erfüllte, bei vielen Gelegenheiten zu erkennen. Mochte sie dem h. Meßopfer beiwohnen, oder mit andern beten, ja so oft sie fromme Bücher las oder lesen hörte; sah man sie reichliche Thränen vergießen, und nach Empfang der h. Communion blieb sie ganze Stunden in ihre Andacht so vertieft, daß sie, was um sie her vorgieng, gar nicht wahrzunehmen schien.

Sechs Jahre hatte Massenzia in dieser Weise sich bestrebt, der Welt und sich selbst zu sterben, als der himmlische Bräutigam ihr beständiges Gebet, sie mit sich zu vereinigen, erhörte. Sie hatte sehnlichst gewünscht, ihm auch durch einen qualvollen Tod ähnlich zu werden. Er wurde ihr zwar nicht, wie den Blutzeugen zu Theile; aber eine fast drei Monate dauernde Krankheit gab ihr reichliche Gelegenheit, die Tugend standhafter und freudiger Geduld zu üben. Als ihre Auflösung nahe war, sprach ihr einer der Umstehenden von dem himmlischen Reiche, in das sie bald eingehen werde, und von der Krone der Jungfräulichkeit, die auf sie wartete: da erheiterte sich das Antlitz der Sterbenden und freudige Bewegungen offenbarten das Vorgefühl der Seligkeit, welches sie erfüllte. Bald nachher verließen sie ihre letzten Kräfte; die Augen auf das Bild des gekreuzigten Heilandes gerichtet, hauchte sie betend, in seine Wunden ihre liebende Seele aus. —

IV.

Eine andere Massenzia.

Der Sohn des Königs von Arima war, um vom Kaiser Taifusama das Reich seines Vaters zu erhalten, vom Glauben abgefallen, und seine christliche Gattin verstoßend, mit Fime, einer Nichte des Kaisers, eine ehebrecherische Verbindung eingegangen. Ganz Arima aber war christlich, und der Abtrünnige hatte versprochen, seine Unterthanen zu nöthigen, daß sie seinem Beispiele folgeten. Nachdem er schon vom Hofe des Kaisers aus manche grausame Befehle hatte ergehen lassen, begab er sich endlich selbst, von einem heidnischen Kebsweibe begleitet, nach Arima. Er führte einen berühmten Bonzen mit sich, in seiner Ver=

blendung wähnend, daß die Christen durch das Ansehen
desselben würden bewogen werden, von den Predigern des
Glaubens sich abzuwenden.

Fime that alles mögliche, den Bonzen zu ehren, in der
Erwartung, daß niemand denjenigen, welchem sie Hochach=
tung erwies, geringzuschätzen wagen würde. Als wollte sie
einen Versuch machen, ließ sie eines Tages die zahlreichen
Hofdamen versammeln, und erschien vor ihnen mit dem
Götzenpriester, der mit feierlichem Gewand geschmückt und
von seinen treuesten Schülern umgeben war. Diese trugen
gewisse Korallenkränze, welche dem Abgotte Amida geweihet
waren, und der Bonze begann von denselben den Damen
anzubieten. Mit Zeichen des Abscheus zogen die edlen Chri=
stinnen die Hand zurück. Da schaute der Bonze die Köni=
gin an, als wollte er fragen, ob sie ihn an den Hof geführt
habe, um ihn beschimpfen zu lassen. Die Königin nahm
nun selbst von den Kränzen, und legte sie den Damen mit
Gewalt in die Hände. Aber diese ließen sie alsbald mit
Verachtung auf den Boden fallen. Jetzt erhob der Bonze
seine Stimme, um mit feierlichen Ernste die Unbild zu rügen,
die man ihm und dem Gotte, dem er diene, zufüge. Er
hatte aber noch nicht geendigt, als Massenzia, eine der
Hofdamen, hervortrat, und einen der Kränze des Amida
vom Boden aufhebend, ihn dem Bonzen in's Angesicht warf.
Alle übrigen gaben Zeichen des Beifalls. Die Königin,
außer sich von Zorn, befahl einem Edelmann, der zugegen
war, den Hofdamen die Rosenkränze, die sie am Halse trugen,
abzureißen. Aber dieser erklärte, daß auch er Christ sei,
und wenn er es nicht wäre, eine solche Handlung für sei=
ner unwürdig halten würde. Die Königin entfernte sich mit
dem Bonzen, um auf Rache zu sinnen.

Das ganze Gewicht ihres Zornes fiel zubörderst auf Massenzia. Die zarte Jungfrau ward an Händen und Füßen mit Stricken gebunden, und in einen finstern Kerker geworfen. Die Hüter desselben hatten die strengsten Befehle zu wachen, daß ihr weder Speise noch Trank gebracht würde: denn sie war verurtheilt, das Christenthum abzuschwören oder im Kerker zu verschmachten. Massenzia fest entschlossen, eher den grausamsten Tod zu erdulden, als ihren Gott und Erlöser zu verläugnen, war nur darauf bedacht, durch das Gebet und die unabläßige Betrachtung der Leiden des Herrn ihren Geist zu stärken.

Sieben Tage hatte sie ausgedauert, als man endlich ihr die Banden abnahm, aber weder aus dem Kerker führte, noch irgend eine Nahrung reichen ließ. Noch volle fünf Tage setzte man die Probe fort; dann endlich ward ihr das Thor des Gefängnisses geöffnet. Wie erstaunten aber die Heiden mit den Christen, als Massenzia nicht im geringsten geschwächt, und mit blühender Gesichtsfarbe hervorgieng. Sie erzählte später, daß ihr jede Nacht in einem Zustande, in welchem sie weder zu wachen noch zu schlafen schien, einige ehrwürdige Frauen erschienen, sie durch frommes Zureden stärkten und eine ihr unbekannte Speise reichten.

Aus dem Gefängnisse entlassen ward sie wie ein armes Mädchen gekleidet, und einem Menschen von niederem Stande für immer als Sklavin zugewiesen. Die edle Jungfrau, welche für Gott ihr Leben hinzuopfern bereit gewesen war, brachte nun ihm zu Liebe das Opfer ihrer Freiheit, und war dem ihr aufgedrungenen Herrn als Magd unterwürfig, sich stets an Den erinnernd, welcher, da er Gott gleich war, sich selbst entäußerte und die Gestalt des Knechtes annahm.

V.

Magdalena, Johanna und Agnes.

Magdalena war mit Johann, einem der angese[hen]sten Edelleute des Königreiches Fingo, vermählt. We[il] Gott ihre Ehe nicht mit Kindern segnete, nahmen sie eine ihnen verwandten Knaben, Aloysius genannt, an Kinde[s] Statt an. Im Jahre 1600 wurde Fingo, in welche[m] unter der Herrschaft des frommen Fürsten Augustin da[s] Christenthum sehr verbreitet worden war, vom Kaiser eine[m] heidnischen und grausamen Tyrannen übergeben. Nachde[m] derselbe manche barbarische Künste angewendet hatte, di[e] Christen und insbesondere die Adeligen zum Abfalle z[u] bringen, begann er im Jahre 1603 eine blutige Verfol[-]gung. Alle Edelleute, die in seinem Dienste standen, sollte[n] Christus abschwören, oder mit Frau und Kindern zu[m] Tode geführt werden.

Das gewöhnliche Zeichen des Abfalls war, daß ma[n] sich gewisse Bücher, die den Götzendienern als heilig galte[n] zum Zeichen der Ehrfurcht auf das Haupt legen ließ. Ei[n] Bonze war zu dem Ende in die Stadt gekommen, in welche[r] Johann wohnte. Nachdem der königliche Verwalter si[ch] vergebens bemüht hatte, diesen zu bereden, daß er sich zu[m] Bonzen begebe, um sich die Bücher auf's Haupt legen z[u] lassen; nahm er, sei es um Johann auch wider seine[n] Willen vom Tode zu retten, sei es um die Christen z[u] täuschen, zu einem Betruge seine Zuflucht. Johann wa[r] auf der Straße von mehreren seiner Bekannten dicht um[-]geben, und mit Gewalt in das Haus des Bonzen gefüh[rt] Trotz seines Widerstrebens und der lauten Betheuerun[g] daß er Christ sei, und die Götzen mit ihren Büchern ve[r] wünsche, berührte der Bonze, während jene falschen Freunde ihn umklammerten, seinen Scheitel mit den heiligen Büchern, und alsbald ward öffentlich kund gemacht, der Edelmann Johann sei zur japanesischen Religion zurückgekehrt. Johannes, alle Folgen der wider ihn angewandten List und Gewalt vorhersehend, kehrte tief betrübt in sein Haus zurück. Aber das Gerücht war ihm vorausgeeilt, und Magdalena hatte sich von tiefem Schmerz durchdrungen in ihr Gemach zurückgezogen, fest entschlossen, ihren, wie sie meinte, abtrünnigen Gemahl zu verlassen, und sich nach Nangasachi zu begeben. Nicht bloße Betheuerungen, sondern erst die Erklärung des ganzen Vorganges beruhigte sie.

Während nun in den folgenden Tagen beide Gatten mit Besorgniß nachdachten, wie sie zur Verhütung des allgemeinen Aergernisses die Heiden sowohl als die Christen von Johannes Standhaftigkeit überzeugen könnten, ward ihnen wider Erwarten von dem königlichen Statthalter selbst dazu die günstigste Gelegenheit geboten. Es waren diesem und dem Bonzen selbst Zweifel gekommen, ob sie die Sache als abgethan betrachten dürften. Um sich also vor dem König verantworten zu können, sandten sie einen Edelmann zu Johannes, ihn zu fragen, ob er noch Christ sei. Johannes erwiederte: „Gehet und berichtet dem Statthalter, daß ich jetzt wie vorher Christ und fest entschlossen bin, es bis zum Tode zu bleiben. Und ich würde es nicht aufhören zu sein, auch wenn man mir die Brust öffnete und die Bücher, die man mir auf's Haupt gelegt hat, in sie preßte. Ich diene einem Herrn, dessen Gnade ich nicht mit der Gunst aller Könige der Welt vertausche. Eben dies war ich entschlossen, wenn ihr nicht gekommen wäret, vor dem König selbst zu erklären." Um sich jedoch zu versichern, daß diese seine Antwort unverändert überbracht würde, gab er dem Edelmann einen Brief mit, worin er sie scharf und bestimmt ausdrückte, und sandte Abschriften von diesem Briefe an den Bischof, die Missionäre und viele Christen. Die Freude, welche derselbe überall verursachte, war um so größer, als ihr die Betrübniß über den vermeintlichen Abfall Johann's vorhergegangen war.

Indeß war der König durch den Statthalter von allem in Kenntniß gesetzt worden, und alsbald wurde Johannes in die Residenz unter dem Vorwande beschieden, daß der König seiner in einer wichtigen Angelegenheit bedürfe. Johannes und Magdalena täuschten sich über den wahren Zweck dieser Vorladung nicht, und so lebhaft war in ihnen der Glaube und das Verlangen, Gott ihre Liebe durch Aufopferung ihrer selbst zu beweisen, daß sie vor Freude aufjauchzten, Magdalena besonders deßhalb, weil sie erwarten durfte, mit ihrem Manne zum Tode verurtheilt zu werden.

Johannes säumte nicht; er legte seine kostbarsten Kleider an, und unter denselben eine Art von Talar, auf dem er und Magdalena in aller Eile drei große Kreuze gestickt hatten. Weil nämlich den Henkern das Recht zustand, sich die ganze Kleidung des Hingerichteten anzueignen; so hoffte er, daß sie, durch den Anblick des Kreuzes zurückgeschreckt, diesen Talar nicht berühren, und so seinen Leichnam nicht entblößen würden. Am Hofe angekommen mußte Johannes aus dem Munde des höchsten Staatsbeamten nochmals dieselbe Aufforderung und Drohung vernehmen, die ihm der Statthalter oft wiederholt hatte. Kaum aber hatte er auch seine Antwort mit derselben Festigkeit wiederholt, als jener Große sich zornig entfernte, und in demselben Augenblicke vier schon bereit stehende Schergen mit erhobenen Schwertern herzutraten. Johannes sank auf seine Kniee, und mit ausgestreckten Armen die Namen Jesu* und Maria anrufend, empfieng er standhaft den Todesstreich. Die Henker entkleideten ihn, aber als sie bis zum Talar gekommen, traten sie, das Kreuz erblickend, verwundert zurück. Die Leiche ward den beiden Edelknaben, die Johannes begleitet hatten, auf ihr Bitten überlassen.

Magdalena erhielt mit der Kunde von der Enthauptung ihres Gatten zugleich die Nachricht, daß sie mit ihrem Söhnlein zum Tode am Kreuze verurtheilt sei. Mit heiligem Frohlocken bereitete sie sich und den kleinen Aloysius auf die große Stunde vor. Freilich begann sie hiemit nicht erst an jenem Tage. Nicht anders als hätte sie das Ende, zu dem der holde Knabe bestimmt war, vorhergesehen, hatte sie ihm oft und viel von dem glorreichen Kampfe der Blutzeugen, der Weise, in ihm zu bestehen, und der ewigen Siegeskrone geredet, und Aloysius Seele war von diesen frommen Gedanken so erfüllt, daß sie ihn auch im Schlafe beschäftigten. —

Indessen sollten Magdalena und Aloysius nicht allein zum Tode geführt werden. Es lebte in derselben Stadt ein anderer Edelmann, Simon genannt, der seiner seltnen Gaben wegen dem Statthalter überaus theuer war. Auch ihn mußte er zum Abfall von Christus bewegen oder dem König als einen derjenigen, die seinem Blutgesetze verfallen seien, angeben. Er bot alles auf, um den standhaften Bekenner wenigstens zu einer Heuchelei zu bringen; und als er ihm einst davon in Gegenwart seiner Mutter Johanna redete, entbrannte er in Zorn, weil diese ihn nicht unterstützte. Er warf ihr Härte und Unmenschlichkeit vor, und verwünschte die christliche Lehre, welche so widernatürliche Gesinnungen einflöße. Johanna erwiederte ihm mit gelassener Ruhe: er könne nicht anders urtheilen und reden weil er nur das gegenwärtige Leben betrachte; aber in ganz

anderm Lichte würde ihm ihr und ihres Sohnes Benehmen
erscheinen, wenn er wie sie an das ewige Leben glaubte.
Und weil ihr der Statthalter gesagt hatte, daß ihr kein
anderes Loos, als ihrem Sohne bevorstehe, fügte sie hinzu:
"Wie sehr aber irrt ihr, wenn ihr glaubt mich durch die
Drohung, daß auch mein Leben in Gefahr sei, schrecken zu
können. Was wünsche ich denn mehr, als mit meinem
Sohne für unsern Glauben zu sterben?"

Noch heller leuchtet die Gesinnung dieser heldenmüthigen
Mutter aus einem Briefe hervor, den sie in eben diesen
Tagen an einen Pater des Collegiums zu Arima schrieb.
Wir lesen in demselben unter anderm: "Ich kann nichts
anders thun, als Thränen der Freude vor Gott dem Herrn
vergießen, ihn ohne Aufhören loben und preisen. Daher
mögen Ew. Hochwürden meinetwegen unbesorgt sein: ich
bin fest entschlossen, meinen einzigen Sohn zur Ehre des
Leidens unsers Herrn aufzuopfern. Aber Agnes und ich
sind auch bereit mit ihm geopfert zu werden, und ich fühle
in meinem Innern weder Schwäche noch Beunruhigung
darüber. Wiel ich entschlossen bin, das Beste, was ich
habe, mein Leben zu opfern; so achte ich der Einkünfte und
des Vermögens, das ich besitze, nicht mehr als eines Wasser-
tropfens. Mögen mich zu quälen, tausend und zehn tausend
Teufel sich vereinigen, sie sollen mich nicht dahin bringen,
im Glauben zu wanken. Indeß weil ich wohl weiß, daß
ich eine so große Gnade nicht verdiene, und daher nicht
sagen kann, wie es am Ende mit mir gehen werde; so bitte
ich Ew. Hochwürden, Simon, Agnes und mich in der
h. Messe Gott zu empfehlen, uns die Gnade zu erhalten,
daß wir für seine Ehre und zur Verherrlichung seiner
Kirche sterben. Wenn ich jetzt nicht Märtyrin werde, wann
wird sich eine bessere Gelegenheit bieten? Gepriesen sei

Gott, daß endlich, was ich seit Monaten und Jahren verlange, in Erfüllung geht."

Agnes, deren Johanna in diesem Briefe erwähnt, war die Gemahlin Simons. Sie war in ihrem dreizehnten Lebensjahre getraut worden, und siebenzehn Jahre lebte sie bereits in glücklicher Ehe. Seit zehn Jahren waren ihr Mann und sie Christen, und Simon pflegte zu sagen, seines Herzens größter Wunsch sei, daß ihnen verliehen würde, wie sie in ungestörter Eintracht gelebt, so auch an demselben Tage für Christus zu sterben, und in das Himmelreich einzugehen.

Was er wünschte, ward ihm gewährt. Nachdem der Statthalter, der an Simon mit großer Liebe hing, sich überzeugt hatte, daß er ihn weder zum Abfall noch zu irgend einer Verstellung bewegen konnte; griff er zum äußersten Mittel. Er rieth ihm, nach einer nahe liegenden Insel, die dem Könige von Fingo nicht unterworfen war, zu entfliehen, und bot ihm zu dem Ende ein Schiff und seine eignen Leute an, damit er, durch diese beschützt, den königlichen Wachen nicht in die Hände fiele. Er übernahm es, den König zu berichten, und verpflichtete sich auf seine Ehre, Mutter und Gattin ihm nachzusenden. Simon wußte wohl, daß es den Christen erlaubt ist, sich durch die Flucht der Verfolgung zu entziehen; aber er fürchtete mit Recht, daß dieses sein Beispiel andern, die schon schwach wären, verderblich werden könnte. Er lehnte also das Anerbieten ab, hinzufügend, daß er jahrelang um die Gnade, sein Blut für Christus zu vergießen, gebetet habe; wie sollte er denn jetzt, da sie ihm angeboten werde, ihr geflissentlich ausweichen? „Und wenn ich, schloß er, durch diese Flucht nicht bloß mein Leben retten, sondern ein Königreich gewinnen könnte, würde ich zu ihr mich nicht entschließen. Man kann mir keine Krone von so hohem Werthe auf's Haupt setzen, als jene ist, welche ich mir, mein Haupt dem Schwerte darbietend, erwerbe." Als er dies vernommen, brach der Statthalter in lautes Schluchzen aus, und entfernte sich, ohne ein Wort hervorbringen zu können.

Es blieb ihm nichts mehr übrig, als über die Beharrlichkeit Simons an den König zu berichten. An eben dem Tage, an welchem Johannes die Marterkrone errungen hatte, — es war der 8. Dezember — langte der Urtheilsspruch des Königs in Betreff Simons an. Der Statthalter hatte seinem Freunde die Gunst erwirkt, daß er nicht durch die Hand eines Henkers, sondern eines Edelmannes und in seiner eignen Wohnung stürbe. Gegen Mitternacht stellte sich dieser Edelmann, von einem kleinen Trupp Soldaten begleitet, ein. Simon hatte sich nicht zur Ruhe gelegt; vielleicht, was ihm bevorstand, ahnend, wachte er im Gebete vor Gott. Als er die Schrift, in welcher ihm der Statthalter seine Verurtheilung ankündigte, gelesen hatte, brach er in lauten Jubel aus, und reichliche Freudenthränen entstürzten seinen Augen. Nachdem er dem Edelmann für eine so freudenreiche und lang ersehnte Botschaft gedankt, zog er sich zurück, um sein Herz vor Gott auszugießen. Sodann begab er sich zu seiner Mutter und seiner Gemahlin, um sie von seinem Glücke in Kenntniß zu setzen. „Schon bin ich Märtyrer, sprach er, schon ist, der mich enthaupten wird, mit uns unter einem Dache." Alle drei brachen nun in Worte der höchsten Freude aus: „O glückselige Nacht! o unvergleichliche Gnade! o der Güte und Freigebigkeit unseres Gottes gegen uns Unwürdige."

Indessen war auch die Dienerschaft herbeigekommen, und Simon redete ihnen zu, daß sie nicht wehklageten, sondern mit ihm frohlocketen; vor allem aber sich mit christlichem

Starkmuth rüsteten, Gott und ihrem Glauben bis zu ihrem Tode treu zu bleiben. Er traf Vorkehrungen, daß sie nach seinem Tode nicht, wie dies zu geschehen pflegte, belästigt würden, als hätten sie von seinem Besitzthum, das der Staatskasse anheimfiel, entwendet. Nachdem er sodann noch einen rührenden Brief voll Demuth und Dankbarkeit an den Bischof und die Missionäre geschrieben hatte, forderte er seine besten Kleider. Während Johanna und Agnes dieselben bereiteten, wusch er nach einer Sitte, welche die Japanesen vor jeder großen Feierlichkeit beobachten, seinen Leib vom Kopf bis zu den Füßen. Seine Mutter durchräucherte die Gewande, die er anlegen sollte, ein kostbares, wohlriechendes Holz anzündend, und seine Gattin legte ihm dieselben an, nicht anders als schmückte sie ihn zu dem größten Freudenfeste. — Es waren indeß drei sehr geachtete Christen, welche die Missionäre, als sie vertrieben wurden, mit der Sorge für die Gemeinde der Gläubigen beauftragt hatten, herbeigekommen. Sie beneideten Simon um sein Glück, und mit ihm sich erfreuend klagten sie, daß ihnen nicht dieselbe Gnade zu Theil werde. Aber Simon tröstete und versicherte sie, (— wie der Erfolg bewies, — von Gott erleuchtet,) daß auch sie für den Glauben, in dem sie jetzt die Anderen befestigten, sterben würden.

Schon war der Anbruch des Tages nahe, da erhob sich Simon, nahm Johanna seine Mutter und Agnes seine Frau bei der Hand, und sprach mit erglühendem Angesicht: „Auf, die Stunde ist gekommen: lasset uns zum Tode, lasset uns in den Himmel eilen! Wohl wäre es euch und mir angenehm, vereint, wie wir jetzt sind, diese Erde zu verlassen; aber da ich euch hier, wenngleich nur auf kurze Zeit, zurücklassen muß, o Mutter, derer Liebe ich alles verdanke, und du, treue Gefährtin auf der Lebensbahn, an

deren Ende ich stehe, verharret in Gott: dies ist mein letztes
Lebewohl. Ich werde den Herrn im Himmel bitten, daß
ihr ohne Verschub mir folget, und ihr, betet, daß er es mir
verleihe, euch den Weg zu zeigen." Also redend schritt er,
die beiden Frauen an der Hand, dem Saale zu, der zu
seiner Hinrichtung vorbereitet war. Voraus gieng einer jener
drei Christen, das Bild des Erlösers tragend, und ihm zur
Seite die beiden andern mit brennenden Kerzen. Ihnen
folgten Simon, Johanna und Agnes, dann der Edelmann,
der ihn enthaupten sollte, und drei Soldaten, endlich sämmtliche Diener. Im Saale angekommen knieten sie vor einem
schönen dort aufgestellten Ecce homo Bilde, und sprachen
nach dem Confiteor dreimal das Vater unser und den englischen Gruß. Dann entblößte Simon seinen Hals, und
dem Edelmann bedeutend, daß er noch warten möge, betete
er eine geraume Zeit im Stillen; neigte sich dann vor dem
Bilde des Herrn bis zur Erde, und bot, sich erhebend, den
Nacken dem Schwerte dar.

Sein Haupt rollte vor die Füße Joachims, eines der
drei Christen, die ihm beigestanden: er erhob es, und legte
es zum Zeichen der höchsten Ehrfurcht auf sein Haupt. Aber
Johanna und Agnes traten hinzu, und ohne eine Thräne
zu vergießen, betrachteten sie es mit frommer Rührung:
„O schönes Antlitz meines Sohnes, rief Johanna aus. O
glückseliger Simon, der du so geendigt hast! Und ich arme
Sünderin, wie habe ich es verdient, Mutter eines Martyrs
zu sein, meinen Sohn Gott zum Opfer darzubringen?"
In ähnlicher Weise redete Agnes, und erinnerte den Voll-
endeten an sein Versprechen, ihnen von Gott die Gnade zu
erwirken, daß sie bald, recht bald ihm folgeten.

Dies war denn auch von jenem Augenblicke an der einzige Gedanke, der die frommen Frauen beschäftigte, und als

eine Stunde nach der andern verfloß, ohne daß ihnen, was über sie der Tyrann beschlossen hatte, angezeigt wurde, fiengen sie zu fürchten an. Doch bald kam einer der Gläubigen, ihnen zu melden, Magdalena habe bereits die Botschaft empfangen, daß sie mit ihrem Söhnlein zum Tode des Kreuzes verurtheilt sei; auch ihnen sei ohne Zweifel dasselbe Loos beschieden. Er hatte kaum ausgeredet, als jener selbe Edelmann, der an Simon das Urtheil des Königs vollstreckt hatte, sich einstellte, um den beiden Frauen anzukündigen, daß auch wider sie das Urtheil des Todes gesprochen sei. Wer beschreibt die Freude, mit welcher sie erfüllt wurden? Sie konnten nicht aufhören Gottes Güte zu preisen, und sich der Ehre, zu welcher er sie erhebe, unwürdig zu nennen. Sie baten sodann den königlichen Beamten, Magdalena mit ihrem Sohne zu ihnen führen zu lassen, damit sie vereint zum Tode giengen, der für sie der Anfang des wahren Lebens sein werde. Er gewährte es.

Gegen Abend erschienen Magdalena und Aloysius, von Soldaten begleitet. Johanna und Agnes eilten ihnen entgegen, und sich zärtlich umarmend priesen sie alle sich gegenseitig glücklich, von neuem die göttliche Güte erhebend, die solches Looses sie würdigte. Da konnten selbst die Soldaten, die sie umgaben, ihre Thränen nicht zurückhalten.

Es ist japanesische Sitte, daß Damen vom Stande, welche zum Tode verurtheilt sind, auf den Schultern der Schergen in Sesseln getragen werden. Ein erhebendes Schauspiel also boten die drei christlichen Heldinnen den in den Straßen versammelten Christen und Heiden dar. Magdalena und Agnes waren mit ihren Brautgewanden geschmückt, und ruhige Heiterkeit leuchtete aus ihrem Antlitz. Johanna hatte, als sie sich in den Sessel niederließ, zu Gott für das Heil Japans und die Bekehrung der Verfolger gebetet, und

noch lag in ihren Zügen und den zum Himmel erhobenen
Blicken der heilige Ernst, von dem ihre Seele erfüllt war.
Und der liebenswürdige Aloysius ruhete in den Armen seiner
Mutter, die Gebete sprechend, welche sie ihn gelehrt hatte.
Zur Seite der Märtyrerinnen giengen die drei Männer,
welche Simon in seinem letzten und glorreichen Kampfe
beigestanden: der eine trug eben jenes Ecce homo Bild,
vor dem Simon enthauptet worden, der andere ein Cru=
cifix, der dritte ein Gefäß mit Weihwasser.

So kam der Zug, als es bereits Nacht geworden, auf
dem Richtplatz an. Die Christen zündeten Fackeln an, und
stellten sie um die heiligen Bilder. Alsbald sanken die drei
Frauen und mit ihnen der holde Knabe auf ihre Kniee
nieder, dem, welcher für sie und uns alle zuerst den bitter=
sten Tod geduldet hatte, ihr Leben aufopfernd, und ihren
letzten Kampf empfehlend. „Wo ist mein Kreuz?" fragte
alsdann Johanna, und nachdem man es ihr gezeigt, betete
sie nochmals vor demselben, und streckte sich dann über
seine Balken aus. Und weil sie dem Gebrauch gemäß an
das Kreuz gebunden, nicht genagelt wurde, bat sie, um in
der Todesart dem Heiland so ähnlich als möglich zu sein,
die Henker, die Stricke so stark als sie könnten anzuziehen.
Als sie nun erhoben war, blickte sie zu dem heitern Himmel
empor, und sprach: „Bald werden diese schönen Sterne
unter meinen Füßen sein." Dann erhob sie die Stimme,
bekannte noch einmal ihren Glauben, die Christen zur Stand=
haftigkeit, die Heiden zur Bekehrung ermahnend, und em=
pfahl ihre Seele in die Hände des Herrn. Kaum hatte sie
geendet, da durchbohrten zwei Lanzen ihre Brust, und sie
hauchte ihre starkmüthige Seele aus. Alsbald ward Mag=
dalena an's Kreuz gebunden: Aloysius sah ruhig und heiter
auf sie hin, und reichte dann auch seine zarten Hände und

Füße den Banden dar. Sie wurden zugleich empor gerichtet, und Aloysius wandte seine Augen nicht von der Mutter, um von ihr zu vernehmen, was er thun, wie er beten solle. Magdalena sprach die heiligen Namen Jesu und Maria aus, und der Knabe wiederholte sie, bis die Lanzen ihm Stimme und Leben nahmen. Ihm folgte in das Reich des ewigen Lebens nach wenigen Augenblicken die Mutter. Jetzt erhob sich Agnes, die allein noch übrig war, und kniete betend vor ihrem Kreuz. Dann wandte sie sich zu den Henkern, ihnen bedeutend, daß sie bereit sei. Aber diese waren durch das, was sie sahen und hörten, so ergriffen worden, daß sie stumm und beweglos dastanden. Nun warf sich Agnes auf's Kreuz, und breitete auf demselben die Arme aus. Allein dadurch wurden die Henker nur noch mehr gerührt, und Agnes wartete eine Zeitlang vergebens, Augen und Herz zum Himmel gerichtet. Endlich traten, damit ihr Leiden nicht verlängert würde, andere hinzu, banden sie an's Kreuz, und richteten sie mit demselben empor. Aber was immer die Ursache sein mochte, keine der vielen Lanzenstiche, mit welchen man ihre Brust verwundete, drang bis zum Herzen. Die Umstehenden brachen in mitleidsvolle Klagen und Thränen aus: aber aus Agnes Munde drang kein Laut des Schmerzes, nur darüber beklagte sie sich, daß der herabgesunkene Schleier sie hindere, zum Himmel aufzuschauen. Doch schon war der Augenblick gekommen, daß ihrer Seele der Himmel geöffnet und das Antlitz Gottes enthüllt wurde. —

Inhalt.

Seite.

Die Missionäre in Bretagne 5
Leben des seligen Peter Claver 143
Leben des seligen Johannes Grande 199
Franz König von Bungo. (Bisher noch nicht gedruckt) . . 233
Einige Züge aus dem Leben japanesischer Frauen. (Bisher noch
    nicht gedruckt)
    I.   Maria und Catharina 289
    II. Grazia, Königin von Tango 291
    III. Tekla, Tochter, und Massenzia Enkelin des Königs
         Franz von Bungo 297
    IV. Eine andere Massenzia 301
    V. Magdalena, Johanna und Agnes 304

www.ingramcontent.com/pod-product-compliance
Lightning Source LLC
Chambersburg PA
CBHW031904220426
43663CB00006B/755